Liebe im Büro

Umfragen zufolge lernen sich über die Hälfte der Paare am Arbeitsplatz kennen und lieben. Kein Wunder, denn dort verbringen Berufstätige oft die meiste Zeit des Tages. Und nicht nur das: Am Arbeitsplatz zeigt man sich von seiner besten Seite, ist gut gekleidet und kommunikativ.

Doch was ist zu beachten, wenn es zwischen KollegInnen gefunkt hat? Wie reagieren die anderen, vor allem die Vorgesetzten? Was sollte man beachten, wenn das Paar auf unterschiedlichen Hierarchieebenen angesiedelt ist? Und was tun, wenn die Liebe zerbricht?

Diese und andere Fragen beantwortet Dennis M. Powers mit diesem Buch. Anhand zahlreicher Beispiele illustriert er sehr unterhaltsam die verschiedensten Konstellationen und gibt Tips, damit die Beziehung lange harmonisch bleibt.

Dennis M. Powers ist Rechtsanwalt und Dozent für Unternehmensrecht an der Universität von Oregon. Er ist Autor mehrerer Bücher und publiziert regelmässig in verschiedenen amerikanischen Zeitungen.

Dennis M. Powers

Liebe im Büro

Was Sie wissen sollten, wenn es gefunkt hat

Aus dem Englischen von Patricia Künzel

Campus Verlag
Frankfurt/New York

Die Originalausgabe erschien 1998 unter dem Titel *The Office Romance*
bei AMACOM, New York: The Office Romance.

Die Deutsche Bibliothek – CIP-Einheitsaufnahme

Powers, Dennis M.:
Liebe im Büro : was Sie wissen sollten, wenn es gefunkt hat / Dennis
M. Powers. Aus dem Engl. von Patricia Künzel. – Frankfurt/Main ;
New York : Campus Verlag, 1999
Einheitssacht.: The office romance <dt.>
ISBN 3-593-36288-0

Umschlaggestaltung: Init, Bielefeld
Umschlagmotiv: © Bavaria Bildagentur, Düsseldorf
und Ifa Bilderteam, Düsseldorf
Satz: Leingärtner, Nabburg
Druck und Bindung: Wöhrmann, Zutphen
Gedruckt auf säurefreiem und chlorfrei gebleichtem Papier.
Printed in the Netherlands

Meiner Frau Judy,
deren Unabhängigkeit, Lebensfreude und Existenz
mein Leben lebenswert machen

Inhalt

Vorwort

Die Idee zu *Liebe im Büro* entstand vor einigen Jahren, als ich auf der Suche nach einem Thema für ein neues Buch war. Wie alle Autoren schreibe ich leidenschaftlich gerne, doch fällt es mir nicht leicht, ein Projekt zu finden, das mich fasziniert, sinnvoll erscheint und einigen Lesern praktische Ratschläge geben kann. Ich hatte bereits einige Themenbereiche ins Auge gefasst, darunter auch sexuelle Belästigungen. Als Rechtsanwalt kenne ich Mandanten und Freunde, die als Kläger oder Beklagte in solche Rechtsstreits verwickelt waren. Daher waren mir dieses Thema und seine Grenzen vertraut. Als mir klar wurde, wie viele Autoren sich aber bereits mit diesem Thema auseinandergesetzt hatten und wie stark polarisiert ihre Positionen waren, verwarf ich den Gedanken wieder.

Eines Tages ging mir eine andere Frage nicht mehr aus dem Kopf: Könnte ich nicht vielleicht über die positiven Seiten von Liebesbeziehungen am Arbeitsplatz schreiben? Nicht über die negativen Auseinandersetzungen, wie sie die Gesetzeslage zu sexueller Belästigung in den USA derzeit widerspiegelt, oder gar über eine unüberwindliche Kluft zwischen den Geschlechtern, sondern über die »andere Seite der Medaille«: die schönen Romanzen, die zwischen Arbeitskollegen mit allen ihren Stärken und Schwächen entstehen.

Ich begann mit der etwas ketzerischen Annahme (der manch einer heftig widersprechen würde), dass sich Männer und Frauen im Grunde mögen und die unterschwellige Anziehung zwischen den Geschlechtern bis zu den Anfängen unserer Zivilisation reicht.

Diese Anziehungskraft, so lautete meine nächste These, besteht auch fort, wenn Männer und Frauen am Morgen zur Arbeit gehen, ganz gleich, ob ihr Ziel ein Kaufhaus, Krankenhaus, Bohrturm, Großkonzern oder Bauernhof ist.

Hinter der Zahl der am Arbeitsplatz begonnenen Beziehungen müsse doch, so dachte ich mir, mehr stecken als beklagenswerte, völlig anders geartete Fälle von sexueller Belästigung – trotz aller unwillkommenen Avancen, die nach amerikanischem Recht – anders als in vielen anderen Ländern – als sexuelle Belästigung ausgelegt werden können. Unsere derzeitige pauschalisierende Philosophie hat dazu geführt, dass für die Anziehungskräfte am Arbeitsplatz aus irgendeinem Grund andere Regeln gelten als für Verabredungen und Liebe im Allgemeinen. Das ergab keinen Sinn: Die Gesetze der Liebe müssten doch eigentlich von denen für sexuelle Belästigungen getrennt werden. Wie meine Recherchen ergaben, sind sich auch die meisten Forscher einig, dass ein himmelweiter Unterschied besteht zwischen einer höflichen Einladung zu einem Rendezvous (auch wenn sie nicht willkommen ist) und nicht tolerierbaren anzüglichen Anspielungen oder sexuellen Forderungen.

Der gesunde Menschenverstand sagte mir, dass Männer und Frauen im Büro weitaus mehr Zeit mit beruflicher Zusammenarbeit und dem Anknüpfen ernstgemeinter Beziehungen verbringen als mit sexuellen Belästigungen. Eine 1988 vorgestellte Studie des amerikanischen Bureau of National Affairs (die heute der grauen Vorzeit zu entstammen scheint) kam damals zu dem Schluss, dass ein Drittel aller Beziehungen im Arbeitsumfeld ihren Anfang nehmen. Angesichts der vielen Menschen, die einen Ehe- oder Lebenspartner haben, ist das keine zu verachtende Größe. In den USA gibt es ungefähr 135 Millionen Erwerbstätige, von denen etwa die Hälfte Männer und die Hälfte Frauen sind. Die Statistiken belegen, dass es sehr viel mehr positive Beziehungen gibt als Beschwerden wegen sexueller Belästigung.

Heute sind Millionen Frauen mehr berufstätig als in früheren Jahrzehnten, viele davon in mittleren und oberen Führungspositionen. Immer mehr Frauen arbeiten mit Männern in Projekten zusammen und gehen mit ihren männlichen Kollegen auf Geschäftsreise. Angesichts des enormen zeitlichen Engagements, das Arbeitgeber heute von allen verlangen, ist der Arbeitsplatz für viele Menschen der einzige Ort, an dem sie Sozialkontakte knüpfen können. Hinzu kommt die Gelegenheit, risikofrei eng mit anderen Menschen mit ähnlichen Erwartungen und ähnlichen Bildungshintergrund zusammenzuarbeiten und sie in allen möglichen Situationen zu beobachten. Das erklärt ohne weiteres, warum die Arbeit zum bevorzugten Platz für die Suche nach potentiellen Partnern geworden ist. Dieses Phänomen wird sich bis ins nächste Jahrhundert hinein fortsetzen und sogar noch zunehmen.

Ich war aber immer noch nicht zufrieden. Ging es hier um Beziehungen oder einfach nur um Sex? Sex ist schön und gut, aber eine Beziehung ist um vieles besser: Sie verleiht unserem Leben eine neue Qualität und bringt ungeahnte Freuden. Es leuchtete mir ein, dass Menschen, die sich im Büro trafen, länger zusammenblieben, als dies bei Affären der Fall war, bei denen sich die Beteiligten in einem anderen Umfeld kennen gelernt hatten. Schließlich hatten sie in unserer (bisweilen übertrieben) politisch korrekten Arbeitswelt einige Risiken auf sich genommen. Ich stieß auf eine Umfrage der American Management Association aus dem Jahr 1994, aus der hervorging, dass 80 % der befragten Führungskräfte entweder von einer Romanze im Büro wussten oder selbst an einer beteiligt waren – und dass die Hälfte dieser Beziehungen in eine langfristige Partnerschaft oder Ehe mündete. Andere Untersuchungen bestätigten diese Erkenntnisse. Volltreffer, dachte ich bei mir, jetzt habe ich endlich ein lohnenswertes Thema gefunden.

Ich begann mich zu fragen, wie der kontinuierliche Vormarsch der Frauen in der Arbeitswelt und im Management sich wohl auswirkt. Durch Anrufe bei Unternehmen versuchte ich herauszufinden, was sich in der heutigen Wirtschaft tatsächlich abspielt. Zu meiner Überraschung stellte ich fest, dass manche Unternehmen statt einer restriktiven, zugeknöpften Haltung ein freies, interaktives Umfeld schaffen. Sie fördern Kooperation zwischen ihren Beschäftigten und stützen sich dabei auf den Grundsatz des wechselseitigen Vertrauens. Liebesbeziehungen am Arbeitsplatz werden mit einer wohlwollenden »Vogel-Strauß-Politik« bedacht. Solange die Beschäftigten professionell arbeiteten und sich diskret verhielten, kümmerte sich das Management nicht um etwaige intime Beziehungen. Liebesbeziehungen zwischen Vorgesetzten und Untergebenen wurden gemanagt, nicht verboten: Im Grunde lief dies darauf hinaus, die Beteiligten in der Firma zu behalten, aber Beurteilungen oder andere Aufgaben, in denen das Problem der Bevorzugung auftreten könnte, durch Versetzung, Änderung des Aufgabenbereichs und andere Führungsinstrumente aus der Welt zu schaffen. Auf die Bedenken ihrer Anwälte und die Schlachtrufe ihrer ideologischen Gegner hörten diese Firmen nicht.

Außerdem handelt es sich hier um den neunziger Jahren angemessene Beziehungen, die auf einer gleichberechtigten Partnerschaft und gemeinschaftlicher Entscheidungsfindung in Bezug auf die berufliche Laufbahn beruhen. Für beide Partner in einer Liebesbeziehung gelten stillschweigende Regeln, die nicht auf sexuellen Vorrechten basieren oder an überkommene Annahmen wie »der Chef darf machen, was er will« geknüpft sind. Da die Karriere wichtig ist, schmieden Paare von heute ihre eigenen Pläne, wenn ihnen inflexible Unternehmensregeln im Weg stehen. In einem kalten Unternehmensklima halten Paare ihre Beziehungen geheim, um Zeit zu gewinnen und progressivere Arbeitnehmer zu suchen. Ihre Beziehung ist für sie zwar wichtiger als ihr derzeitiger Job, nicht aber wichtiger als ihre Karriere.

Für mich gab mein Telefongespräch mit JoAnne Brandes, Senior Vice President und Justiziarin bei Johnson Wax, den Ausschlag. Sie gehörte einem Unternehmen an, das Jahre zuvor Ehepaare aus den Reihen seiner Beschäftigten verbannte. Heute ist das nicht mehr der Fall; die Mitarbeiter arbeiten in einer positiven Atmosphäre zusammen. Sozialkontakte und die Bildung neuer Freundschaften zwischen Kollegen auf dem Betriebsgelände und in den umfangreichen firmeneigenen Freizeitanlagen werden gefördert. Wie viele andere Unternehmen achtet auch Johnson auf die konsequente Einhaltung seiner strengen Regelungen zur Verhinderung sexueller Belästigungen, muss sich aber nicht mit den Klagen herumschlagen, die anderen Organisationen in dieser Hinsicht das Leben schwer machen, selbst wenn Liebesbeziehungen am Arbeitsplatz entstehen und manchmal auch zu Ende gehen. Die Mitarbeiter von Johnson sind produktiv; die Zielvorgaben des Unternehmens werden übertroffen. Nach diesem Gespräch prägte ich den Begriff »pro-interaktiv«.

Ich erkannte, dass Unternehmen, die Wert darauf legen, weibliche Mitarbeiter und Führungskräfte anzuwerben und zu halten, in der Regel pro-interaktiv sind. Eine zufällige Stichprobe ergab, dass pro-interaktive Firmen nicht nur in der Liste der »100 besten Arbeitgeber für berufstätige Mütter« der Zeitschrift *Working Mother* erscheinen, sondern auch auf der vom Wirtschaftsmagazin *Fortune* zusammengestellten Ehrentafel der »100 besten Arbeitgeber Amerikas«. Das beweist im Grunde, dass eine positive Einstellung der Geschäftsleitung zu Frauen auch Liebesbeziehungen am Arbeitsplatz akzeptiert. Diese Unternehmen möchten hochqualifizierte Managerinnen und Manager nicht wegen einer ganz natürlichen Sache verlieren.

Unterdessen interviewte ich Paare und Arbeitnehmer verschiedener Berufssparten, die in der Vergangenheit oder Gegenwart eine Liebesbeziehung am Arbeitsplatz hatten. Paare stellen heute Forderungen, die nicht dem entsprechen, was Unternehmen früher erlaubten, und die Arbeitgeber versuchen nun, diese Lücke zu schließen. Pro-interaktive Unternehmen setzen alles daran, auf einem hart umkämpften Markt in allen Phasen des Konjunkturzyklus die besten Mitarbeiter und Mitarbeiterinnen zu halten.

Für mich ist es faszinierend, zu beobachten, wie Liebesbeziehungen am Arbeitsplatz trotz der negativen Presse und der politischen Opposition blühen und gedeihen. Tag für Tag finden sich in den gläsernen Wolkenkratzern der großen Metropolen Partner fürs Leben – ebenso wie auf den Polizei- und Feuerwehrwachen von Kleinstädten im ländlichen Raum.

Als er den Widerstand seiner Hochschule gegen seine Beziehung und spätere Heirat mit einer viele Jahre jüngeren Studentin beschrieb, vertraute mir ein Universitätsprofessor an: »Die einzigen Menschen, die an uns glaubten, waren wir selbst.« Jahre nach ihrem ersten Treffen sind die beiden noch immer zusammen.

Ich ziehe den Hut vor all jenen, die diese Reise trotz aller Widrigkeiten wagen. Und ich gratuliere den Unternehmen, die diesen Menschen Steine aus dem Weg räumen und erkennen, dass es Romanzen und Liebesbeziehungen immer geben wird, ganz gleich, welche Hindernisse man auftürmt.

Dennis M. Powers
Juni 1998

Kapitel 1

Der beste Ort zur Partnersuche

Ja, Liebe im Büro blüht und gedeiht! Sie können darauf wetten, daß dieses Phänomen auch in Zukunft weitreichende Konsequenzen haben wird. Männer und Frauen fühlen sich überall zueinander hingezogen: in Großkonzernen, mittelständischen Betrieben, Krankenhäusern, Verlagen, Sozietäten, ja sogar auf Feuerwehrwachen und Postämtern – einfach an allen Orten, wo Menschen beiderlei Geschlechts zusammenkommen. Auch in den freien Berufen bilden sich häufig Pärchen, von Architekten über Ärzte und Zahnärzte bis hin zu Rechtsanwälten und ihren Mitarbeitern. Wenn Menschen viel Zeit miteinander verbringen und gemeinsam prägende Erfahrungen durchleben, stellen *L. A. Law* und die Seifenopern im Vergleich zum wirklichen Leben keine Übertreibung dar.

Eine Umfrage bei 485 Führungskräften, die im Dezember 1994 von der American Management Association (AMA) durchgeführt wurde, beleuchtete, in welchem Umfang Liebesbeziehungen im Büro eingegangen werden. Fast 80 Prozent der befragten Manager und Managerinnen gaben an, dass sie entweder von einer Romanze im Büro wussten oder selbst an einer beteiligt waren. 25 Prozent waren mit mindestens einem Kollegen bzw. einer Kollegin liiert gewesen. 74 Prozent sahen es nicht als problematisch an, sich mit Kollegen zu verabreden.

Gemeinsame Kaffee- und Mittagspausen, Geschäftsreisen, Aufzugfahrten oder Überstunden am Abend sind ein ideales Umfeld für den Beginn einer Beziehung. Dieses »Gemeinschaftsgefühl« ergibt sich von selbst, ganz gleich, ob die Beteiligten auf Partnersuche sind oder nicht. Ob in Fahrgemeinschaften, bei einem kleinen Plausch am Kopierer, in der Volleyballmannschaft der Firma oder schlicht bei der gemeinsamen Arbeit an einem Projekt – bei der Arbeit bieten sich einfach mehr Gelegenheiten, Angehörige des anderen Geschlechts kennen und lieben zu lernen. Hinzu kommen ein nahezu paritätisches Verhältnis berufstätiger Männer und Frauen, hohe Scheidungsraten, Angst vor AIDS, mangelnde Zeit für Rendezvous an anderen Orten – und schon liegt auf der Hand, warum gegen die Liebe im Büro kein Kraut gewachsen ist.

Da immer mehr Frauen berufstätig sind (40 Prozent der Berufstätigen in Deutschland sind laut einer *Focus*-Umfrage heute Frauen) und mehr und mehr auch in Führungspositionen im mittleren und oberen Management drängen, wachsen und gedeihen auch Liebesbeziehungen im Büro. Die revolutionären Veränderungen am Arbeitsplatz erstrecken sich auf die persönlichen Beziehungen, für die noch dazu neue Regeln gelten. Sehen wir uns einmal an, was sich da abspielt …

Karen und Frank

»Ich habe Karen im Büro kennen gelernt«, erzählte Frank*. »Ich war vierzig Jahre alt, frisch geschieden und nicht an einer neuen Partnerschaft interessiert. Mein Versuch, ein eigenes Softwareunternehmen aufzubauen, war fehlgeschlagen, aber ich konnte das Krankenhaus überzeugen, dass ich immer noch ein guter Programmierer war. Ich bekam eine Stelle in Karens Abteilung. Sie war ein wenig älter als ich, und ich mochte sie von Anfang an. Sie war attraktiv und kommandierte mich nicht herum; sie arbeitete mit mir, als sei ich ein langjähriges Teammitglied, und zeigte mir die kleinen Tricks und Kniffe. Wir arbeiteten gemeinsam an einem Projekt, bis mich ihr Vorgesetzter einem anderen Projekt zuwies. Privat

* Die Namen aller Interviewpartner wurden zum Schutz ihrer Privatsphäre und Anonymität geändert.

begannen wir uns erst nach einem Betriebsausflug zu treffen. Wir hielten unsere Beziehung geheim. Schließlich erklärte ich ihr, dass sie wichtiger für mich sei als meine Arbeit. Jobs kommen und gehen, aber es würde immer nur eine Karen geben. Sechs Monate später überraschten wir mit unserer Hochzeit einige Kollegen, obwohl ich hinterher erfuhr, dass manche schon so etwas vermutet hatten. Sie hatte bessere Aufstiegschancen, und ich konnte mir nicht vorstellen, wie wir beide gleichzeitig im Unternehmen die Karriereleiter erklommen. Ein paar Jahre später fand ich eine besser bezahlte Stelle bei einer anderen Firma. Das war vor fünf Jahren, und Karen wird immer der wichtigste Mensch in meinem Leben sein.«

Karen: »Bei unserer Zusammenarbeit war ich von Frank beeindruckt. Er kannte sich mit seinen Softwareprogrammen aus und besaß Geschick im Umgang mit anderen Menschen. Er strahlte Selbstvertrauen aus, ohne dabei arrogant zu wirken. Und ich wusste, dass ich mein Leben mit jemandem teilen wollte, besonders, nachdem zuvor eine langfristige Beziehung in die Brüche gegangen war. Ich überlegte, ob ich mich mit Frank verabreden sollte, vor allem, nachdem er meine Abteilung verlassen hatte, aber ich war mir einfach nicht sicher, ob ich Beruf und Privatleben nicht lieber trennen sollte. Wir sahen uns gelegentlich auf dem Flur oder in der Cafeteria und erzählten uns, wie es jedem von uns inzwischen ergangen war. Nach dem Picknick zum Betriebsausflug landeten wir im Haus eines anderen Kollegen und kamen miteinander ins Gespräch. Wir sprachen über Dinge, über die sich Leute unterhalten, wenn sie nicht im Büro sind, zum Beispiel … Familie, Filme und den Sinn des Lebens. Er war ein guter Gesprächspartner. Mir gefiel sein Humor. Als wir uns anschickten zu gehen, sagte ich, wir sollten uns doch bald wieder treffen, vielleicht zum Mittagessen. Er willigte gerne ein. Meine Arbeit war stets ein wichtiger Teil meines Lebens, insbesondere nach meinen Beförderungen in den letzten fünf Jahren. Das war der Ausgleich für die langen Jahre des Wartens, die meinem beruflichen Aufstieg vorausgingen. Wir trafen unsere Karriereentscheidungen gemeinsam und überlegten dabei, was für uns als Paar sowie für jeden Einzelnen das Beste wäre. Es war Franks Entscheidung zu kündigen, aber wir waren uns einig, dass ich von uns beiden in diesem Unternehmen die besseren Aufstiegschancen hatte.«

Sie sind nicht allein

Ein Fernsehsportreporter traf seine Frau beim Sender; sie war damals Redakteurin in der Nachrichtenredaktion. Eine Schuhverkäuferin wettete mit einer Freundin um zehn Dollar, dass sie den süßen Aktienhändler, der mehrfach bei ihr teuere Schuhe gekauft hatte, zu einem Rendezvous überreden könne. Heute sind die beiden verlobt. Ein Mann Mitte Zwanzig traf seine Frau auf der Friseurschule. Die beiden sind heute verheiratet, haben vier Kinder und führen gemeinsam den erfolgreichsten Friseursalon der Stadt. Die stellvertretende Leiterin der Rechtsabteilung einer Lebensversicherung traf sich mit einem externen Anwalt, der das Unternehmen vertrat. Ihr Vorgesetzter gab ihr die Erlaubnis, die Beziehung fortzusetzen, und die beiden heirateten später.

Mack, ein lediger Professor an einem kleinen College im Nordosten der USA, begann mit der Abteilungssekretärin auszugehen. Zunächst versuchten die beiden, ihre Romanze geheim zu halten. Dann sah sie dummerweise einer der Kollegen aus der psychologischen Fakultät Händchen haltend in einem Restaurant. Die Fakultätsmitglieder waren darüber nicht gerade erbaut, zumal Kim mit Dreißig 15 Jahre jünger war als Mack. Er erklärte Kim ganz unverblümt: »Obwohl du nicht für mich arbeitest oder Studentin bist, könntest du mich in Teufels Küche bringen, wenn wir uns trennen und du dich bei der Univerwaltung über mich beschwerst. Früher war das anders, aber heute sind die hier derart nervös, dass nahezu alles im Zweifelsfalle als sexuelle Belästigung ausgelegt wird.« Die beiden blieben zwei Jahre zusammen, bis sie sich wegen »Kleinigkeiten« trennten. Es war unangenehm, danach in dieser gespannten Atmosphäre zusammenzuarbeiten. Kim suchte sich jedoch einfach eine besser bezahlte Position außerhalb der Universität. Seither haben die beiden sich nicht mehr gesehen oder gesprochen.

Beth ist eine intelligente, attraktive und zierliche Endvierzigerin, die heute eine Inkassoagentur leitet. »Liebe im Büro?«, lachte sie. »Komisch, dass Sie mich danach fragen. Meine erste Liebesbeziehung im Büro war nicht gerade phantastisch. Ich war mit einem Kollegen in einem großen Unternehmen liiert, und nach der ersten Verliebtheit merkten wir, dass wir im Grunde außer unserer Arbeit nichts gemein hatten. Nach zwei Monaten kam ich zu dem Schluß, dass er gar nicht so ein toller Hecht war, wie ich anfangs geglaubt hatte. Die Trennung war hart, vor allem, weil er die Beziehung fortsetzen wollte. Inzwischen hielt ich ihn für eine richtige Dumpfbacke. Dann sprachen wir uns aber eines Tages aus und kamen zu dem Schluß, dass unsere Jobs wichtiger waren. Die Spannungen hielten noch eine Weile an, aber irgendwann normalisierte sich das Ganze.

Einige Jahre arbeitete ich als Zeitarbeitskraft bei einer großen Computerfirma. Ed war einer der Manager, und er war ein richtiger Schatz. Groß und lieb. Wir arbeiteten nicht zusammen, grüßten uns aber auf dem Gang. An meinem letzten Arbeitstag bei dieser Firma lief mir seine Sekretärin hinterher und begann mich auszufragen. Fragen wie: Sind Sie verheiratet? Haben Sie Kinder? Lieben Sie die Natur? Sie sagte, dass ich Ed gefalle, und ich erwiderte: ›Wenn das stimmt, dann bleiben ihm noch genau drei Stunden, um sich mit mir zu verabreden, denn um fünf Uhr werde ich dieses Unternehmen für immer verlassen.‹ Nachdem seine Sekretärin ihm das berichtet hatte, lud Ed mich prompt zum Mittagessen ein. Wir gingen regelmäßig miteinander aus, und schließlich zogen wir zusammen. Später heirateten wir und sind inzwischen seit zwölf Jahren zusammen.«

Steve: »Ich war der stellvertretende Leiter einer kleinen Immobiliengesellschaft, und Alice arbeitete als Koordinatorin im Bereich Vermietung. Wir arbeiteten neun Monate lang eng zusammen, verbrachten miteinander die Mittags- und Kaffeepausen und fachsimpelten. Mehr war da nicht, denn ich war verheiratet. Sie war einige Jahre zuvor geschieden worden. Meine Ehe war ein Trümmerhaufen, aber ich wollte meine Frau wegen der Kinder nicht verlassen. Eines Abends gingen wir mit einigen Kollegen in eine Bar in der

Gegend. Es endete damit, dass wir beide zu viel tranken und auf dem Parkplatz heftig herumknutschten. Alice lud mich am darauf folgenden Freitag zum Abendessen zu sich nach Hause ein, und ich nahm die Einladung an. Meiner Frau erzählte ich, ich müsse länger im Büro bleiben. Später fuhren wir zu einem nahegelegenen Strand und liebten uns auf einer abgelegenen Klippe. Ich verbrachte die Nacht auf der Couch in Alices Wohnzimmer und versuchte, mir den Sand aus den Haaren zu kämen. Am nächsten Tag verließ ich meine Frau. Alice und ich erlebten in den elf Jahren bis zu unserer Trennung sehr viel miteinander, obwohl wir während dieser Zeit irgendwann für unterschiedliche Firmen arbeiteten und ich meine Kinder als alleinerziehender Vater großzog.«

Sie ist nicht aus unserem Leben wegzudenken. Die Liebe am Arbeitsplatz blüht trotz aller Gesetze, rechtlichen Bedenken und widersprüchlichen Philosophien. Manch einer mag diese Aussage als ketzerisch empfinden, aber es ist eine Tatsache, dass Männer und Frauen einander immer noch mögen und lieben und nicht ihre ganze Zeit im Büro nur mit sexueller Belästigung verbringen. Häufig wird die Ansicht vertreten, Liebe und Arbeit müssten zwei getrennten Lebensbereichen angehören. Das ist schlicht und einfach nicht wahr.

Was spielt sich wirklich am Arbeitsplatz ab?

Wie groß ist die Anziehungskraft zwischen Kollegen? Sehr groß. Umfragen zufolge haben zwischen 25 und 33 Prozent (und in einem Fall sogar 70 Prozent) der Mitarbeiter und Mitarbeiterinnen eines Unternehmens irgendwann in ihrer beruflichen Laufbahn eine Liebesbeziehung zu einer Kollegin oder einem Kollegen. Nancy, eine hochrangige Managerin im Ford-Konzern, meinte dazu: »Es ist hochinteressant, herauszufinden, wer wirklich mit wem zusammen ist. In meiner Nachbarabteilung sind zwei Kollegen seit einigen Monaten ein Paar, glauben aber, dass niemand dies wisse. Die nette kleine Finanzanalystin, die ihr Büro am anderen Ende des Gangs hat, trifft sich seit einiger Zeit mit dem muskelbepackten Hausmeister vom Nachbargebäude. Sie leistet gute Arbeit, ist im Umgang mit ihm sehr diskret und absolviert mehr Überstunden im Büro, als man sich vorstellen kann. Wenn ich so darüber nachdenke, dann hat sich ihre Arbeitseinstellung durch die Beziehung deutlich verbessert.«

Der AMA-Bericht wird durch eine Umfrage ergänzt, die 1994 von der Zeitschrift *Training & Development* durchgeführt wurde. Sie ergab, dass 75 Prozent der Befragten Liebesbeziehungen im Büro für völlig normal halten und die Hälfte von einer solchen Verbindung in ihrem Unternehmen wusste. Wie diese und andere Berichte zeigen, hat die Zahl der Liebesbeziehungen im Büro im Laufe der Jahre nicht abgenommen. So ergab beispielsweise eine Umfrage der Zeitschrift *Personnel* aus dem Jahr 1986, dass 80 Prozent der Arbeitnehmer eine Liebesbeziehung am Arbeitsplatz beobachtet oder selbst erlebt hatten. In den Korridoren der Unternehmen blüht das Gärtlein der Liebe.

Es geht um Beziehungen

Es geht hier nicht um Sex im Büro, sondern um Beziehungen. Helen Gurley Brown schrieb dazu in ihrem Buch *Sex and the Office*: »Wer behauptet, eine Affäre bestehe aus schamlosen halbstündigen Abenteuern (Menschen, die sich heimlich in einem Motel einmieten und dergleichen), hat nicht genau genug hingesehen. Viele Affären beruhen auf Freundschaft und gegenseitigem Respekt und gehen mit einer tiefen emotionalen und geistigen Bindung einher.« Obwohl sie diese Zeilen vor über fünfzehn Jahren schrieb, trifft Brown den Nagel auf den Kopf.

Laut der Umfrage der AMA führten 50 Prozent der im Büro begonnenen Affären zu einer Ehe oder einer langfristigen Beziehung. Das ist ein höherer Prozentsatz als bei Romanzen, die fernab vom Arbeitsplatz ihren Anfang nehmen. Die Aussage, dass jede zweite Liebesbeziehung im Büro langfristiger Natur ist, hat eine besondere Bedeutung. Sehen wir uns nur an, was außerhalb der

Unternehmen geschieht. Verschiedenen Umfragen zufolge werden in den neunziger Jahren fast 50 Prozent aller ersten Ehen geschieden. Der amerikanische Council on Families vermeldete im Jahr 1995, dass die Scheidungswahrscheinlichkeit heute bei »sage und schreibe 60 Prozent« liege.

Die Zahl der Beziehungen, die Menschen im Laufe ihres Lebens eingehen, steigt drastisch an. Nach Angaben des US-Census Bureau verdreifachte sich die Zahl der Amerikanerinnen, die Ende Zwanzig noch niemals verheiratet waren, in der Zeit zwischen 1963 und 1993 von einem Tiefstand von 11 Prozent auf 33 Prozent. Heute leben 4,5 Millionen Paare in den USA ohne Trauschein zusammen. Eine Untersuchung der University of Chicago aus dem Jahr 1992 ergab, dass die Hälfte der Amerikaner bis zu drei verschiedene »Lebensabschnittspartner« haben. Männer nannten in dieser Umfrage einen Mittelwert von sechs.

Arbeitsbeziehungen führen auch zu Freundschaften ohne Intimkontakt. Ihre Entwicklung ist ganz natürlich, da Kollegen ständig miteinander zu tun haben. Mitarbeiter, die an einer Fertigungsstraße oder in einem Büro zusammenarbeiten, freunden sich an, weil sie gemeinsame Interessen haben und auf die gleichen Ziele hinarbeiten. »Fred und ich sind richtig gute Kumpel. Keiner von uns erzählt das seinem Ehepartner, weil sie dann eifersüchtig werden könnten. Aber Fred und ich können uns über alles unterhalten, ob in der Pause oder hinten, wenn wir Pakete sortieren. Wir achten beide streng darauf, dass wir die Grenze zu einer Liebesbeziehung nicht überschreiten. Wir haben großes Glück: gute Beziehungen am Arbeitsplatz und zu Hause«, erklärt Diane, eine Postangestellte Mitte Dreißig.

Warum die Liebe blüht

Wie wir im weiteren Verlauf dieses Buches sehen werden, lassen sich Liebesbeziehungen im Büro durch gesetzliche Beschränkungen oder lautstarke Opposition nicht verhindern. Das New Yorker Familien- und Arbeitsinstitut kam zu dem Schluss, dass 45 Prozent der Beschäftigten in den USA mehr als 40 Stunden pro Woche am Arbeitsplatz verbringen und über ein Drittel aller Beziehungen heute dort geknüpft werden. Führungskräfte fördern Interdependenzen und Teamarbeit zwischen ihren Mitarbeitern. Der Anteil der berufstätigen Frauen hat in den Vereinigten Staaten inzwischen 46 Prozent erreicht (in Führungspositionen und freien Berufen liegt der Frauenanteil inzwischen bei 50 Prozent, nach 40 Prozent im Jahr 1983), und die Tendenz zeigt weiterhin nach oben. Zugleich heiraten die Amerikaner später (das Durchschnittsalter für die erste Ehe liegt bei Frauen bei 24,5 und bei Männern bei 26,5 Jahren). Da immer mehr Zeit am Arbeitsplatz verbracht werden muss, ist er mittlerweile auch zum bevorzugten Ort für die Partnersuche geworden.

Judy Kaiser, eine 28jährige Verwaltungsassistentin, meint dazu: »Bekanntschaften in Single-Bars sind einfach zu riskant und oberflächlich. Kontaktanzeigen sind sehr mühsam und ein richtiges Lotteriespiel. Wer kann sich leisten, in einem Museum die Zeit totzuschlagen, wenn er immer im Büro sitzen muss? Am Arbeitsplatz dagegen kann man die Leute unter die Lupe nehmen, bevor man sich mit ihnen verabredet. Für die Anwesenheit im Büro wird man ohnehin bezahlt. Warum sollte man diese Zeit also nicht optimal nutzen? Die meisten meiner ungebundenen Freundinnen sind mit Kollegen ausgegangen oder tun dies heute oder haben ein Auge auf jemanden im Büro geworfen. Ich selbst treffe mich übrigens heute abend mit einem Kollegen auf einen Drink. Es soll dabei um eine Sache gehen, die mit der Arbeit zu tun hat, aber das kaufe ich ihm natürlich nicht ab.«

Die Arbeit bietet eine ganze Reihe unwiderstehlicher gesellschaftlicher Vorteile: Man hat Kontakt zu Menschen mit ähnlichem wirtschaftlichem und sozialem Hintergrund, ähnlichem Bildungsniveau und Interessen sowie Gelegenheit und Zeit, sich kennenzulernen. Man arbeitet kontinuierlich in Projekten eng zusammen, kann emotional bewegende und sogar aufregende Zeiten miteinander erleben und etwaige Partner so gut wie nirgendwo sonst auf Herz und Nieren überprüfen. Das ist besser als ein Besuch in einer Single-Bar, Treffen mit Unbekannten und Kontaktanzeigen. Wenn es zwischen Kollegen funkt, haben die Beteiligten die Zeit, ihre Verliebtheit richtig auszukosten. Diese Vorteile sind beileibe keine Einbahnstraße:

Unternehmen erkennen inzwischen auch, dass eine direkte Beziehung zwischen der Zufriedenheit der Mitarbeiter und dem Gewinn von Firmen mit einer pro-interaktiven Politik besteht. Näheres dazu in Kapitel 2, »Begegnungen der natürlichen Art«.

Die Liebe blüht trotz der vielen Risiken. Eine Affäre kann politisch gegen einen oder beide Mitarbeiter verwendet werden. Kollegen fürchten unter Umständen einen Machtverlust oder legen dem Paar andere Steine in den Weg. Die Karriere kann leiden (sowohl durch die Beziehung als auch durch die Wirren einer möglichen Trennung). Einer der Beteiligten könnte später den Vorwurf der sexuellen Belästigung erheben. Die tatsächlichen Folgen hängen zwar vom Unternehmen, von den beteiligten Mitarbeitern und der Steuerung der Beziehung durch die beiden Protagonisten ab, doch sind Untersuchungen zufolge 60 bis 70 Prozent aller Beschäftigten und Unternehmensleiter der Ansicht, dass eine Liebesbeziehung im Büro sich nicht auf das Ansehen der Beteiligten in der Firma auswirkt. Mit diesem Thema werden wir uns näher in Kapitel 3 auseinandersetzen.

Pro-interaktiv oder nicht?

Warum versuchen Unternehmen nicht, möglichen Problemen durch ein Verbot von Liebesbeziehungen am Arbeitsplatz aus dem Weg zu gehen? Die Antwort ist ganz einfach: Der Liebe ist mit Gesetzen nicht beizukommen. Eigentümer, Führungskräfte und Aktionäre sind alle zu dem Schluß gelangt, dass Beziehungen zwischen den Mitarbeitern eines Unternehmens sie nichts angehen *und* dass die Liebe so sehr in der Natur der Menschen liegt, dass Verbote nichts fruchten würden.

Die Zeitschrift *Fortune* befragte Mitte der 90er Jahre 200 Unternehmensleiter und -leiterinnen. 75 Prozent der befragten Topmanager waren sich einig, dass Liebesbeziehungen im Büro »das Unternehmen nichts angehen«. 80 Prozent meinten, Affären zwischen unverheirateten Paaren, die sich diskret verhalten, seien keine Sache, mit der sich das Unternehmen befassen solle. Diese Meinung wurde vertreten, obwohl drei Viertel der gleichen Gruppe das Risiko sahen, dass Liebe im Büro für das Unternehmen zu rechtlichen Auseinandersetzungen wegen sexueller Belästigung führen könnte.

Der Vorstandsvorsitzende der Tochtergesellschaft eines Finanzkonzerns meinte: »Ich baue derzeit eine Managerin für einen raschen Aufstieg auf. Sie ist talentiert und kommt schnell voran. Vor einigen Monaten eröffnete sie mir, dass sie seit einiger Zeit mit einem ihrer Untergebenen ausgeht und eine feste Beziehung mit ihm eingehen will. Erfreut war ich darüber nicht, aber die Frau ist gut. Was soll ich also tun? Sie hat ja unsere Regeln eingehalten: Offenlegen von Beziehungen zu Mitarbeitern, keine Zärtlichkeiten in der Öffentlichkeit. Sie schlug vor, sich selbst in eine andere Abteilung zu versetzen. Dieser Schritt passte in ihr Karrierebild, also gab ich mein Einverständnis. Ich sagte zu ihr, sie solle mich im Falle einer Trennung informieren, die Auswirkungen auf ihre Kollegen im Auge behalten, Schadensbegrenzung betreiben und so weiter.«

Alice gefiel das Arbeitsumfeld in dem mittelständischen Unternehmen, für das sie und Steve anfangs tätig waren: »Hätten wir für eine andere Firma gearbeitet, hätten sich wohl manche Leute ernsthaft darüber beklagt, dass ich meine Karriere vorantreiben wolle, indem ich mit dem Chef ins Bett steige. Aber ich liebte Steve, und wir taten viel für den Erfolg unserer Beziehung. In unserem Unternehmen fanden viele Veranstaltungen für die Belegschaft statt, und die Leute wurden ermutigt, sich gegenseitig kennenzulernen und Spaß miteinander zu haben. Es gab einen Betriebsausflug, eine Weihnachtsfeier, jede Woche ein gemeinsames Frühstück und Kneipenbesuche nach Feierabend. Das Gemeinschaftsgefühl war sehr ausgeprägt, und auch andere Kollegen und Kolleginnen hatten Liebesbeziehungen. Es war eine schöne Zeit.«

Steve meinte: »In einem anderen Unternehmen währe ich wohl ganz schön unter Beschuss geraten. Und hätten wir uns getrennt, während wir für die gleiche Firma arbeiteten, hätte ich mir allein schon deswegen Schwierigkeiten einhandeln können, weil ich ihr Vorgesetzter war. Das soll nicht heißen, dass dies gerechtfertigt gewesen wäre, aber so lief die Sache auch nicht. Selbst in unserem liberalen Unternehmen kamen mir ein oder zwei Mal Zweifel daran, ob es richtig war, Arbeit und Liebe miteinander zu verbinden.« Auf Alice und Steve und viele andere Paare werden wir in diesem Buch noch mehrfach zurückkommen.

Einer Umfrage der Zeitschrift *Human Resource Management* aus dem Jahr 1991 zufolge erlauben 98 Prozent der Unternehmen ihren Beschäftigen, eine Liebesbeziehung mit einem Kollegen oder einer Kollegin einzugehen (28 Prozent lassen dies eher nolens volens zu). Faktisch ergab eine Untersuchung der AMA, dass nur 6 Prozent der amerikanischen Unternehmen schriftliche Regelungen zu Liebesbeziehungen von Mitarbeitern verabschiedet hatten. Die meisten halten sich aus Herzensangelegenheiten lieber heraus. Diese Umfragen bestätigen erwartungsgemäß die allgemeine Erkenntnis, dass Vorgesetzten-Untergebenen-Beziehungen, außereheliche Affären oder Romanzen, die klare Interessenkonflikte gegenüber Dritten (beispielsweise Lieferanten) hervorrufen, nicht gerne gesehen werden. So hielten etwa 75 Prozent der von der AMA befragten Manager und Managerinnen Liebesbeziehungen mit Vorgesetzten oder Untergebenen nicht für richtig.

Etliche Unternehmen fördern die »immaterielle Leistung« der Sozialkontakte. Sie sind zu dem Schluss gekommen, dass es gut fürs Geschäft ist, wenn man Mitarbeiter anregt, in Teams gemeinsam auf die Ziele des Unternehmens hinzuarbeiten. Es gibt viele prointeraktive Firmen, und der Trend geht eindeutig dahin, Liebesbeziehungen am Arbeitsplatz freien Lauf zu lassen, selbst zwischen Chefs bzw. Chefinnen und Untergebenen – vorausgesetzt, die beiden Partner arbeiten danach nicht mehr unmittelbar füreinander. Einige Unternehmen schreiben in solchen Fällen eine Versetzung des/der Vorgesetzten vor; andere überlassen diese Entscheidung den beiden Partnern. Wieder andere finden für jeden Einzelfall eine individuelle Lösung. Früher war das genau umgekehrt.

Je positiver Unternehmen Frauen und ihren Karrieren gegenüber eingestellt sind, desto flexibler sind logischerweise auch ihre Einstellungen zu Liebesbeziehungen am Arbeitsplatz. Wir werden uns in späteren Kapiteln einige pro-interaktive Unternehmen und den kontinuierlichen Trend zur Nutzung der Vorteile dieses Ansatzes genauer ansehen. Mit einer positiven Einstellung zu Sozialkontakten im Büro fahren Unternehmen besser, als wenn sie solche Beziehungen lediglich dulden oder sich über die engstirnigen legalistischen Bedenken ihrer Rechtsabteilung den Kopf zerbrechen. Der Nutzen eines stärkeren Engagements für die Unternehmensziele ist einfach zu wertvoll, um sich diese Chance entgehen zu lassen. Mehr dazu in Kapitel 4, »Wie kalt ist das Betriebsklima?«.

Neue Regeln für Romanzen

Joanne, eine 35-jährige Managerin im Rechnungswesen, erinnerte sich: »Ich lernte meinen späteren Mann im Büro kennen. Er arbeitete in einem anderen Bereich, traf sich aber mit mir, um zu besprechen, wie die ›Erbsenzähler‹ sein Budget behandeln würden. Er leistete gute Arbeit in seiner Position, schien mir aber distanziert zu sein – so als wolle er lieber mit einem Mann arbeiten. Das ärgerte mich. Dann wurden wir beide einem Team zur Bewertung einer potenziellen Akquisition zugewiesen. Nach dem ersten Treffen dachte ich mir, dass wir klare Fronten schaffen müssten. Ich schlug ein gemeinsames Mittagessen vor. Dabei fragte ich ihn freundlich, aber unumwunden, ob er ein Problem damit habe, mit einer Frau zusammenzuarbeiten. Er wirkte überrascht, stotterte etwas herum und sagte dann, dass er wirklich sehr gerne mit mir zusammenarbeite, aber nicht zu freundlich erscheinen wolle. Ich musste lachen, und das brach das Eis. Wir begannen, bis spät in die Nacht zu arbeiten, und gingen danach zum Essen. Mir gefiel, dass Tom mich zum Lachen brachte ... und wie seine Augen dabei blitzten. Schließlich verbrachten wir eine Nacht zusammen in seiner Wohnung. Am nächsten Morgen sprachen wir darüber, wie wir sowohl ein Liebespaar als auch Kollegen sein könnten. Wir sprachen über unsere gegenseitigen Ängste, Wünsche und Bedürfnisse. Es war für uns beide das erste Mal, dass wir eine Liebesbeziehung mit jemandem aus dem Büro angefangen hatten. Wir beschlossen, die Sache zunächst geheim zu halten und uns später zu überlegen, wann und wie wir unsere Chefs darüber informieren sollten. Diese Gespräche, diese gemeinsamen Entscheidungen lenkten unsere Beziehung von Anfang an in die richtige Richtung.«

Die Zunahme der Berufstätigkeit bei Frauen, zumal ihr Vorstoß in Führungspositionen, gehört zu den weitreichendsten soziologischen Veränderungen der letzten Jahrzehnte. Diese Integration der Geschlechter hat dazu geführt, dass sie als gleichberechtigte Kollegen miteinander umgehen müssen. Die Schwarz-Weiß-Bilder eines männlichen Vorgesetzten hinter einem Metallschreibtisch mit einer jüngeren, lächelnden Sekretärin im langen Kleid mit gezücktem Stenoblock gehören der Vergangenheit an. Liebesbeziehungen am Arbeitsplatz müssen sich ebenso ändern wie Arbeitsbeziehungen. Sie werden heute eher von gleichberechtigten Partnern gelenkt und diskutiert. Die »Neuen Regeln für Romanzen« werden in Kapitel 6 näher beleuchtet.

Gleichberechtigte Partnerschaften

Zu den neuen Regeln gehört heute »Gleichberechtigung in der Partnerschaft«. Das ist keine so trockene Angelegenheit, wie man auf den ersten Blick meinen möchte. Gleichberechtigung bedeutet in diesem Zusammenhang, dass es so etwas wie ein »männliches Vorrecht« in Liebesbeziehungen heute nicht mehr gibt (falls es jemals existierte). Der Schlüssel zum Erfolg sind gemeinsame Entscheidungen über die Art und Weise der Beziehung und ihre Ziele. Hierzu einige Beispiele:

- Die Partner sollten über die Regeln für ihre Beziehung sprechen (zum Beispiel, was man für den Partner und die Beziehung aufzugeben bereit ist).
- Sie sollten sich einigen, ob bzw. wann sie andere von ihrer Beziehung in Kenntnis setzen wollen.
- Sie müssen sich überlegen, wie sie ihre Beziehung ihren Vorgesetzten »verkaufen« oder sie zumindest davon in Kenntnis setzen wollen.
- Sie müssen sich einigen, wie sie im Falle einer Trennung vorgehen wollen.

Das bittere Ende

Liebesbeziehungen am Arbeitsplatz sind nicht immer von Dauer – wie auch ihre Pendants außerhalb des beruflichen Umfelds. Die Trennung von einem Kollegen oder einer Kollegin wirft die gleichen emotionalen und praktischen Probleme auf wie jede andere – nur mit einer zusätzlichen Komplikation: Man kann sich nicht einfach ganz aus dem Weg gehen.

»Als wir Schluss machten, war ich kreuzunglücklich«, erzählte Katherine. »Wir hatten so viele Gemeinsamkeiten und waren Tag und Nacht zusammen gewesen. Am ersten Tag nach unserer Trennung blieben wir in unseren Büros und wagten uns nur dann auf den Flur hinaus, wenn wir glaubten, dass der andere nicht in der Nähe war. Die Kollegen begannen zu tratschen, und am Nachmittag rief uns unser geschäftsführender Vizepräsident beide in sein Büro. Er ließ uns unmissverständlich wissen, dass wir auf irgendeine Weise im Büro miteinander klarkommen müssten, sonst müsse einer von uns mit einer Versetzung rechnen. Mit Eric persönlich zu sprechen war zu viel für mich. Also schickte ich ihm lange E-Mails, in denen ich ihn anflehte, sich doch wieder mit mir zu versöhnen. Wenn ich heute daran denke, ist mir das peinlich. Eric behielt seine Gefühle immer für sich und antwortete mir niemals. Der geschäftsführende Vizepräsident erfuhr von meinen E-Mails. Eric muss es ihm gesagt haben. Innerhalb einer Woche wurde ich in einen anderen Bundesstaat versetzt. Das war so schrecklich für mich, dass ich schließlich kündigte. Ich kehrte zurück in meine alte Gegend, aber es dauerte eine Weile, bis ich eine neue Stelle fand, und ich verdiene dort weniger.« Mit diesem Thema werden wir uns in Kapitel 13, »Das bittere Ende«, näher beschäftigen.

Selbst wenn die Beziehung selbst stabil ist, kann sich das Unternehmensklima ändern. In einem Versorgungsunternehmen verliebte sich der leitende Abnahmeprüfer in eine Mitarbeiterin. Er war ledig; sie war verheiratet, hatte kleine Kinder und sich allerdings kurz zuvor von ihrem Mann getrennt. Leider wurden die beiden während der Mittagspause in einem Firmenlastwagen an einem einsamen Ort in zärtlicher Umarmung erwischt. Ein weiterer

Abnahmeprüfer sah das Paar und meldete den Vorfall einem Vorgesetzten. Daraufhin wurde dem leitendem Abnahmeprüfer wegen Verletzung des Verbots intimer Beziehungen am Arbeitsplatz gekündigt (es handelte sich hier um eine der wenigen Firmen, in denen es noch ein »Fraternisierungsverbot« gibt). Die Mitarbeiterin wurde degradiert. Sechs Monate später waren der ehemalige Vorgesetzte und seine Mitarbeiterin noch immer zusammen. Sie hatten inzwischen geheiratet.

Liebe kann auch von Dauer sein

Karen und Frank mussten auch nach ihrer Heirat am Arbeitsplatz vorsichtig agieren. »In unserem Unternehmen gibt es zwar kein Verbot der Zusammenarbeit von Liebes- oder Ehepaaren«, meinte Karen, »doch inoffiziell kam es darauf an, wem man unterstellt war. Irgendwann erkannten wir, dass Frank bei einem anderen Arbeitgeber größere Aufstiegschancen hätte. Für uns war das aber kein großes Problem. Eine Freundin von mir heiratete ungefähr zur gleichen Zeit, doch die beiden ließen sich später scheiden, weil sie nicht mit den Stiefkindern zurechtkamen. Andere Paare haben Probleme mit dem Geld, den Schwiegereltern, Kindern – die Liste ist endlos. Wie man am Arbeitsplatz miteinander umgeht, ist einfach eines von vielen Problemen, die man angehen und lösen muss, wenn man eine Beziehung erhalten möchte.«

Bei Steve und Alice lagen die Dinge anders. »Anfangs«, berichtete Alice, »achteten wir sehr auf die Gefühle der Kollegen und Kolleginnen ... um sicherzugehen, dass sich niemand bedroht fühlte. Eigentlich hatte aber keiner ein Problem damit. Zwei andere Paare hatten sich im Büro kennengelernt und waren fest zusammen. Ich begann auf eigenen Wunsch auf Provisionsbasis zu arbeiten, weil ich das Gefühl hatte, dass ich mehr Geld verdienen könnte und das niedrigere Fixum nicht benötigte. Steve verteilte Interessenten genauso gerecht wie zuvor. Als ich ein Jahr später zu einem anderen Immobilienmakler wechselte, änderte das nichts an unserer Beziehung. Die Entscheidung fiel mir schwer, weil ich gerne in diesem Büro arbeitete, aber das neue Unternehmen hatte in meinem Spezialgebiet den besseren Ruf.« Steve pflichtete ihrer Einschätzung bei. Dieses Thema ist Gegenstand von Kapitel 11, »Auf immer Dein«.

Was sollen Unternehmen tun?

Bei Liebesbeziehungen am Arbeitsplatz sitzen Unternehmen zwischen zwei Stühlen. Arbeitgeber (ob Wirtschaftsunternehmen, Feuerwehrwachen oder Architekturbüros) wollen das Recht der Arbeitnehmer auf Privatsphäre und Sozialkontakte nicht übermäßig beschneiden. Andererseits wollen sie aber auch Konflikte am Arbeitsplatz verhindern. Die meisten Unternehmen wünschen sich eine motivierte Belegschaft, die als Team auf die Firmenziele hinarbeitet. Welche Optionen stehen Firmen also offen? Es gibt hier klare, wirksame Strategien:

- Formulierung vernünftiger Richtlinien zur Liebesbeziehung am Arbeitsplatz und Aufklärung aller Beschäftigten über die Regelungen und ihre Konsequenzen
- Förderung eines pro-interaktiven Arbeitsumfelds
- Öffnung vertraulicher Kommunikationskanäle für alle
- Einführung wirksamer Regelungen gegen sexuelle Belästigung und strenge, aber gerechte Durchsetzung dieser Vorschriften
- Betonung der Vermittlung als Konfliktlösungsverfahren

Michael D. Karpeles, Partner und Leiter einer auf Arbeitsrecht spezialisierten Rechtsanwaltskanzlei, meint dazu:

> Jedes Unternehmen sollte realistische schriftliche Richtlinien verfassen, die für alle Mitarbeiter und Mitarbeiterinnen gleichermaßen gelten, ganz gleich, ob sie oberen oder unteren Hierarchieebenen angehören, verheiratet oder ledig, homo- oder heterosexuell sind. Wichtig dabei ist, dass man verheiratete Paare nicht anders behandeln darf als unverheiratete, da dies in der Regel Rechtsverordnungen auf einzelstaatlicher, regionaler oder kom-

munaler Ebene verletzen würde, die Diskriminierung auf der Basis des Familienstands verbieten. Daher darf man unverheirateten Mitarbeitern und Mitarbeiterinnen nicht Liebesbeziehungen gestatten, aber Verheirateten so etwas verbieten – ganz gleich, wie man aus moralischer Sicht dazu steht.

Es empfiehlt sich, allgemeine Richtlinien zu verabschieden, damit die Arbeitnehmer das Gefühl haben, dass sie gerecht behandelt werden: Sie müssen wissen, dass es Regeln gibt, die für alle gleichermaßen gelten. Diese Richtlinien sollten nicht zu umfangreich sein, der gesamten Belegschaft vorgestellt werden und durch kontinuierliche Aufklärungsprogramme den Arbeitnehmern bewußt gemacht werden.

Arbeitgeber sollten es Mitarbeitern, die intime Beziehungen miteinander eingehen, zur Pflicht machen, ihre Vorgesetzten davon vertraulich in Kenntnis zu setzen, vor allem, wenn die beiden Beteiligten eng zusammenarbeiten. Romanzen zwischen Vorgesetzen und ihren Untergebenen sollten Firmen generell verbieten, da dies möglicherweise als sexuelles Abhängigkeitsverhältnis ausgelegt werden und die Arbeitsmoral untergraben kann. Wenn die Betroffenen nicht versetzt oder einem anderen Aufgabengebiet zugewiesen werden können, sollten neutrale Führungskräfte mit der Beurteilung des nachrangigen Mitarbeiters bzw. der nachrangigen Mitarbeiterin betraut werden. Der/die Untergebene sollte darauf aufmerksam gemacht werden, dass er/sie die Möglichkeit hat, alle Aspekte der Arbeitsbeziehung mit der hochrangigsten Führungskraft zu besprechen. Arbeitnehmer sollten auch auf ihre Verantwortung hingewiesen werden, in der Öffentlichkeit keine übermäßigen Zärtlichkeiten auszutauschen und keine persönlichen Probleme in den Arbeitsplatz hineinzutragen.

In den letzten Jahren war bei den Arbeitgebern eine deutliche Verlagerung zu beobachten: Anstatt verliebten Mitarbeitern und Mitarbeiterinnen zu kündigen, versuchen sie, mit ihnen eine Einigung zu erzielen. Angesichts der finanziellen Investitionen, die üblicherweise mit der Ausbildung von Mitarbeitern und Mitarbeiterinnen verbunden sind, versuchen Unternehmen solche Beziehungen zu steuern, anstatt sie zu verbieten. Vergessen Sie nicht, dass Sie die Liebe nicht verhindern können. Und selbst wenn ein Unternehmen hier eine »Vogel-Strauß-Politik« betreibt, muss es

> zum eigenen Schutz und zur Absicherung seiner Beschäftigten als zusätzliches Führungsinstrument schriftliche Richtlinien formulieren.

Unternehmen müssen Liebesbeziehungen am Arbeitsplatz durch vernünftige Richtlinien zur vertraulichen Offenlegung, die allen Mitarbeitern vorgestellt werden, thematisieren. Diese Richtlinien müssen unter anderem dafür sorgen, dass bei Romanzen zwischen Vorgesetzen und Untergebenen die beiden Partner einander nicht direkt unterstellt bleiben, aber zugleich dafür sorgen, die Mitarbeiter mit ihren derzeitigen Kompetenzen zu halten. Damit übernimmt das Unternehmen aktive Verantwortung und kann verhindern, dass solche Situationen durch Untätigkeit zu weitaus größeren Problemen werden. Indem man dokumentiert, dass die Beziehungen tatsächlich willkommen waren und freiwillig eingegangen wurden, entzieht man späteren Vorwürfen der sexuellen Belästigung von vornherein den Boden.

Tom Davidow, Principal eines auf Beratungsleistungen spezialisierten Familienbetriebs, rät in diesem Zusammenhang:

> Unternehmen sollten ihre Mitarbeiterinnen und Mitarbeiter in Bezug auf Liebesbeziehungen informieren und diesen den Schleier des Geheimnisvollen nehmen. Sie sollten verdeutlichen, welche Politik sie verfolgen, was sich praktisch zwischen Arbeitnehmern abspielen könnte und welche Vor- und Nachteile Romanzen am Arbeitsplatz haben. Allem Anschein nach fahren Unternehmen mit einer offenen Kommunikation und einem entspannten Umfeld in dieser Hinsicht besser.

Weitere Einzelheiten zu diesem Thema finden Sie in Kapitel 13, »Auch Unternehmen sind nur Menschen«, Kapitel 14, »Das einundzwanzigste Jahrhundert«, und im Anhang, der ein Formulierungsbeispiel für Unternehmensrichtlinien zu Liebesbeziehungen am Arbeitsplatz enthält.

Kapitel 2

Begegnungen der natürlichen Art

80 Prozent aller Arbeitnehmer waren in ihrem Berufsleben Teilnehmer oder Beobachter einer Liebesbeziehung am Arbeitsplatz. Das dokumentieren zahlreiche Umfragen, von denen wir einige bereits zitiert haben. Zwischen 25 und 33 Prozent der Beschäftigten in einer bestimmten Branche bzw. zu einem bestimmten Zeitpunkt (je nach Untersuchungsschwerpunkt) hatten eine Liebesbeziehung zu einem Kollegen oder einer Kollegin. Bei manchen Befragungen lag dieser Prozentsatz sogar noch höher, je nachdem, welche Zielgruppe oder Formulierung im Fragebogen gewählt wurde bzw. wie viele Antworten eingingen. Wie aus einer Umfrage der American Management Association (AMA) hervorgeht, führt zudem die Hälfte aller Liebesbeziehungen im Arbeitsumfeld zu einer Ehe bzw. einer langfristigen Beziehung.

Warum?

Diese Frage ist leicht zu beantworten. In einer vor zehn Jahren vom Nachrichtenmagazin *Newsweek* in Auftrag gegebenen Gallup-Umfrage bezeichneten nahezu 50 Prozent der Befragten ihren Arbeitsplatz als den mit Abstand besten Ort für die Partnersuche. Nahezu 80 Prozent (wieder diese magische Zahl!) gaben an, sie wüssten oder vermuteten, dass zwei ihrer Kollegen ein Paar seien; über 20 Prozent antworteten, sie selbst hätten eine intime Beziehung zu einer Kollegin bzw. einem Kollegen gehabt. Dabei war zum Zeitpunkt dieser Umfrage noch einiges anders als heute: Es wurden weniger Überstunden verlangt; es mussten noch nicht beide Partner berufstätig sein, nur um finanziell über die Runden zu kommen; und die Downzsizing-Kampagnen, die unsere Freizeit noch stärker beschnitten haben, lagen noch vor uns.

Je mehr Zeit man mit jemandem verbringt, desto größer ist die Wahrscheinlichkeit, dass man sich anfreundet oder sogar eine tiefere, dauerhafte Bindung entwickelt. In vielen Branchen sind allein schon durch die Tätigkeit selbst Sozialkontakte fast ausschließlich auf den Arbeitsplatz beschränkt. So meinte etwa der Geschäftsführer eines Finanzdienstleistungsunternehmens: »Unverheiratete Männer und Frauen mit so langen Arbeitszeiten betrachten allein schon die zeitlichen Anforderungen, die das Unternehmen an sie stellt, als Schikane.«

Die Überstunden der Beschäftigten in den High-Tech-Firmen des Silicon Valley sind geradezu legendär. In dieser von der Technologie getriebenen Branche findet ein derart rascher Wandel statt, dass Schlaf als Luxus gilt. Mitarbeiter arbeiten in Teams zusammen, und wenn der Abschlusstermin naht, wird von allen erwartet, dass sie sich die Nächte um die Ohren schlagen. Sozialkontakten zwischen den Beschäftigten wird kein Riegel vorgeschoben, und späte Abendessen mit Kolleginnen und Kollegen gelten als Notwendigkeit. John, ein hochdotierter Softwareprogrammierer, formulierte es so: »Wenn du zwölf Stunden am Tag arbeitest und acht Stunden schläfst und dann noch die Zeit hinzurechnest, die du fürs Essen, für die Fahrt zur Arbeit und nach Hause und unvermeidliche persönliche Besorgungen brauchst, bleibt nicht mehr viel Freizeit übrig.«

Männer und Frauen fühlen sich zueinander hingezogen, und sexuelle Belästigungen sind da eher die Ausnahme als die Regel. Ganz gleich, welche Hindernisse aufgetürmt werden, gegen die Liebe ist kein Kraut gewachsen. Laurel, eine 40-jährige Bankmanagerin, beschrieb es so: »Machen wir uns doch nichts vor! Männer und Frauen lieben einander; es gibt zwischen uns eine natürliche Anziehungskraft, die schon viele tausend Jahre zurückreicht.« Karen sagte: »Die großen Liebesgeschichten, die Jahrhunderte überdauert haben, wie die zwischen Romeo und Julia oder Adam und Eva, spielen sich auch jeden Tag in ähnlicher Weise in Unternehmen ab. Man wird dafür bezahlt, dass man mit jemandem zusammenarbeitet, der einem gefällt, und dabei hat man genügend Zeit, sich allmählich ineinander zu verlieben.«

Lisa Troyer, Assistenzprofessorin einer Universität, hat Liebesbeziehungen am Arbeitsplatz genauer unter die Lupe genommen. Ihr Fazit:

> Die Geschlechter ziehen sich von Natur aus gegenseitig an. In diesem Zusammenhang wurde das Phänomen der »Nähe« untersucht: Je mehr Kontakt zwei Menschen zueinander haben, desto mehr fühlen sie sich zueinander hingezogen. Im Grunde bedeutet das, dass man Menschen um so lieber mag, je mehr Zeit man mit ihnen verbringt. Genau das geschieht am Arbeitsplatz, ganz gleich, in welchem Beruf oder an welchem Ort man tätig ist. Es überrascht also nicht, dass viele Menschen sich am Ort ihrer Arbeit kennen lernen oder Liebesbeziehungen aufbauen.

Hinzu kommt größere Sicherheit. Wir fühlen uns bei Kolleginnen oder Kollegen, die wir gut zu kennen glauben, besser aufgehoben als bei Fremden, mit denen wir uns zum ersten Mal verabreden. »Wo soll man Leute in seinem Alter finden, wenn man in einem Vorort wohnt und bis spät in die Nacht hinein arbeitet? Im beruflichen Umfeld muss man sich im Gegensatz zur Bar-Szene keine Sorgen machen, dass man es mit einem Serienmörder zu tun haben könnte. Dort kann man den Hintergrund seines Partners optimal prüfen – besser als bei Anzeigen, gesellschaftlichen Veranstaltungen oder Gemeindeveranstaltungen. Man ist mit Gleichgesinnten zusammen. Sie haben ähnliche Interessen, ein ähnliches Einkommensniveau und gehören der gleichen sozialen Schicht an«, meinte eine 31-jährige Managerin, die für die Spendenbeschaffung eines Krankenhauses zuständig ist und vor kurzem geheiratet hat.

Am Arbeitsplatz fällt es leicht, mit anderen ins Gespräch zu kommen, und man muss keine Entschuldigungen finden, weshalb man seine Zeit mit ihnen verbringt. Nachdem sich zwei Software-Ingenieure zwei Wochen lang ein Büro geteilt hatten, begannen sie, miteinander auszugehen. Zwei Jahre später heirateten sie. Laurel sah es so: »Wenn man seines Ehepartners überdrüssig ist, kann man sich problemlos potenzielle Kandidaten am Arbeitsplatz anschauen. Man braucht sich nicht zu entschuldigen, weil man so spät nach Hause kommt. Man hat ja tatsächlich mit gleichgesinnten Kolleginnen oder Kollegen gearbeitet.«

Der revolutionäre Einzug der Frauen in die Berufswelt hat gegenseitigen Respekt entstehen lassen. Wenn man mit jemandem an einem interessanten Projekt arbeitet, kann man ebenso viele Gemeinsamkeiten entdecken wie bei einer Verabredung; gemeinsame Ziele und Interessen lassen das Gefühl der Nähe entstehen. Anne heiratete ein Jahr nach dem ersten Kennenlernen einen Mann, mit dem sie an einem Fusionsprojekt arbeitete. »Man hat nicht nur die Möglichkeit, jemanden kennen zu lernen«, sagte sie, »man kann auch anfängliche Abneigungen oder Vorurteile überwinden, die einen auf dem gesellschaftlichen Parkett schnell zu einem negativen Urteil verleiten würden.«

Laurel sagte: »Beide sind jeden Tag gut angezogen. Die Frau trägt ihre besten Kostüme und schlurft nicht in einem alten ausgeleierten T-Shirt durch die Küche. Der Mann ist frisch rasiert, duftet nach Aftershave und trägt einen schicken Anzug. Im Gegensatz dazu hat Ihr Freund oder Ihre Freundin bzw. Ihr Ehepartner gerade gegähnt oder sich im Bad gekratzt und war noch nicht rasiert oder geschminkt, als Sie sich am Morgen von ihm oder ihr verabschiedet haben. Wie Sie wissen, schauen die Leute um diese Tageszeit nicht besonders gut aus. Sobald Sie im Büro sind, laufen Ihre grauen Zellen den ganzen Tag auf Hochtouren. Sie zeigen sich von Ihrer besten Seite, denn ewige Meckerer werden sich an keinem Arbeitsplatz lange halten können.«

Wenn Sie mit jemandem zusammenarbeiten, gibt Ihnen diese Nähe die Entschuldigung, ja sogar den Grund, diesen Menschen besser kennen zu lernen. Schließlich will ja Ihr Arbeitgeber, dass Sie sich mit den Kollegen in Ihrem Umfeld verstehen. Sie sind ein unfreiwilliges Publikum und können nicht gehen, selbst wenn sie wollten. Sie haben genügend Zeit, anfängliche Probleme und Persönlichkeitskonflikte zu überwinden. Gina, eine 32-jährige Projektleiterin für Marketingumfragen, meinte: »Gemeinsam auf ein Ziel hinzuarbeiten ist aufregend. Man steht unter Druck, und die Spannung wächst, ja näher man dem Ziel kommt. Dann feiert man gemeinsam den Sieg.« Laurel sieht es so: »Man kann die Arbeit als Vorwand benutzen, um andere kennen zu lernen. Wenn man sich zu Hause mit dem Partner gestritten hat, gibt es immer jemanden, der einem bereitwillig zuhört. Ganz zu schweigen von den engen beruflichen Bindungen, die man zu Kollegen aufbaut. Man kann darüber diskutieren, wie es wäre, sich selbstständig zu machen. Ich bin davon überzeugt, dass sich am Arbeitsplatz mehr abspielt, als die Leute ihren Freunden erzählen würden.«

Nach jahrelangen Personalabbaukampagnen bringen weder die Arbeitgeber noch die Arbeitnehmer die Loyalität auf, die sie früher miteinander verband. Untersuchungen des amerikanischen Arbeitsministeriums zufolge wechseln Amerikaner im Laufe ihres Lebens im Schnitt mehr als acht Mal ihre Stelle und versuchen sich an drei bis vier (exakt 3,5) verschiedenen Berufen – und das sind möglicherweise konservative Schätzungen. Daher sollte es nicht überraschen, dass Menschen Beziehungen wichtiger nehmen als ihren Job, ganz gleich, welche Haltung, Politik oder Philosophie das Unternehmen vertritt.

Dieser Trend beschränkt sich beileibe nicht auf die USA. Eine britische Umfrage ergab, dass 58 der 76 befragten jungen Führungskräfte im Durchschnitt von sechs Liebesbeziehungen am Arbeitsplatz wussten. Auch gleichgeschlechtliche Paare lernen sich im Arbeitsumfeld kennen: Eine Umfrage von Mobil Europe, die fast 200 Firmen umfasste, ergab, dass fast 25 Prozent dieser Unternehmen inzwischen bereit sind, bei der Einstellung von Kandidaten in Europa gleichgeschlechtliche Partnerschaften anzuerkennen (selbst wenn die beiden Partner nicht für das gleiche Unternehmen arbeiten).

Natürlich können Probleme auftreten, zum Beispiel eine negative Reaktion seitens der Kollegen, Animositäten bei einer Trennung oder das Risiko einer möglichen Beschwerde wegen sexueller

Belästigung. Mit diesen Schwierigkeiten werden wir uns in Kapitel 3, »Stolpersteine«, beschäftigen. An dieser Stelle sei lediglich gesagt, dass es Liebe am Arbeitsplatz immer geben wird und dass sie mit jedem Tag stärker wird.

Ein buntes Bild

Arbeitsplätze sind heterogen und diversifiziert; die Palette reicht hier von Großkonzernen über mittelständische Firmen bis hin zu Anwaltssozietäten, Krankenhäusern, Polizeistationen und Postämtern. Ein Professor küsste eine Studentin zum erstenmal auf einem Flur unter einem Schild, das in scharfen Worten vor den Konsequenzen sexueller Belästigungen warnte; wir werden an späterer Stelle noch mehr über Alex und Samantha erfahren. Ein Mann und eine Frau Mitte Dreißig arbeiteten zusammen in der Verteilstelle eines Postamts, verließen ihre jeweiligen Ehepartner füreinander und sind fünf Jahre später immer noch verheiratet. Eine Managerin eines großen Unternehmens hatte mehrere Monate lang heimlich eine Affäre mit einem Mitarbeiter aus ihrer Abteilung; obwohl sich die beiden inzwischen getrennt haben, wissen die Vorgesetzten nach wie vor noch nichts von der Beziehung (wenngleich sie einen Verdacht hegten). Zwei Fließbandarbeiter wurden ein Paar, heirateten und ließen sich ein paar Jahre später wieder scheiden. Über die unterschiedlichen Liebesbeziehungen, die im Arbeitsumfeld entstehen, könnte man vielbändige Werke schreiben und würde doch immer nur an der Spitze des Eisbergs kratzen.

Liebesbeziehungen in der Arbeitsumgebung betreffen nicht nur Kollegen, die für das gleiche Unternehmen arbeiten. Sie erstrecken sich auch auf Patienten, Kunden und Mandanten. Ein Installateur wurde gerufen, um einen verstopften Küchenabfluss zu reinigen. Er bat die Kundin um ein Rendezvous, und die beiden heirateten sechs Monate später. Eine Telekommunikationsexpertin verabredete sich monatelang mit einem Vertreter ihrer Kundenfirma, bevor die beiden beschlossen, getrennter Wege zu gehen. Ein Arzt heiratete in dritter Ehe eine Patientin. Die Liste ließe sich beliebig fortsetzen. Denken Sie nur an Ihre eigenen Erfahrungen und Ihren eigenen Bekanntenkreis!

Frauen haben die Regeln verändert

Vor nur zwanzig Jahren gab es in den meisten Unternehmen Vorschriften gegen Nepotismus und Bevorzugungen, die Ehepaaren untersagten zusammenzuarbeiten. Die Geschäftswelt ging davon aus, dass verheiratete Paare im gleichen Unternehmen einen unfairen Vorteil gegenüber ledigen Arbeitnehmern hätten. Dieser Ansatz zementierte praktisch die Vorstellung des berufstätigen Ehemannes, dessen Frau sich aufs Hausfrauendasein beschränkt.

Erwartungsgemäß hat sich das alles inzwischen gründlich geändert. Da heute so viele Ehepaare für die gleiche Firma arbeiten, haben die Arbeitgeber offenbar im Vergleich zu ihrer früheren Position eine völlige Kehrtwende vollzogen. In einer amerikanischen Umfrage gaben 84 Prozent der verantwortlichen Führungskräfte im Personalwesen an, dass ihr Unternehmen Ehepartner als Arbeitsteams beschäftigten, und in einer früheren Studie brachten 88 Prozent der befragten Unternehmen ihre Überzeugung zum Ausdruck, dass Arbeitgeber Verabredungen zwischen Kollegen keine Steine in den Weg legen sollten. Ein grundlegender Wandel also.

Als die Frauen in noch nie dagewesener Anzahl berufstätig wurden, verlangten sie volle Mitwirkung und folglich auch Gleichbehandlung verheirateter Arbeitnehmerinnen. Wie wir in einem späteren Kapitel sehen werden, wählen Unternehmen heute pro-interaktive Ansätze, um Ehepaare zu halten. Der Grund: Sie haben ungeheure Summen in ihre Beschäftigten investiert – ganz zu schweigen von der Förderung von Frauen, die sie für leitende Positionen aufbauen wollen.

Nur in wenigen Unternehmen gibt es detaillierte, offizielle Richtlinien zu Liebesbeziehungen zwischen Kollegen. Die meisten halten sich bewusst aus Herzensangelegenheiten heraus. Außerdem bezieht man ja schon Position zu diesem Thema, wenn man *keine* Richtlinien einführt. Allerdings ist es in vielen Unternehmen nicht erlaubt, dass ein Partner dem anderen unterstellt ist, weil das Risiko der mangelnden Objektivität bei Beurteilungen und Kündigungen einfach zu groß wäre. Verständlicherweise wollen Unternehmen eine Zusammenarbeit von Ehepartnern auch verhindern, wenn geheime Absprachen katastrophale Folgen für die Firma haben könnten, zum Beispiel im Finanzwesen beim Ausstellen von Schecks, bei der Verteilung von Barmitteln und Investitionen.

Das bedeutet nicht, dass Mitarbeiter in jedem beliebigen Unternehmen nach Gutdünken Beziehungen eingehen und heiraten können, solange Interessenkonflikte vermieden werden. So sind etwa in den Börsenfirmen der Wall Street Liebesbeziehungen und Hochzeiten zwischen Kollegen verpönt, kommen aber ständig vor. Anne und Wally lernten sich beispielsweise in einer New Yorker Investmentbank kennen. Sie hielten ihre Liebesbeziehung geheim – soweit dies möglich war. Erst nachdem Anne im vergangenen Jahr zu einem anderen Unternehmen gewechselt war, gaben sie ihre Beziehung öffentlich bekannt.

Ein Thema wird sich wie ein roter Faden durch dieses Buch ziehen: Frauen haben zahlreiche wesentliche Veränderungen im Arbeitsumfeld bewirkt. Außerdem hat die zunehmende Zahl der berufstätigen Frauen, vor allem in Führungspositionen, die steigende Anzahl gemeinsamer Geschäftsreisen von Angehörigen beider Geschlechter, der verstärkte Einsatz von Männern und Frauen in gemischten Teams und der Anstieg der – mit Überstunden gerechneten – durchschnittlichen Wochenarbeitszeit dazu beigetragen, dass immer mehr Affären und langfristige Beziehungen am Arbeitsplatz ihren Anfang nehmen. Zugleich verhindert dies auch, dass Unternehmen generell gegen Liebesbeziehungen vorgehen, sofern Befehle in solchen Fragen überhaupt jemals etwas gefruchtet haben.

Diese Veränderungen führten zu neuen Regeln für Romanzen, auf die wir in Kapitel 6 näher eingehen werden. Gleichzeitig verlangen Frauen von ihren Arbeitgebern als Gegenleistung für ihre

Loyalität dem Unternehmen gegenüber verstärkten Zugang zu Kinderbetreuungseinrichtungen und pro-interaktive Ansätze. Diese Themen erörtern wir in Kapitel 4, »Wie kalt ist das Betriebsklima?«, sowie in Kapitel 14, »Das einundzwanzigste Jahrhundert«.

Roberta

Roberta ist eine attraktive und umgängliche Frau Ende Dreißig. Da sie seit 20 Jahren berufstätig ist, spiegelt ihre Geschichte einige der Trends wider, die durch den Einzug der Frauen in die Arbeitswelt ausgelöst wurden. »Frauen werden jetzt aggressiver als Männer«, sagte sie. »Das bedeutet nicht etwa, dass sie nach Affären Ausschau halten, sondern dass sie sich genau wie Männer nehmen, was sie wollen. In einem Job wurde ich sexuell belästigt: Mein Vorgesetzter ließ einige unangebrachte Bemerkungen und beleidigende Anzüglichkeiten fallen, über die ich mich ärgerte. Er wurde für ein paar Tage vom Dienst suspendiert und erhielt auch eine Verwarnung. Ich fühlte mich danach bei dieser Firma nicht mehr wohl; daher nahm ich eine Stelle bei einer großen Telefongesellschaft an. Dort traf ich Vic, als er noch verheiratet war. Wir wurden gute Freunde.

Zwei Jahre lang waren wir befreundet, hatten viel Spaß miteinander und gingen mit Kollegen nach der Arbeit etwas trinken. Als er sich von seiner Frau trennte, begannen wir uns zu verabreden. Es war alles so einfach, weil wir ja bereits Freunde waren. Wir erzählten niemandem davon, weil es unsere Privatangelegenheit war und wir die Sache für uns behalten wollten. Ich hatte bereits vorher beschlossen, mich nach einem chancenreicheren Job umzusehen. Das würde auch unsere Beziehung leichter machen, da wir kein Geheimnis mehr hüten müssten. Also fand ich einen Job, eine gute Stunde mit dem Auto von Vics Arbeitsstelle entfernt. Vic zog dann zu mir. Er war ursprünglich Fernmeldetechniker, besaß jedoch ein besonderes Geschick in der Konzeption von Modellen für die Zusammenarbeit und die Umsetzung von Projekten. Ich sagte immer wieder zu ihm, daß er Manager werden sollte. Eines Tages bewarb er sich dann für eine Führungsposition, und eine Managerin wählte ihn für ihre Abteilung aus.

Sie arbeiteten mehrere Monate lang eng zusammen. Dann begann sie ihn zum Abendessen und auf Drinks einzuladen und mit ihm über verschiedene Abteilungsprobleme zu sprechen. Sie besuchten gemeinsam verschiedene Fortbildungsseminare, einige davon in anderen Bundesstaaten. Auf einmal kam er nicht mehr zur gewohnten Zeit nach Hause, und schließlich eröffnete er mir, dass er mit seiner Chefin eine Affäre habe. Es kriselte damals sowieso bereits zwischen uns, aber wir hätten unsere Schwierigkeiten vielleicht in den Griff bekommen können, wenn das nicht passiert wäre. Frauen sind heute sehr aggressiv. Ich bin da anders. Ich war immer schüchtern.«

Freundschaft oder Liebe?

Wie Robertas Beispiel zeigt, kann eine Freundschaft zwischen Arbeitskollegen zu einer intimen Beziehung werden, wenn die Umstände dies begünstigen. Selbstverständlich muss aber eine Freundschaft am Arbeitsplatz nicht unbedingt zu einer Affäre werden. Ganz im Gegenteil.

Soziale Nähe im Arbeitsumfeld hat zahlreiche Vorteile, zum Beispiel gegenseitige Unterstützung im beruflichen Fortkommen, mehr Arbeitsengagement für das Unternehmen und ein insgesamt besseres Arbeitsklima. Viele Unternehmen unterstützen solche Freundschaften, vor allem zwischen Führungskräften und ihren Untergebenen. »Zugleich werden Unternehmen aber auch misstrauisch, wenn Vorgesetzte mit ihren besten Mitarbeitern ständig zum Skifahren oder dreimal wöchentlich zum Square Dance gehen oder sich auf andere Weise zu nahe kommen«, räumte ein Personalexperte ein. »Sie sehen darin die Gefahr der Bevorzugung. Zugleich erkennen sie aber auch, dass Menschen, die sich gut verstehen, bessere Leistungen bringen als Kollegen, die sich spinnefeind sind. Das fördert den Teamgeist. Mitarbeiter sprechen ehrlicher und direkter miteinander, und es ist gut für den beruflichen Aufstieg von Männern und Frauen.«

Niemand ist dagegen immun

Eine der Hochzeiten, die in der letzten Zeit für den größten Presserummel sorgten, war die zwischen dem Multimilliardär und Microsoft-Chef Bill Gates und Melinda French, die er in seinem Unternehmen kennen lernte. Susan Molinari, die republikanische Kongressabgeordnete des Bundesstaats New York, schloss den Bund der Ehe mit Bill Paxton, einem anderen republikanischen Kongressmitglied aus dem gleichen Staat. Er hatte sich 1993 im Repräsentantenhaus vor ihr auf den Boden gekniet und so um ihre Hand angehalten. Vidal Sassoon heiratete Rhonda Holbrook, die Verpackungen für die Produkte seines Friseursalons entwarf. Die Präsidentin der Federal Reserve Bank von Boston, Cathy Minehan, und der frühere Präsident der New Yorker Federal Reserve Bank, Gerry Corrigan, ihr ehemaliger Chef, wurden ein Paar. Richard B. Fisher, der Chairman der Investmentbank Morgan Stanley, lernte seine Frau im Unternehmen kennen: Sie war damals seine Assistentin. John S. Reed, der Chairman von Citycorp, traf seine Frau Anfang der neunziger Jahre; man erzählt sich, dass sie als Stewardess im Firmenjet gearbeitet habe. Jane Robelot, die Moderatorin der morgendlichen Nachrichtensendung des US-Fernsehsenders CBS, heiratete einen Kameramann, den sie bei einem gemeinsamen Projekt in Kuba getroffen hatte. Mister Tagesthemen Ulrich Wickert verliebte sich in der Kantine in seine ARD-Kollegin Birgit Schanzen. Auch bei den Privatsendern wird zuweilen die geschäftliche Ebene verlassen: RTL-Schef Helmut Thoma heiratete seine Sekretärin Daniele Milbert. Von Robert (und Elizabeth) Dole über Leona Helmsley bis hin zu Pablo Casals fanden berühmte Männer und Frauen ihre Lebensgefährten im Arbeitsumfeld.

In diesem Zusammenhang fällt mir auch mein Großvater ein, der im reifen Alter von 84 Jahren Witwer wurde. Er erklärte mir, er wolle eine Haushälterin einstellen, die für ihn kochen und ihm bei der Hausarbeit helfen solle. Ich wunderte mich aber sehr, dass er so lange brauchte, um eine passende Dame zu finden. Im Laufe von vier Monaten führte er mit über zwanzig Kandidatinnen Vorstellungsgespräche. Er ließ sich viel Zeit und stellte einen umfassenden Fragenkatalog zusammen. Als ich ihn fragte, warum er für diese einfache Aufgabe so viel Zeit benötige, lächelte er nur und sagte: »Es dauert seine Zeit, bis man eine Frau findet, der man einen alten Mann wie mich anvertrauen kann.« Die Dame, die er schließlich einstellte, heiratete er drei Monate später.

Vorteile von Liebesbeziehungen am Arbeitsplatz

Charles A. Pierce, Assistenzprofessor für Psychologie, beschäftigte sich eingehend mit Paarbeziehungen im Arbeitsumfeld: »Unter bestimmten Umständen können Liebesbeziehungen am Arbeitsplatz recht vorteilhaft sein. Die Beschäftigten übertragen ihre romantische Energie häufig auf ihre beruflichen Aufgaben und packen ihre Arbeit voll Enthusiasmus und Dynamik an.« Andere Experten haben festgestellt, dass Arbeitgeber von stabilen Liebesbeziehungen im Unternehmensumfeld profitieren können, da das Paar sich mehr für den Erfolg der Firma engagiert, weil für beide wichtige Interessen auf dem Spiel stehen.

Liebesbeziehungen am Arbeitsplatz können die Arbeitsmoral der einzelnen Mitarbeiter und ihr berufliches Engagement verbessern, berufliche Persönlichkeitskonflikte mildern und den Teamgeist der Beteiligten steigern. Ob die Vor- oder Nachteile überwiegen, bestimmen eine Reihe von Faktoren: Charakter und Einstellung der Liebenden, das Betriebsklima, die Fragen, ob Kollegen sich durch die Liaison bedroht fühlen, ob es sich um Beziehungen zwischen Vorgesetzten und Untergebenen handelt und ob die Paarbindung von Dauer ist oder nicht. Kurzum: Mit den Vorteilen einzelner

Paarbeziehungen verhält es sich ebenso wie mit den Nachteilen – sie hängen von den beteiligten Parteien und der jeweiligen Situation ab. Wenn Sie eine Liebesbeziehung am Arbeitsplatz eingegangen sind oder beobachtet haben, denken Sie an Ihre persönlichen Erfahrungen. Vergessen Sie dabei aber nicht, dass andere Beobachter zu völlig anderen Schlüssen gelangen könnten. Wir alle neigen dazu, unsere persönlichen Erfahrungen zu verallgemeinern.

Auch auf der emotionalen Ebene macht jeder seine eigenen Erfahrungen. Carla ist eine 38-jährige Marketingmanagerin. Sie erzählte: »Zuerst versetzte mich meine Romanze in Hochstimmung. Obwohl mein Geliebter in einer anderen Abteilung arbeitete, konnte ich es kaum abwarten, zur Arbeit zu gehen. Wenn meine Mitarbeiter einen Verdacht hegten, so behielten sie das für sich. Ich erlebte einen Aufschwung, weil ich bis über beide Ohren verliebt war. Die negativen Seiten meiner Arbeit machten mir nicht mehr so viel aus, und ich erhielt so gute Bewertungen wie nie zuvor in meiner Laufbahn. Joshua erging es ähnlich. Nachdem sich unsere Beziehung eingespielt hatte, kehrte ich zu meinem üblichen Arbeitsmuster zurück. Obwohl mich mein Chef weiterhin gut beurteilte, war die Arbeit für mich jetzt nichts Besonderes mehr. Als wir uns dann trennten, litt darunter auch meine Arbeitsmoral. Meine Beurteilungen waren nicht mehr so gut, und es dauerte geraume Zeit, bevor ich wieder zu mir selbst fand und meine Motivation stieg. Joshua fand eine Stelle bei einem anderen Unternehmen; wir hatten keinen Kontakt mehr. Es war eine schwierige Zeit für mich. Noch problematischer wäre es wohl gewesen, wenn einer von uns dem anderen unterstellt gewesen wäre. In diesem Fall hätte ich um eine Versetzung gebeten, wenn mein Ex-Freund nicht zuerst gekündigt hätte.«

Grundsätzlich gilt, dass die Vorteile einer romantischen Beziehung am Arbeitsplatz vom Erfolg oder Scheitern der Liaison abhängen. Joanne, die in Kapitel 1 zitierte Managerin aus dem Rechnungswesen, war während ihrer Beziehung mit ihrem späteren Ehemann genauso produktiv wie zuvor. Steve und Alice arbeiteten trotz ihrer Vorgesetzten-Untergebenen-Beziehung gut zusammen, weil ihre Kollegen der Verbindung positiv gegenüberstanden.

Wenngleich Beths erste Beziehung zu einem Kollegen scheiterte, verkraftete sie die Trennung offenbar gut. Sie war aber auch diejenige, die Schluss machte.

Es gibt hier keine einfachen Antworten. Wie das nächste Kapitel zeigen wird, lassen sich sowohl aus Arbeitgeber- wie aus Arbeitnehmersicht verschiedene Vor- und Nachteile aufzählen. Im Zentrum steht dabei die Frage, welche Motive nach Meinung der Kollegen hinter der Partnerschaft stehen.

Kapitel 3

Stolpersteine

Natürlich sind mit einer Liebesbeziehung am Arbeitsplatz auch Risiken verbunden. Die Romanze kann politisch gegen einen der beiden Liebenden verwendet werden; Kollegen können einen Machtverlust befürchten oder einfach eifersüchtig werden und Bevorzugung vermuten; die Karriere kann leiden (bereits durch das bloße Eingehen einer Beziehung oder durch eine spätere Trennung); die Produktivität der beteiligten Partner und ihrer Kollegen kann unter Umständen leiden. Außerdem schwebt immer das Damoklesschwert des potenziellen Vorwurfs sexueller Belästigung über der Beziehung. In manchen Fällen kann auch das berufliche Ansehen gefährdet sein. Trennungen sind nie einfach, und eine gescheiterte Romanze kann das Selbstvertrauen der Beteiligten erschüttern – genau wie bei Beziehungen außerhalb des Kollegenkreises.

In den letzten Jahren wurden über die mit der Liebe am Arbeitsplatz verbundenen Fallstricke, Probleme und drakonischen Lösungen über 70 akademische Traktate veröffentlicht, ganz zu schweigen von den vielen Hundert Artikeln in Zeitschriften und Zeitungen. Firmenanwälte gaben zu Protokoll, ihre Mandanten sollten diese unruhestiftenden Affären im Büro meiden wie die Pest. Autoren vertreten die Ansicht, dass »die Produktivität steil abfällt«, »das Ansehen von Mitarbeitern unwiderruflich zerstört wird«, dass »Romanzen im Arbeitsumfeld keinerlei Vorteile haben« und »zu einer Zunahme der sexuellen Belästigung führen«. Manchen Umfragen zufolge »meinen 80 Prozent, eine Liebesbeziehung mit

Arbeitskolleginnen oder -kollegen sei eine ganz schlechte Idee«. In Deutschland sind es laut einer *Focus*-Umfrage von 1997 50 Prozent, die Liebe am Arbeitsplatz grundsätzlich ablehnen.

Sollte man Liebesbeziehungen am Arbeitsplatz überhaupt zulassen? Manche Verfasser verneinen dies nachdrücklich. Wenn man ihre Argumente liest oder hört, fragt man sich, warum um Himmels willen irgend jemand es überhaupt wagt, mit einer Kollegin oder einem Kollegen überhaupt nur zu flirten. Diese Autoren verkennen einen sehr wichtigen Punkt, nämlich die natürliche Anziehungskraft der Geschlechter, die schon seit Menschengedenken besteht. Liebesbeziehungen am Arbeitsplatz wird es immer geben, und diese Tatsache müssen Unternehmen zu ihrem Vorteil nutzen lernen.

Die Umfrageergebnisse

Die Umfrage der renommierten American Management Association (AMA) ergab, dass 74 Prozent der befragten Führungskräfte keine Probleme mit Liebesbeziehungen zwischen statusgleichen Kollegen hatten, aber nur 23 Prozent eine Liaison zwischen Vorgesetzten und Untergebenen guthießen. Während 68 Prozent der Liebenden, deren Beziehung bekannt wurde, keine negative Folgen für ihr Ansehen im Unternehmen beobachteten, erlebten 25 Prozent, dass sich ihre Reputation verschlechterte. 6 Prozent sagten, sie hätten unter dem Strich von ihrer Liebesbeziehung profitiert. Von den Arbeitnehmern, die eine Affäre mit einer Kollegin oder einem Kollegen eingingen, sagten 62 Prozent, dass ihre Kollegen allen Geheimhaltungsversuchen zum Trotz von ihrer Beziehung wussten, während 37 Prozent ihre Liebe tatsächlich vor anderen Mitarbeitern verbergen konnten. Auffällig ist, dass 49 Prozent der Liebesbeziehungen im Arbeitsumfeld in einer Ehe oder dauerhaften Beziehung mündeten (11 Prozent endeten mit einer Trennung).

In der Umfrage einer Zeitschrift bei 200 Firmenchefs waren sich 79 Prozent der Befragten einig, dass eine Romanze am Arbeitsplatz das Unternehmen nichts angehe, wenn es sich um zwei unverheiratete Partner handle und das Paar sich diskret verhalte – und das, obwohl die gleichen Topmanager der Ansicht waren, dass sexuelle Beziehungen die Wahrscheinlichkeit der Günstlingswirtschaft erhöhe (86 Prozent), eine unprofessionelle Atmosphäre schaffe (78 Prozent) und für das Unternehmen das Risiko einer Klage wegen sexueller Belästigung mit sich bringe (77 Prozent). Ein ganzes Drittel gab an, dass Liebesbeziehungen zwischen Kollegen und Kolleginnen in ihrer Firma in den letzen zehn Jahren immer häufiger vorgekommen seien – bei einer Umfrage, die bereits 1994 durchgeführt wurde.

Andere weithin anerkannte Umfragen zu diesem Thema stammen von Strategic Outsourcing, einem Geschäftsbereich der Firma Romac International. 1996 antworteten 427 Unternehmen; an der jüngsten Umfrage 1997 nahmen 592 Firmen teil. Beide Umfragen gelangten zu den gleichen Ergebnissen. Hier die Resultate der Umfrage aus dem Jahr 1997: 91 Prozent der befragten Unternehmen sagten, sie hätten keine Regelungen für Liebesbeziehungen zwischen Kollegen verabschiedet. Die meisten davon waren der Ansicht, dass man unmöglich solche Vorschriften durchsetzen könne, ohne dass die Beschäftigten das Gefühl hätten, ihre Freiheit würde damit beschnitten. Überraschenderweise gaben 62 Prozent an, es sei bei ihnen erlaubt, dass Vorgesetzte sich mit ihren Untergebenen verabredeten. Ganze 75 Prozent hatten nach eigener Aussage niemals »gravierende Probleme« mit einer von beiden Seiten gewollten Liaison am Arbeitsplatz gehabt, die schlecht ausging. 88 Prozent hatten Schritte unternommen, um ihr Verbot der sexuellen Belästigung zu verschärfen. Nahezu 70 Prozent gaben an, niemand habe sich in ihrem Unternehmen in den letzten zwölf Monaten offiziell über sexuelle Belästigungen beschwert (bei Unternehmen mit mehr als 500 Beschäftigten waren es allerdings nur noch 57 Prozent). Im Januar 1998 wurde bei 200 Unternehmen, die auf die beiden vorangegangenen Umfragen geantwortet hatten, eine telefonische Nachfassstudie durchgeführt. Nach Aussage von Jack Erdlen, Vice President bei Romac, entsprachen die Resultate dieser letzten Befragungen den früheren Ergebnissen.

Das Fazit lautet: Die Befürchtungen, die Liebesbeziehungen am Arbeitsplatz im Allgemeinen in den Unternehmen hervorrufen, entsprechen nicht der Realität. Ob jedoch die Auflösung einer solchen Beziehung zu Problemen führt, hängt davon ab, welche Ziele die Beteiligten von vornherein verfolgten. Es macht einen Unterschied, ob sie aus Liebe oder »weniger lauteren« Motiven handeln.

Auf die Motive kommt es an

Die Gründe, die hinter einer Liebesbeziehung im Arbeitsumfeld stehen, sind von entscheidender Bedeutung: Beruht die Liaison auf »reinen« Motiven, sprich Liebe, oder »unlauteren« wie dem Wunsch nach beruflichem Aufstieg, Machtgewinn, Reduzierung der Arbeitslast oder sexueller Befriedigung? Bei Affären, die aus eher zweifelhaften Gründen eingegangen werden, sind im Falle einer Trennung Animositäten wahrscheinlicher. Zudem entscheiden die zugrunde liegenden Motive auch darüber, ob die Kollegen das Paar unterstützen oder nicht.

In diesem Bereich hat Professor Charles A. Pierce von der Montana State University Untersuchungen durchgeführt. Dabei kam er zu folgendem Schluss:

> Die Gründe, die nach Ansicht der Kollegen hinter einer Affäre im Büro stehen, bestimmen maßgeblich, ob sie der Sache positiv oder negativ gegenüberstehen. Wenn die Kollegen der Meinung sind, dass die beiden Beteiligten ineinander verliebt sind, werden sie seltener die üblen Klatschgeschichten verbreiten, die mit berufsbezogenen Zielsetzungen wie Machtsteigerung oder einer Verringerung der Arbeitslast verbunden sind.
>
> Wenn eine Beziehung zerbricht, können die beiden Partner mit Problemen konfrontiert sein. Ausschlaggebend sind hier die Motive, die hinter der Verbindung stehen. Bisweilen bleiben die beiden auch nach der Beendigung ihrer Beziehung Freunde. Wenn jedoch die Liaison im Streit endet und von vornherein auf nicht ganz lauteren Motiven beruhte und sich zu allem Überfluss auch noch zwischen Vorgesetzten und Untergebenen abspielte, ergibt sich daraus eine hochexplosive Mischung. Wenn beispielsweise

eine Mitarbeiterin sich mit ihrem Chef nur verabredet, um eine Gehaltserhöhung herauszuschlagen, und der Vorgesetzte die Beziehung beendet, bevor dieses Ziel erreicht ist, wird diese Frau eher bereit sein, eine Beschwerde wegen sexueller Belästigung einzureichen. Wenn die Hauptgründe für die Liebesbeziehung allerdings romantischer Natur waren, sind solche Vorwürfe nach der Trennung seltener.

Wichtig ist in diesem Zusammenhang auch, dass die Gefühle auf Gegenseitigkeit beruhen. Wenn ich mich mit einer Kollegin verabrede, weil ich mich zu ihr hingezogen fühle, ist das eine Sache. Wenn dahinter aber berufliche oder finanzielle Absichten stecken, ist das etwas ganz anderes. Dann ergeben sich von Anfang an grundlegend andere Probleme. Trennungen sind immer schwierig. Die Situation wird aber weiter verkompliziert, wenn die gesamte Beziehung aus eher zweifelhaften Gründen eingegangen wurde.

Eine Frau ließ sich mit dem Vorgesetzten ihres Chefs ein. Als diese Beziehung bekannt wurde, begann sich ihr unmittelbarer Boss Sorgen zu machen, wie er sie behandeln sollte. Er fürchtete, dass sie ihrem Geliebten (also seinem Vorgesetzten) im Bett berichten könne, was ihr an seinen Entscheidungen nicht passte. Obwohl sie der Ansicht war, dass ihre Bemerkungen zur Arbeitsbeziehung mit ihrem Chef zutreffend waren, und dahinter auch keine böse Absicht stand, wurden sie von ihrem Geliebten im Nachhinein als Kritik ausgelegt. Einige Monate später beendete das Paar seine Affäre. Ihr Ex-Liebhaber setzte ihre Arbeitsbeziehung wie zuvor fort; ihr unmittelbarer Vorgesetzter warf ihr jedoch vor, er hätte von ihr »etwas mehr Teamgeist« erwartet. Sie erkannte, dass er damit auf ihr »Bettgeflüster« anspielte.

Später erwirkte ihr Chef ihre Versetzung, nachdem er mit ihrem Ex-Freund über ihre Arbeitsleistung gesprochen hatte. Sie blieb zwar bei diesem Unternehmen, wurde jedoch niemals den Verdacht los, dass ihre Aussagen und die Trennung zu ihrer Versetzung beigetragen hatten – womit sie höchstwahrscheinlich nicht ganz unrecht hatte. Letztendlich stellte sich heraus, dass die Versetzung gut für ihren beruflichen Aufstieg war, doch war das nicht vorhersehbar gewesen.

Die Umstände entscheiden

Ob Sie eine Liebesbeziehung am Arbeitsplatz eingehen sollten oder nicht, kommt ganz auf Ihre jeweilige Situation an. Sie müssen die Reaktion Ihres Unternehmens und Ihrer Kollegen vorhersehen (vgl. Kapitel 4). Jacqueline, die stellvertretende Direktorin einer großen Krankenhauskette an der amerikanischen Westküste, sagte: »Wir verfolgen hier eine klare Strategie: Was unsere Beschäftigten in ihrer Freizeit tun, geht uns nichts an, aber die Liebenden dürfen einander nicht unterstellt sein. Wenn das der Fall ist, werden einer oder beide versetzt oder müssen kündigen bzw. werden entlassen. Wenn das Paar diskret genug ist, kann es vielleicht sein Geheimnis eine Zeitlang hüten. Irgendwann wird aber jemand die beiden Arm in Arm im Supermarkt sehen, und dann spricht sich diese Geschichte herum wie ein Lauffeuer. Dann kann es zum Eklat kommen, wenn die Beteiligten sich nicht im Voraus eine Strategie zurechtgelegt haben.«

Die gefährlichsten Klippen

Eine Liebesbeziehung mit einer Kollegin oder einem Kollegen ist riskant, ganz gleich, ob sie gut geht oder nicht. Je nach Ihrer speziellen Situation müssen Sie sich im Voraus über diese Gefahren Gedanken machen, sofern dies überhaupt möglich ist. Zumindest haben Sie dann eine bewusste Entscheidung getroffen.

Schädigung des beruflichen Ansehens

Sowohl erfolgreiche als auch gescheiterte Beziehungen können dem beruflichen Ansehen schaden. Dabei sollte man sich jedoch vor Augen halten, dass in den Umfragen zwei Drittel aller Befragten sagten, das Bekanntwerden ihrer Romanze allein habe nicht zu einer negativeren Einschätzung ihrer Person im Unternehmen geführt. Am besten fahren Sie, wenn Sie die voraussichtliche Reaktion Ihres Arbeitgebers ausloten, bevor Sie intimere Bande knüpfen (und dabei auch die Möglichkeit einer Trennung berücksichtigen). Dazu gehört die Erörterung aller denkbaren »Fluchtwege« mit dem potenziellen Partner für den Fall, dass die Beziehung keinen Bestand hat, sowie Bemühungen um weitgehende Diskretion, bis feststeht, ob die Beziehung stabil ist oder nicht.

Bei Beziehungen zwischen Vorgesetzten und Untergebenen ist die Sachlage komplizierter. Je nach dem Arbeitsumfeld sind hier Versetzung, Neuordnung der Berichts- und Beurteilungswege, Wechsel in eine andere Niederlassung oder die Suche nach einer neuen Stelle gangbare Alternativen. Allerdings können auch Fragen des beruflichen Aufstiegs und die Reaktion der Kollegen problematisch sein. Zum wichtigsten Entscheidungskriterium kann dabei die Frage werden, ob die gegenwärtige Position für einen persönlich den gleichen Stellenwert hat wie die Liebesbeziehung oder nicht.

Ablehnung seitens der Kollegen

Ein wesentlicher Aspekt ist die Reaktion der Kollegen und die Frage, ob sie die Liebesbeziehung unterstützen werden oder nicht. Cindy, die als Assistentin in einer Reederei arbeitete, geriet in Schwierigkeiten, als ihre Kollegen von ihrer Affäre mit einem Vizepräsidenten erfuhren. Als der oberste Firmenchef von der Liaison hörte, »rief er noch am gleichen Abend über 20 seiner Topmanager an. Die potenzielle Gefahr einer Klage wegen sexueller Belästigung machte ihm Sorgen.« Ihre Kollegen zerbrachen sich den Kopf darüber, was sie wohl im Bett miteinander besprachen, vor allem weil »wir beide zusammen über mehr vertrauliche Informationen, was die Zukunft des Unternehmens anging, verfügten als der Vorstandsvorsitzende selbst«. Die Kollegen beschwerten sich beim Firmenchef darüber, dass Cindy durch ihre Beziehung einen ungerechtfertigten Vorteil genieße. Einmal beschloss Cindy, das Unternehmen zu verlassen. Da sie jedoch aufgrund der konjunkturellen Lage keine neue Stelle finden konnte, blieb sie dann doch. Einen

Monat später gab das Paar seine Verlobung bekannt. Obwohl sich die Wogen danach etwas glätteten, zerstreute nicht einmal das die Sorgen der Kollegen hinsichtlich ihres Zugangs zu den Firmengeheimnissen.

Die meisten Liebenden folgen dem Grundsatz: »Was ich nicht weiß, macht mich nicht heiß«. Wer sich mit einer Kollegin oder einem Kollegen einlässt, unternimmt meist große Anstrengungen, sein Geheimnis zu wahren. Dennoch werden die Kollegen spüren, dass etwas im Busch ist. Es ist nur eine Frage der Zeit. Ihre Reaktion hängt in weiten Teilen vom Betriebsklima sowie von der Frage ab, ob sich die Liebenden durch ihre Beziehung einen unfairen Vorteil oder eine Begünstigung verschaffen. Wenn Sie tatsächlich berufliche Vorteile aus Ihrer Liebesbeziehung ziehen, müssen Sie sich darauf gefasst machen, dass Sie ins Kreuzfeuer der Kritik geraten, oder bereit sein, sich nach einer Stelle in einer anderen Abteilung oder einer anderen Firma umzusehen. Denken Sie über diese Alternativen nach, *bevor* die Probleme auftauchen.

Auswirkungen auf die Produktivität (bei Ihnen oder Ihren Kollegen)

Das Produktivitätsniveau gibt im Grunde an, ob Sie Ihre Arbeit während einer Romanze (bzw. nach der Trennung) genauso effizient erledigen wie zuvor. Die Veränderung in der Produktivität Ihrer Kollegen hängt davon ab, ob die Beziehung deren Arbeitsmoral negativ beeinflusst oder nicht: Werden sie Zeit darauf verwenden, sich bei anderen zu beklagen, Klatsch zu verbreiten oder Sie zu sabotieren? Oder werden sie im Grunde von Ihrem Liebesverhältnis gar nicht tangiert?

Untersuchungen gelangen hier zu ganz unterschiedlichen Ergebnissen. Mindestens elf Studien kamen zu dem Schluss, dass Liebesbeziehungen am Arbeitsplatz bisweilen »Verbesserungen« in der Arbeitsleistung der Liebenden mit sich brächten. Sieben andere Forschungsprojekte zeigten eine »Beeinträchtigung« des Leistungsniveaus auf. Interessant ist hier, dass man vor 20 Jahren generell davon ausging, dass Liebesbeziehungen mit Arbeitskollegen die Leistung der Beteiligten absinken lassen. Neuere Erkenntnisse gehen in die entgegengesetzte Richtung: Die Forscher sind inzwischen überzeugt, dass Liebende sich besser mit anderen Kollegen vertragen, weniger Spannungen erleben und mehr Freude an ihrer Arbeit haben – was man auch erwarten würde. Die Experten sind sich einig, dass die Produktivität bei Beziehungen »entlang der Weisungskette« bzw. zwischen Vorgesetzten und Untergebenen besonders beeinträchtigt werden kann, ob sie nun gutgehen oder nicht. Das leuchtet ein: Je mehr Kontakt man zu seinem Partner hat, desto wahrscheinlicher ist es, dass Arbeitsentscheidungen von persönlichen Aspekten überlagert werden und im Falle einer Trennung Führungsprobleme entstehen. Anders ist die Situation natürlich, wenn das Unternehmen einen Außenstehenden mit den Aufgaben der Leistungsbeurteilungen oder Gehaltsentscheidungen betraut, um diese Probleme aus der Welt zu schaffen.

Professor Pierce meint dazu:

> Was die Produktivität und Arbeitsmoral anbelangt, so muss man das Stadium der jeweiligen Beziehung berücksichtigen. Obwohl Einzelfälle anders gelagert sein können, werden die Partner in einer Liebesbeziehung letztendlich dynamischer, motivierter und am Arbeitsplatz zufriedener. Einige Forscher sind jedoch der Ansicht, dass die Arbeitsleistung sich anfangs verschlechtern kann, da die Beteiligten ihre beruflichen Aufgaben vernachlässigen oder versuchen, sich Zeit für ihre persönlichen Belange zu nehmen. Im mittleren Stadium einer Beziehung kehren die Beteiligten zu ihrem üblichen Effizienz- und Motivationsniveau zurück. Gegen Ende der Beziehung kann beim emotional engagierteren Partner ein Leistungsabfall zu verzeichnen sein. Liebesbeziehungen müssen jedoch unbedingt über einen längeren Zeitraum hinweg beobachtet werden, wenn man aussagekräftige Schlussfolgerungen ziehen möchte. Es kommt auch auf die jeweiligen Beteiligten an.

Tom und Eileen arbeiteten in einer Autoreparaturwerkstatt. Eileen war im Büro angestellt; Tom war Automechaniker. Trotz ihrer hervorzuhebenden Leistungen missfiel dem Werkstattbesitzer, dass die beiden ein Paar waren. Er glaubte, andere Mitarbeiter würden sich durch die Beziehung gestört fühlen, obwohl sie gar nicht so besorgt wirkten. Der Werkstattbesitzer reduzierte Toms Arbeitszeit und entließ Eileen schließlich. Das Paar blieb dennoch zusammen und heiratete – und stellte damit den Sinn der Vorgehensweise dieses Chefs grundsätzlich in Frage.

Rendezvous mit dem Chef

Liebesbeziehungen zwischen Vorgesetzten und Untergebenen gelten als besonders störend. Die Wahrscheinlichkeit feindseliger Gefühle seitens der Kollegen ist in diesem Fall besonders groß. Wenn solche Affären nicht richtig gemanagt werden, ist hier die Gefahr späterer Probleme vorprogrammiert. Die bereits erwähnten Erhebungen deuten darauf hin, dass solche Beziehungen am Arbeitsplatz nur wenig Unterstützung finden.

»Eines der Hauptprobleme bei Liebesbeziehungen zwischen statusungleichen Mitarbeitern sind die unterstellten Vorteile für den Untergebenen und die Befürchtung, dass die Beziehung zu einer Vorzugsbehandlung führen könnte«, schreibt Professor Pierce. »Die Furcht geht um, dass Macht als Gegenleistung für die Beziehung vergeben wird. Selbst wenn Unternehmen solche Beziehungen nicht durch explizite Vorschriften verbieten, werden Verantwortungsbereiche neu geordnet, Mitarbeiterinnen und Mitarbeiter versetzt oder degradiert – oder sie verlassen das Unternehmen aus freien Stücken.«

Carrie, Mitte 40, hat eine Führungsposition bei einer amerikanischen Regierungsbehörde, die in Notfällen zu Hilfe eilt. Sie sagte: »Ich habe viele Avancen meiner Untergebenen abgelehnt. Nicht, dass ich mich selbst loben will, aber ich bin attraktiv und einigermaßen intelligent. Solchen Vorstößen habe ich einen Riegel vorgeschoben, weil ich Angst vor den Problemen hatte, die im Falle einer Trennung auftreten könnten. Was meine Vorgesetzten anbelangt, so bin ich einmal bewusst einige Zeit ohne Make-up ins Büro gegangen, um einen Chef abzuwehren. Ich trug auch lange Röcke und unförmige Oberteile, bis ich in ein anderes Büro versetzt wurde. In der Regel habe ich mich nur mit statusgleichen Kollegen verabredet, nicht mit jemandem, der auf der Hierarchieleiter über oder unter mir stand. Bei einigen meiner Vorgesetzten, die von meiner jüngsten Romanze erfuhren, befürchtete ich, dass sie gekränkt sein könnten, weil ich ihr ständiges Angebot einer Affäre nicht akzeptiert hatte. Niemals lasse ich mich auf ein solches Verhältnis ein.«

Das bedeutet nicht, dass Sie keine Liebesbeziehung mit Ihrem Vorgesetzten/Ihrer Vorgesetzten eingehen sollten, wenn das für Sie der richtige Weg ist. Tag für Tag finden am Arbeitsplatz Menschen ungeachtet ihrer Stellung in der Hierarchie zueinander. Allerdings sollten Sie eine solche Beziehung mit offenen Augen eingehen und sich bereits im Vorfeld der Risiken bewusst sein, mit denen Sie in Ihrem Unternehmen konfrontiert sein werden. Daher müssen Sie sich gleich zu Beginn darüber klar werden, wie wichtig die Beziehung für Sie ist und wie Sie beide Ihre Arbeit im Unternehmen handhaben wollen. Wichtig sind hier Überlegungen zu Ihrem wahrscheinlichen Karrierepfad nach dem (unvermeidlichen) Bekanntwerden der Liaison und der zu erwartenden Reaktion des Unternehmens. Auch berufliche Optionen bei anderen Arbeitgebern müssen dabei berücksichtigt werden.

Interessenkonflikte

Interessenkonflikte sind einerseits Teil der Probleme, die Liebesbeziehungen zwischen Vorgesetzten und Untergebenen aufwerfen, können aber auch in anderen Situationen auftreten: So kann beispielsweise einer der Partner Zugriff auf streng vertrauliche Personal- oder Finanzdaten haben, oder das Paar kann zusammen Schecks ausstellen, Finanzmittel verteilen oder heikle Entscheidungen treffen, selbst wenn sie in unterschiedlichen Abteilungen beschäftigt sind. Dies ist ein offensichtliches Problem für Kreditinstitute, da sie sich nicht dem Verdacht geheimer Absprachen zwischen zwei Mitarbeitern aussetzen wollen, die zusammen Gelder veruntreuen könnten.

Verabredungen mit Kunden oder Mandanten sind in letzter Zeit zunehmend ins Kreuzfeuer der Kritik geraten. Verschiedene Berufsgruppen, von Psychiatern bis hin zu Ärzten, haben ihren eigenen Verhaltenskodex für Beziehungen zwischen den Vertretern ihrer Zunft und Patienten formuliert. Aufgrund des außergewöhnlichen Einflusses, den Psychologen und Psychiater auf ihre Therapiepatienten ausüben, sind sie in dieser Hinsicht besonders stark sensibilisiert (und haben strenge Verbote eingeführt).

Affären mit Vertretern einer Kundenfirma kommen häufig vor, doch muss man sich in einem solchen Fall überlegen, wie man bei einer Trennung die weitere Zusammenarbeit gestalten möchte. Ein weiterer Aspekt ist die Frage, wie andere eine solche Beziehung sehen – vor allem, wenn Sie Ihr eigenes Unternehmen führen.

Bob, ein Immobilienmakler Anfang 50, begann sich mit Betty zu verabreden. Als Hypothekenmaklerin organisierte sie einige der Immobilienfinanzierungskredite für Bobs Kunden. Bob sagte: »Obwohl wir damals für unterschiedliche Unternehmen arbeiteten, verhielten wir uns in unserer Beziehung möglichst diskret. Ich nannte ihren Namen zusammen mit anderen Hypothekenmaklern und sagte dann meinen Kunden, dass wir beide ein Paar waren. Für uns war das ein Dilemma. Betty war in unserer Stadt die beste in ihrem Fach, aber es war nicht von Vorteil, wenn die Leute wussten, dass zwischen uns mehr als eine rein berufliche Verbindung bestand. Manche Kunden glaubten aber auch, dass sie dank unserer privaten Beziehung einen noch besseren Service erhielten. Später löste sich das Problem, als wir zusammenzogen und unsere eigene Hypothekenvermittlungsfirma eröffneten.«

Ein Immobilienmakler berichtete, dass seine Freundin, die ebenfalls im Finanzierungssektor tätig war, ihm drei Hypotheken für eigengenutzten Wohnraum vermittelt hatte (es ist nicht möglich, in mehr als einem Haus gleichzeitig zu wohnen). Sie wurde dafür gerügt, und ihr Partner musste seine Kredite umschulden. Genau solche Situationen sollten Sie tunlichst vermeiden.

Man fährt am besten, wenn man in einem solchen Fall seine Interessenkonflikte offen legt. Eine Managerin verliebte sich in einen Abteilungsleiter aus einem anderen Bereich. Zu ihrem Entsetzen eröffnete man ihr, dass sie in die Abteilung ihres Partners versetzt werden sollte. Sie erklärte ihrem Chef, dass sie für jeden arbeiten würde, aber diese Versetzung nicht akzeptieren könne, da sie und ihr neuer Vorgesetzter liiert seien. Ihr Chef wusste es zu schätzen, dass sie ihn im Voraus von dieser Situation in Kenntnis setzte, und das Unternehmen respektierte ihren Wunsch. Sie arbeitet dort immer noch zufrieden und wurde auch planmäßig befördert.

Intrigante Spielchen

Werfen Sie einen Blick auf Ihr Umfeld und überlegen Sie sich, wer von der Entdeckung oder Beendigung Ihrer Liebesbeziehung profitieren könnte. Leider gibt es in allen Unternehmen Kollegen, die sich auf Ihre Kosten einen Aufstieg sichern wollen und denen dabei jedes Mittel recht ist. Das müssen Sie berücksichtigen, bevor Sie sich voller Enthusiasmus in eine Beziehung stürzen.

Ein Bereichsleiter erklärte seiner Sekretärin, er würde sich mit ihr verabreden, wenn sie für ein anderes Unternehmen arbeiten würde. Da nach der Politik ihres Konzerns Beziehungen zwischen statusungleichen Mitarbeitern generell verboten waren, hielt er das Risiko einfach für zu groß. Als die Sekretärin später aus anderen Gründen das Unternehmen verließ, entwickelte sich zwischen ihr und ihrem ehemaligen Vorgesetzten eine leidenschaftliche Beziehung.

Der Vorwurf der sexuellen Belästigung

Gescheiterte Affären ziehen nur selten Klagen wegen sexueller Belästigung nach sich, da die meisten Parteien verstehen, dass es sich hier um Beziehungsprobleme und nicht um juristische Fragen handelt. Allerdings kann auch ein hintergangener Ehepartner oder ein Ex-Geliebter so in Rage geraten, dass er bzw. sie eine solche Beschwerde einreicht. Beispielsweise war eine begabte Chirurgin mit einem Patienten liiert. Dessen frühere Freundin reichte Klage gegen die Chirurgin ein, weil sie angeblich das Vertrauensverhältnis zwischen Arzt und Patient missbraucht habe. Das Krankenhaus bewies die Unschuld der Chirurgin in allen Anklagepunkten, allerdings erst nachdem alle Fakten untersucht worden waren. Im Nachhinein wurde festgestellt, dass der Patient die Chirurgin als erster um ein Rendezvous gebeten hatte, drei Monate nach Durchführung des leichten chirurgischen Eingriffs und nach Abschluss aller Behandlungsmaßnahmen. Dieser Sachverhalt hinderte jedoch seine Ex-Freundin nicht an ihrer Beschwerde. Die Chirurgin und ihr Freund beendeten ihre Beziehung, nachdem die Klage abgewiesen worden war. Genau das hatte die Ex-Freundin vermutlich mit ihrer Beschwerde bezweckt.

Außereheliche Affären

Außereheliche Affären kommen vor, obwohl die Untersuchungen keine eindeutigen Schlussfolgerungen hinsichtlich ihrer Häufigkeit und der Beständigkeit der Beziehungen zwischen den neuen Partnern zulassen. In einem konservativen Unternehmen stellen sie mit Sicherheit ein Risiko dar (beispielsweise kann der Firmenchef ein solches Verhalten als Anzeichen für eine grundlegende Charakterschwäche werten). Affären neben der Ehe kommen aber jeden Tag vor, wenn es zwischen den ursprünglichen Ehepartnern kriselt, und sie beschränken sich nicht nur auf das berufliche Umfeld. Trennungen und Scheidungen sind in der heutigen Zeit bedauerlicherweise ein Faktum: Zahlreichen Umfragen zufolge behaupten mehr als die Hälfte aller verheirateten Männer und über ein Drittel aller verheirateten Frauen von sich, mindestens ein außereheliches Verhältnis gehabt zu haben.

Steves Affäre mit Alice führte nicht zu Problemen, weil sie für ein liberales Unternehmen arbeiteten. Wäre jedoch ihr Arbeitgeber konservativer gewesen, hätten sich die beiden fragen müssen, wie wichtig ihnen ihre Beziehung tatsächlich war. Eine Frau reichte die Scheidung ein, während sie schon mit einem Arbeitskollegen liiert war. Ihr Vorgesetzter wunderte sich: »Plötzlich lässt sie sich scheiden und hat eine Affäre mit einem anderen Mann. Die Sache war recht verworren, weil wir nicht wussten, was zuerst kam, die Henne oder das Ei. Aber sie leistete gute Arbeit, und daher akzeptierten wir die Sachlage.«

Scheitern der Beziehung

Was tun, wenn man dem oder der Geliebten unterstellt ist und die Liebesbeziehung schiefgeht? Ein Mitarbeiter war mit der Kollegin liiert, mit der er sich ein Büro teilte. Zunächst war alles eitel Sonnenschein, doch dann trennten sich die beiden. Nach tagelangen heftigen Auseinandersetzungen gelang es ihm, sich in eine andere Abteilung versetzen zu lassen. Wenn man tagaus, tagein ins Büro geht, um seinen Lebensunterhalt zu verdienen, und dort ständig der Ex-Freundin bzw. dem Ex-Freund gegenübersitzt, kann das traumatisch werden. Sie und Ihr Partner bzw. Ihre Partnerin müssen sich auf einen »Fluchtweg« einigen, falls Ihre Beziehung auf Grund läuft. Obwohl eine Diskussion im Vorfeld nicht unbedingt eine Lösung dieses Problems garantiert, stellt sie doch einen nötigen ersten Schritt dar.

Dabei ist nicht nur zu berücksichtigen, dass man einer Ex-Freundin bzw. einem Ex-Freund am Arbeitsplatz nicht einfach aus dem Weg gehen kann (zumindest nicht, bis einer von beiden die Stelle wechselt oder eine andere Lösung gefunden wird). Manchmal muss man auch potenzielle Vergeltungsmaßnahmen in Betracht ziehen. Obwohl viele Menschen nach außen hin ihre Gefühle unter Kontrolle zu haben scheinen, gibt es Fälle, in denen ehemalige Partner unablässig E-Mails verschicken, um den anderen Beteiligten anzuflehen, seine/ihre Meinung zu ändern.

Karriereüberlegungen

Manche Menschen geben ihrer Karriere oberste Priorität. Wenn Sie jedoch »den Richtigen« bzw. »die Richtige« treffen, können Sie zu dem Schluss kommen, dass man immer einen anderen Job finden kann. Jacqueline, die Managerin in der Krankenhauskette, sagte: »Natürlich kommt es auf die Branche an, doch meiner Erfahrung zufolge sind höherrangige Führungskräfte eher bereit, das Risiko einer verbotenen Liebesbeziehung am Arbeitsplatz einzugehen. Nachrangige Mitarbeiter sind vorsichtiger, aber Topmanager meinen, dass sie problemlos einen anderen Job finden können. Sie sind zwar nicht erpicht darauf, denken jedoch, dass dies im Notfall durchaus möglich sei.« Eine hochrangige Führungskraft in einer Einzelhandelskette widersprach dieser Ansicht: »Viele unserer Beschäftigten arbeiten in weniger gut bezahlten Stellen im Verkauf. Sie willigen in eine Versetzung ein oder kündigen sogar, weil schlechter bezahlte Jobs leichter zu finden sind.« Ungeachtet ihrer jeweiligen Position sind manche Arbeitnehmer bereit, Risiken einzugehen.

Sie müssen sich überlegen, wie Ihr Chef oder Ihre Chefin wohl reagieren wird. »Vergessen Sie nicht, dass Vorgesetzte andere Karrierepläne haben als Sie«, meinte Carrie. »Sie wollen nicht, dass Ihre Entscheidung für eine Liebesbeziehung ihre Position gefährdet oder erschwert. Letztendlich benötigen Sie die Unterstützung dieser Person. Denken Sie also darüber nach, wie Sie sie für sich gewinnen können. Sie müssen sich auch die beruflichen Konsequenzen überlegen, nicht nur im Falle einer Trennung, sondern auch bei einer Fortsetzung Ihrer Liaison mit einer Arbeitskollegin oder einem Arbeitskollegen.«

Die Entscheidung

Matt, ein Manager mit jahrelanger Erfahrung, sagte: »Im Laufe der Jahre erfuhr ich von vier Liebesbeziehungen in meinem Umfeld. An zweien waren statusungleiche Mitarbeiter beteiligt. In dem einen Fall wurde einer der Partner in eine andere Abteilung versetzt; im anderen wechselten die beiden Liebenden in unterschiedliche Gruppen, um die direkte Zusammenarbeit zu vermeiden. Beide Paare heirateten und arbeiten noch heute für unser Unternehmen. Im dritten

Fall ließen sich die Beteiligten von ihren damaligen Ehepartnern scheiden, heirateten zwar nicht wieder, leben aber zusammen und arbeiten in verschiedenen Bereichen unseres Unternehmens. Im vierten Fall fanden zwei unverheiratete Kollegen zueinander; ein Partner blieb in der Konzernzentrale, während der andere seine Position wechselte. Mitarbeiter auf allen Hierarchieebenen entscheiden sich trotz eventueller Probleme am Arbeitsplatz zunehmend für den Partner. Sie wägen ab, ob die Risiken größer sind als die Vorteile. Als Unternehmen müssen wir diese Rahmenbedingungen akzeptieren, wenn wir die talentiertesten Mitarbeiter halten wollen.«

»Wenn ich an Karen dachte, fiel es mir leicht, Beziehung und Karriere in Einklang zu bringen«, sagte Frank. »In meinem Fall gab es keinen Zweifel daran, dass sie wichtiger war.« Das ist eine couragierte Einstellung, die sich jedoch in Franks Fall als richtig erwies. Wenn es nun aber anders gekommen wäre? »Dann hätte ich mich auf mein Glück verlassen«, sagte er. »So weit war ich damals.«

Unternehmen fungieren heute als Filter und spielen de facto die Rolle einer Partnervermittlung, da sie Mitarbeiter mit ähnlichem beruflichem und persönlichem Hintergrund einstellen. Liebesbeziehungen am Arbeitsplatz sind von Dauer, weil sich ein alter Spruch bewahrheitet: »Gleich und gleich gesellt sich gern«. Die Liebenden bauen ihre Beziehung auf der Basis gegenseitigen Respekts, gemeinsamer Erfahrungen und Reziprozität auf – doch sollten Sie nicht grundsätzlich davon ausgehen, dass Sie beide bei Ihrem ersten Arbeitgeber bleiben werden. Denken Sie daran, dass Liebesbeziehungen mit Kollegen und Kolleginnen die gleichen Freuden und Schwierigkeiten mit sich bringen wie alle anderen Beziehungen auch (bevor man die spezifischen Vor- und Nachteile des Arbeitsumfelds einrechnet). Karen formulierte es treffend: »Es wird immer Dispute darüber geben, wer die Wohnung putzt, für was Geld ausgegeben werden soll – ebenso wie über die Schwiegereltern und den Urlaub. Wie bei allen anderen Paaren auch. Paare bleiben zusammen oder trennen sich aus den merkwürdigsten Gründen. Der Arbeitsfaktor kann sich unterschiedlich auf die Beteiligten auswirken. Einige Paare genießen diese Gemeinsamkeit, die sich auch auf ihr Privatleben erstreckt; andere haben es irgendwann satt, tagaus, tagein von der Arbeit zu sprechen. Beide sind langfristig vom Erfolg des Unternehmens abhängig. Frank und ich waren uns einig, dass es völlig gleichgültig war, wo wir arbeiteten, solange wir nur zusammen waren. Wir würden einfach die Chancen ergreifen, die sich uns boten.«

Obwohl es sich empfiehlt, all diese Faktoren von Anfang an ins Kalkül zu ziehen, tun viele Paare dies nicht. »Viele hoffen, dass die Liebe alle Probleme für sie lösen wird. Sie glauben, dass sie alle Schwierigkeiten überwinden können, und kümmern sich teilweise nicht um die Risiken. Bis zu meiner Trennung war ich genauso«, sagte Carrie. »Erst nach der Beendigung einer Beziehung wird einem klar, dass Menschen wütend werden können und dies unerwartete Probleme hervorrufen kann.«

Kapitel 4

Wie kalt ist das Betriebsklima?

»Liebe ist unverwüstlich. Selbst am unwirtlichsten Ort setzt sie sich durch«, sagte ein Manager. »Romanzen wird es immer geben, ganz gleich, welche Politik ein Unternehmen verfolgt.« In manchen Firmen werden Liebesbeziehungen und Verabredungen zwischen Arbeitskollegen unterstützt; andere versuchen, so etwas zu verhindern. Allgemein gilt, dass Liebesbeziehungen am Arbeitsplatz in allen Unternehmen existieren, ganz gleich, welche Strategie das Management verfolgt.

Die wesentliche Frage lautet: Wie sieht ein Unternehmen seine Mitarbeiter? Betrachtet es intime Bindungen zwischen Kollegen als ein lästiges Übel, das der Firma Unannehmlichkeiten bereiten kann? Oder vertraut die Geschäftsleitung darauf, dass die Beschäftigten sich für die Unternehmensziele einsetzen, und bietet ihnen daher progressive Ansätze wie Kinderbetreuungs- und Freizeitzentren, Gleitzeitmodelle, Förderung persönlicher Kontakte und eine vergleichsweise interventionsfreie Politik? In beiden Fällen wird konsequent gegen sexuelle Belästigungen am Arbeitsplatz vorgegangen. Für welches Unternehmen würden Sie lieber arbeiten?

Gut geführte Unternehmen erkennen die zwischenmenschlichen Anziehungskräfte und machen dieses grundlegende Faktum zu einem Eckpfeiler ihrer Personalpolitik. Man erkennt sie an folgenden Kriterien:

- Neutrale oder sogar positive Einstellung zu Verabredungen zwischen Mitarbeitern

- Unterstützung der unvermeidlichen Eheschließungen
- Intervention nur bei der Beendigung von Liebesbeziehungen, falls sich daraus Störungen im Arbeitsumfeld ergeben (aber Schulung der Führungskräfte, so dass diese wissen, welche Maßnahmen sie zu ergreifen haben)
- Aufmerksame Beobachtung von Beziehungen zwischen Vorgesetzten und Untergebenen, Maßnahmen zur Verhinderung potenzieller Vorwürfe der Begünstigung, die jedoch die beteiligten Mitarbeiter nicht vor den Kopf stoßen
- Vor allem aber Aufbau einer Vertrauensbasis gegenüber den Beschäftigten, Gleichstellung der Geschlechter, Förderung von Programmen zur Betreuung von Kindern und pflegebedürftigen Familienangehörigen, Erziehungsurlaub und andere »pro-aktive« Maßnahmen.

Unternehmen konkurrieren seit jeher miteinander, wenn es darum geht, die besten Mitarbeiter zu finden, zu gewinnen und zu halten. Das Zeitalter der von der »Theorie X« propagierten patriarchialischen Haltung (nach dem Motto »Wir wissen alles am besten; entweder Sie tun, was wir Ihnen sagen, oder Sie können gehen«) ist vorbei. Die zeitgemäßere »Theorie Y« (»Wir wissen, dass unsere Mitarbeiter bessere Leistungen erbringen, wenn wir davon ausgehen, dass sie von Haus aus motiviert und vertrauenswürdig sind«) wird heute durch pro-interaktive Ansätze ergänzt.

Je mehr Frauen berufstätig sind, desto häufiger fordern sie ihr Recht ein, in der gleichen Firma wie ihr Lebenspartner zu arbeiten. Wenn dieser Wunsch nicht erfüllt wird, werden sich beide Partner einen Arbeitgeber suchen, der ihnen keine Steine in den Weg legt. Der wertvollste Aktivposten eines Unternehmens sind seine Mitarbeiter: Ihr Leistungsniveau entscheidet, wie gut sich eine Firma im heutigen globalen Wettbewerb behaupten kann. Die Einstellung des Unternehmens gegenüber seinen Beschäftigten ist seine wichtigste Strategie überhaupt.

Einige Fallbeispiele

Beeindruckend viele Paare bleiben ungeachtet der von ihrem Unternehmen verfolgten Strategie langfristig zusammen. Ob sie allerdings bei ihrem ursprünglichen Arbeitgeber bleiben, ist eine andere Geschichte.

Bill und Vicki

Wir haben Bill und Vicki in Kapitel 1 kennen gelernt. Die beiden arbeiteten für eine Unternehmensberatungsfirma, und Bill war Vickis Vorgesetzter. Er gehörte zu den Senkrechtstartern im Hierarchiegefüge des Unternehmens. Bill war 40 Jahre alt und hatte sich vor kurzem von seiner Frau getrennt. Vicki war zehn Jahre jünger. Sie arbeiteten für eine Firma, die einer Liaison zwischen Arbeitskollegen alles andere als positiv gegenüberstand, vor allem wenn es sich um direkte Vorgesetzte und Untergebene handelte. Vicki erzählte: »Ich fühlte mich schon bald nach meinem Eintritt in Bills Abteilung zu ihm hingezogen. Er wirkte nach außen hin so lässig, aber wenn ich ihm in die Augen sah, spürte ich, welche Stärke in ihm steckte. Wir arbeiteten einige Monate eng zusammen und verstanden uns prächtig. Er hatte gravierende Eheprobleme, sprach darüber aber nicht mit mir. Zumindest nicht, bis wir uns besser kannten. Ich mochte ihn wirklich sehr.

Wir flogen gemeinsam zu einem Beratungsprojekt zu einem Automobilzulieferer in den Süden der USA. Unsere Hotelzimmer befanden sich in der gleichen Etage, aber nicht unmittelbar nebeneinander, weil es ein ungeschriebenes Gesetz in unserem Unternehmen war, jeden Anschein der Unschicklichkeit zu vermeiden. Nach einer besonders nervenaufreibenden Sitzung genehmigten wir uns ein spätes Abendessen in einem leeren Restaurant. Obwohl wir müde waren, sprachen wir an jenem Abend richtig miteinander. Es wurde spät, aber nach dem Essen gingen wir noch auf einen Drink in einen Nightclub nebenan. Als wir an unserem Drink nippten, begann die Band eine dieser Melodien zu spielen, die einen mitten ins Herz treffen. Bill bat mich um einen Tanz, und ich sagte sofort ja. Als wir uns auf der Tanzfläche drehten, begann mein Herz immer heftiger zu klopfen. Ich war nervös, genoß aber gleichzeitig jeden Augenblick. Ich drehte ihm meinen Kopf zu, so dass er mich küssen konnte. Der Kuss war leidenschaftlicher, als ich mir in meinen kühnsten Träumen ausgemalt hätte. Wir begannen dort auf der Tanzfläche wie Teenager herumzuknutschen. Ohne ein Wort gingen wir auf mein Zimmer und liebten uns bis in die frühen Morgenstunden. Bill ging kurz auf sein Zimmer, nur für den Fall, dass er einen Telefonanruf bekam. Kurze Zeit später rief er bei mir an. Er war nervös und schlug vor, wir sollten zusammen frühstücken, dann legte er auf.

Beim Frühstück entschuldigte er sich bei mir, sagte, dass er mich wirklich mochte, dass es aber Gift für unser beider Karriere sei, wenn wir die Affäre fortsetzen würden. Unsere Firma testierte auch als Wirtschaftsprüfer die Jahresabschlüsse börsennotierter Gesellschaften, und es gab strenge Richtlinien, die jegliche Interessenkonflikte vermeiden sollten. Ehepaare durften nicht für den gleichen Kunden oder in der gleichen Niederlassung arbeiten. Die Firma war so konservativ, dass im Verfahrenshandbuch explizit stand, dass alle nur denkbaren Probleme vermieden werden sollten. Eine Beziehung wie die unsere war schlichtweg verboten. Genaue Regelungen gab es nicht, aber wir wussten, dass mindestens einem von uns gekündigt würde, wenn unsere Affäre bekannt würde.

Ich war übernächtigt. Tief in meinem Inneren war ich sehr traurig, und das konnte man vermutlich auch an meinem Gesicht ablesen. Ich holte tief Luft und streckte instinktiv eine Hand nach seinem Gesicht aus. Plötzlich beugte sich Bill über den Tisch und küsste mich. Als ich ihn ansah, wusste ich, dass er das Gleiche fühlte wie ich. Wir schlossen unser Projekt am gleichen Tag ab und flogen zurück nach New York. Auf der Heimreise sprachen wir über alles, über die Dinge, die uns am Arbeitsplatz nicht behagten, bis hin zu unseren Lieblingsgerichten. Als das Flugzeug zur Landung ansetzte, sagte Bill, er wisse nicht, wie wir es bewerkstelligen sollten, aber er wolle gerne mit mir zusammenbleiben. Mir ging es ganz genauso.

Wenn wir allein in seinem Büro waren, küssten wir uns nie und tauschten auch keine Zärtlichkeiten aus. Dafür gab es einen einfachen Grund: Wir wollten nicht auf seinem Konferenztisch landen. Wir vermieden auch nach Kräften liebevolle Blicke, verabredeten uns aber mit wenigen Koseworten in seinem Haus. Wir verließen das Büro zu unterschiedlichen Zeiten und fuhren mit getrennten Taxis oder jeder für sich in der U-Bahn dorthin. Für unsere Rendezvous suchten wir uns dunkle Orte aus, die wir spätabends besuchten. Am Donnerstag und Freitag verbrachte ich die Nacht bei ihm. Wir fuhren auf dem gleichen Weg zur Arbeit, trennten uns aber einige Straßen vor dem Firmengebäude und kamen jeweils allein ins Büro. Manchmal bekam es einer von uns mit der Angst zu tun, fühlte sich unsicher oder gar schuldig wegen unserer Liebes- und Arbeitsbeziehung, aber wir sprachen dann immer über diese Probleme und fanden eine Lösung.

Ich weiß nicht, ob wir einfach Pech hatten, aber an einem Wochenende hatten wir uns zu einem Dinner zu zweit am anderen Ende der Stadt verabredet. Ich konnte es nicht fassen, aber eine meiner Kolleginnen kam mit dem Mann, mit dem sie verabredet war, an unseren Tisch. Wir unterhielten uns kurz, und dann verließen die beiden das Lokal. Bill und ich machten uns Sorgen – wie sich herausstellen sollte, auch zu Recht.

Anscheinend beschwerte sich diese Kollegin bei einem hochrangigen Vizepräsidenten, den sie gut kannte, darüber, dass ich bevorzugt behandelt würde. Bill wurde in der nächsten Woche in das Büro dieses Managers gerufen. Er erklärte ihm, dass der Aufstieg zum Vizepräsidenten schwierig sei – wenn er verstehe, was er damit meine – und befahl ihm, unsere Affäre zu beenden. Wir sprachen hinterher darüber, und ich kam zu dem Schluss, dass es besser wäre, wenn ich ginge. Das sagte Bill dann dem Topmanager. Ich wurde prompt in eine andere Abteilung versetzt. Es dauerte geraume Zeit, bis ich eine neue Stelle fand.

Wir trafen uns während dieser Zeit weiter heimlich. Bill erhielt jedoch weitaus schlechtere Beurteilungen als jemals zuvor. Wir wussten, dass die konservative Unternehmenspolitik dafür verantwortlich war. Wir verstanden den Wink mit dem Zaunpfahl. Es dauerte einige Monate, bis Bill eine Stelle fand, die ihm das gleiche Aufgabengebiet in der gleichen Position bei gleichem Gehalt bot, aber schließlich hatte er doch Glück. Ich bewarb mich bei der gleichen Firma, und wir erklärten, dass wir verlobt seien. Ein Jahr später heirateten wir. Wir sind immer noch bei diesem Unternehmen und wurden beide – in verschiedenen Bereichen – schon mehrfach befördert.«

Steve und Alice

Eine im August 1992 von der Zeitschrift *Inc.* durchgeführte Umfrage ergab, dass 83 Prozent aller Großunternehmen (mit mindestens 100 Mitarbeitern) in den USA Regelungen zur Verhinderung der sexuellen Belästigung verabschiedet hatten. Aus der Gruppe der mittelständischen Betriebe (sechs bis zehn Mitarbeiter) waren es nur 25 Prozent. Das Betriebsklima kleinerer Firmen wird häufig von den persönlichen Überzeugungen der Eigentümer geprägt. Mittelständische Firmeneigner stehen nicht unter dem gleichen Imagedruck wie Großkonzerne. Dennoch sollten alle Unternehmen ungeachtet ihrer Größe in Bezug auf sexuelle Belästigungen am Arbeitsplatz konsequente Strategien verfolgen – sowohl aus ethischen wie aus praktischen Gründen. Zumindest in den USA geht der Trend auch in diese Richtung, vor allem vor dem Hintergrund der jüngsten Entscheidungen des Obersten Gerichtshofs und der stetig wachsenden Prozessflut, der von den Rechtsanwälten Vorschub geleistet wird.

Steve und Alice waren sich bewusst, dass sie sich in einer glücklichen Lage befanden. Ihr Arbeitgeber hatte nichts gegen Liebesbeziehungen im Arbeitsumfeld, obwohl Alice Steve direkt als Assistentin unterstellt war. Der Firmeneigentümer setzte sich zwar mit ganzer Kraft für den Unternehmenserfolg ein, war aber zugleich auch eine charismatische Persönlichkeit und ein »Lebemann«. In seinem Heimatort hielt man ihn für einen glücklich verheirateten Familienvater. Niemand wusste, dass er auch schöne Frauen liebte und außerehelichen Affären mit der gleichen Begeisterung frönte wie geschäftlichen Vorhaben. In seinem Unternehmen waren Intimverhältnisse zwischen Kollegen nicht verboten; dies hätte seinen persönlichen Grundsätzen widersprochen.

Es gibt aber auch konservative Unternehmen. Eine andere Firma am gleichen Ort war im Immobiliensektor tätig. Der Firmenchef war ein konservativer Mensch, der seine Frau sehr verehrte und seinen Beschäftigten verbot, Liebesbeziehungen mit Kunden oder Kollegen einzugehen. Als Jimmy, ein Hausverwalter, von einer »hedonistischen« Immobiliengesellschaft zu diesem konservativeren Unternehmen wechselte, änderte er auch seine moralische Einstellung. Obwohl er damals nicht verheiratet war, fand er bald eine Partnerin, die er bei einer Sitzung der örtlichen Handelskammer kennen gelernt hatte. Während der gesamten Zeit, die er bei diesem Unternehmen verbrachte, verabredete er sich niemals mit einer anderen Frau. Das war eine Drehung um hundertachtzig Grad im Vergleich zu seinem Verhalten bei dem früheren Arbeitgeber.

Alex und Samantha

Alex war Mitte Fünfzig und Anglistikprofessor. Nach zwanzig Jahren Ehe hatten er und seine Frau einander nicht mehr viel zu sagen. Die Kinder waren erwachsen und ausgezogen; seine Frau und er hatten schon seit Jahren nicht mehr miteinander geschlafen. Bei der Arbeit an einem Forschungsprojekt zu einem Dichter aus dem achtzehnten Jahrhundert lernte er Samantha in der Universitätsbibliothek kennen. Sie hatte dort eine Teilzeitstelle, um ihr Studium finanzieren zu können. Samantha war Mitte Zwanzig und lebte aus finanziellen Gründen bei ihren Eltern.

Samantha half Alex bei seinen Forschungsarbeiten, und während der gemeinsamen Arbeit entwickelte sich eine Zuneigung zwischen den beiden. Sie »unterhielten sich ohne Unterlass«. Eines Abends blieb Samantha nach ihrer Arbeitszeit länger, um Alex zu helfen. Spät am Abend beschlossen sie, für heute Schluss zu machen. Während sie sich auf dem Flur unterhielten, ging Alex der Gedanke nicht aus dem Kopf, ob er Samantha küssen sollte. Zwischen ihnen schien es gefunkt zu haben, und auch sie wartete allem Anschein nach auf einen Kuss. Als er sich jedoch vorbeugte, um ihre Lippen zu berühren, fiel sein Blick auf ein großes Plakat über ihren Köpfen, das Studenten und Dozenten über die Gefahren der sexuellen Belästigung aufklärte. Er küsste Samantha trotzdem, machte sich aber zugleich Sorgen, welche Folgen die Politik seiner Hochschule haben könnte und was passieren würde, wenn diese Verbindung schiefging.

Wenn Samantha sich später an jenen ersten Kuss erinnerte, lachte sie leise in sich hinein. Sie dachte daran zurück, wie der liebenswürdige Alex zu zittern begann, als sein Blick auf die Universitätsregeln fiel. Es hätte ihn Kopf und Kragen kosten können, aber sie erwiderte seinen Kuss. Da war der Beginn ihrer romantischen Beziehung.

Sexuell kamen sich die beiden erstmals eines Nachts in einem abgelegenen Park nahe. Sie hielten ihre Beziehung geheim. Erstens hätten Samanthas Eltern »Alex niedergeschossen«, wenn sie jemals herausgefunden hätten, dass er dreißig Jahre älter war als ihre Tochter. Zweitens stellte Alex' Ehefrau ein Problem dar; Alex beschrieb sie als »vollkommen verrückt«. Drittens – und das war der wichtigste Grund – hätte die Hochschule ihre Beziehung keineswegs gutgeheißen. Obwohl einige Kollegen einen Verdacht hegten, gelang es Alex und Samantha, ihr Geheimnis zu hüten.

Als Alex seiner Frau eröffnete, dass er sich scheiden lassen wolle, um Samantha zu heiraten, »rastete sie vollkommen aus« und bedrohte ihn, Samantha und seine Karriere. Später setzte sie den Leiter des Anglistiklehrstuhls von der Affäre in Kenntnis. Die Universitätsverwaltung hatte aus Furcht vor einer Klage tatsächlich eine ganze Menge gegen diese Liebesbeziehung einzuwenden und erteilte Alex eine erste Verwarnung, aber Alex hatte einen unbefristeten Vertrag, und Samantha liebte ihn wirklich. Alle warteten atemlos ab, ob ihre Beziehung Bestand haben würde. Dann würde es keine Beschwerde wegen sexueller Belästigung geben.

Faktisch verstanden sich die beiden immer besser. Alex ließ sich von seiner Frau scheiden; Samantha und er heirateten. Allerdings verbitterte ihn die Reaktion der Hochschulverwaltung und einiger

Kollegen. Die beiden haben seit einiger Zeit eine hübsche kleine Tochter, und Alex stellte vor kurzem nach 20-jähriger Lehrtätigkeit seinen Pensionsantrag.

Terry und Marlene

Terry und Marlene waren beim gleichen Mischkonzern als Manager tätig, hatten sich aber aufgrund der Größe und Diversifizierung der Firma noch nie getroffen, bis sie bei einem Volleyballspiel zweier Unternehmensmannschaften gegeneinander spielten. Danach trafen sie sich immer häufiger und ließen sich für die gleichen Mannschaften aufstellen, darunter auch für die Softballliga des Unternehmens. Nach einigen Tagen waren die beiden ein Paar; sie heirateten wenige Monate später, und sie sind heute noch immer zusammen. Ohne die pro-interaktive Politik ihres Unternehmens hätten sie sich niemals kennen und lieben gelernt.

Zwei der hier porträtierten Firmen haben wertvolle Mitarbeiter entweder verloren oder nicht wiedergutzumachende Animositäten hervorgerufen – völlig unnötigerweise. In einem progressiveren Betriebsklima hätte es diese Reibungen und das Unbehagen niemals gegeben. Außerdem hätten solche Unternehmen produktive, zufriedene Mitarbeiter halten könnten. Aus ihren Fehlern können andere lernen.

Klimatische Unterschiede

Wir haben anhand einiger Fallbeispiele gesehen, wie berufliche und persönliche Beziehungen von der jeweiligen Firmenkultur beeinflusst werden können. Lassen wir nun zunächst Randall zu Wort kommen, den früheren Senior Vice President eines großen Finanzdienstleistungsunternehmens. Danach werden wir uns die Firma Autodesk genauer ansehen, eine große Softwareschmiede mit Sitz in San Francisco.

Randall

»In diesem Unternehmen muss man so hart arbeiten, dass man gar keine Gelegenheit zu Sozialkontakten in der Freizeit mehr hat. Zugleich werden aber Liebesbeziehungen am Arbeitsplatz sehr missbilligt. Obwohl wir ein wirksames Programm zur Diversifizierung der Belegschaft, schlagkräftige schriftliche Verbote der sexuellen Belästigung sowie Workshops zur Sensibilisierung hatten, fühlte man sich dort, als müsse man ersticken. Sexuelle Belästigung am Arbeitsplatz ist in dieser Firma ein schwerwiegendes Vergehen, und im Zweifelsfalle wird für den Ankläger oder die Anklägerin entschieden. Ein Manager berührte eine Mitarbeiterin offenbar gegen ihren Willen, und obwohl es keine Zeugen für diesen Vorfall gab, musste der Mann innerhalb von zwei Tagen das Unternehmen verlassen. Die Firma ließ ihn wissen, dass er seine Abfindung aufs Spiel setzen würde, wenn er Widerspruch gegen diese Entscheidung einlegte. Er nahm lieber das Geld.

Bei uns gibt es keine Regelungen für Verabredungen oder andere Sozialkontakte zwischen Kollegen. Es gilt jedoch das ungeschriebene Gesetz, dass man sich nicht privat mit Kollegen trifft. Es ist einfach tabu, ganz gleich, welche Position man innehat, weil es zu Gerüchten führen könnte. Obwohl dieses Unternehmen so streng ist, wartet es erst mal ab, bis sich jemand beschwert oder es konkrete Beweise gibt, auf die es sich stützen kann. Dann werden die schweren Geschütze aufgefahren. Wenn man als Manager in der Hierarchie aufsteigt und zum Beispiel die Position eines Vice President erreicht, wird von einem erwartet, dass man die Finger von ›verbotenen Früchten‹ lässt. Es spielt überhaupt keine Rolle, welche Absichten man damit verfolgt, wie verliebt man ist, welche Art von Beziehung man eingeht oder ob man ledig ist.

Wenn das Unternehmen von einer Liebesbeziehung erfährt, ruft ein Vorgesetzter das Paar ins Büro und setzt ihnen ein einfaches, aber unmissverständliches Ultimatum: ›Sie müssen diese Beziehung beenden, sonst muss einer von Ihnen die Firma verlassen. Sie können untereinander ausmachen, wer geht.‹ So einfach ist das hier:

Entweder Sie machen Schluss mit der Liebesbeziehung, oder Ihnen wird gekündigt. Auf diese Weise haben wir schon gute Führungskräfte verloren. Das Betriebsklima litt noch zusätzlich darunter, dass einer unserer Bereichsleiter vor einigen Jahren einige ungute Entscheidungen traf.

Er beschloss, seine Organisation zu rationalisieren, und entließ einige Mitarbeiter. Leider reichten diese hinterher Klage ein und gewannen den Prozess auf der Basis des Vorwurfs der Diskriminierung. Durch den daraus resultierenden Vergleich und die Anwaltshonorare entstanden dem Unternehmen Kosten in Millionenhöhe. Daraufhin lasen die Anwälte dem Vorstand die Leviten. Ihre Präsentation lief im Grunde auf Folgendes hinaus: ›Führen Sie eine Null-Toleranz-Regel ein, damit so etwas nicht wieder vorkommen kann.‹ Bei der Umsetzung dieser Empfehlung schoss dieses Unternehmen über sein Ziel hinaus.

Heute dürfen mehr verheiratete Paare hier arbeiten, aber es werden auch rigide Maßnahmen getroffen, um Bevorzugungen oder direkten Vorgesetzten-Untergebenen-Verhältnissen zwischen Ehepartnern vorzubeugen. Die Geschäftsleitung musste diese Änderungen einführen, obwohl es anfangs Widerstand gab, da Ehepaare, die gut im Team zusammenarbeiten konnten, einfach zu flexibleren Arbeitgebern wechselten. Dieses Unternehmen wird sich noch weiter ändern müssen. Seine Führungsqualität steht nicht mehr in einem besonders guten Ruf.«

Autodesk

Ein Topmanager dieses Unternehmens berichtete: »Wir haben über 2 600 Mitarbeiter in 36 Ländern; 60 Prozent unserer Belegschaft arbeitet im Ausland. Unsere Zentrale im Raum San Francisco beschäftigt 1 000 Arbeitnehmer, und derzeit erwirtschaften wir Umsätze von über 600 Millionen Dollar jährlich. Die meisten unserer Beschäftigten sind zwischen 30 und 50 Jahre alt. Es handelt sich um hochqualifizierte Fachkräfte. Mit etwas über 50 gehöre ich in unserem Unternehmen mit zu den Ältesten.

Bei uns gibt es keine Vorschriften, was Verabredungen zwischen Arbeitskollegen angeht. Wir vertreten die Philosophie, dass man den Leuten in moralischen Fragen keine Fesseln anlegen darf. Das würde zu einem Arbeitsklima führen, das einfach nicht unseren Vorstellungen entspricht. Hinsichtlich der sexuellen Ausrichtung haben wir eine sehr offene Politik; faktisch sind 10 bis 15 Prozent unserer Beschäftigten schwul oder lesbisch. Ein Comingout ist bei uns kein Problem; wir sind Minderheiten gegenüber sehr positiv eingestellt. Das Unternehmen hat keine Probleme mit homo- oder heterosexuellen Liebesbeziehungen im Arbeitsumfeld.

Wir sind ein familienfreundliches Unternehmen. Bei uns sind sogar teilweise mehrere Generationen aus der gleichen Familie tätig, zum Beispiel Großmutter, Mutter und Enkelin. Kinder sind bei unseren Firmenfeiern willkommen, und unsere Mitarbeiter können sogar ihren Hund mit zur Arbeit bringen. Viele unserer Ingenieure arbeiten bis spät in die Nacht. Wenn sie also ihren Hund allein zu Hause lassen müssten, können sie ihn mit ins Büro nehmen. Allerdings gibt es eine Art »Benimmhandbuch für Hunde«, und die Vierbeiner bekommen nach drei Hundehäufchen Hausverbot.

Wir nehmen jedes Anzeichen sexueller Belästigung sehr ernst und tolerieren solches Verhalten nicht einmal in unseren ausländischen Niederlassungen, in denen die lokale Kultur eine andere Einstellung prägt. Wir werden einen Mitarbeiter oder eine Mitarbeiterin nicht wegen eines anzüglichen Witzes entlassen, aber wir lassen den oder die Betreffende wissen, dass wir ein solches Verhalten nicht tolerieren.

Viele unserer Richtlinien sind nicht schriftlich fixiert, weil wir unseren Mitarbeitern vertrauen. Alle Manager und Managerinnen besuchen ein eintägiges Seminar zu einer Reihe von Themen, darunter auch sexuelle Belästigung. Wenn sich jemand mit einer Beschwerde an die Führungskräfte wendet, gehen wir der Sache unverzüglich nach und ergreifen geeignete Maßnahmen, um sicherzustellen, dass sich dieses Verhalten nicht wiederholt. Obwohl es bei uns viele Liebesbeziehungen zwischen Kollegen gibt, hatten wir in den letzten zwei Jahren trotz der Größe unserer Belegschaft nicht eine einzige Beschwerde wegen sexueller Belästigung.

Unsere Philosophie geht zurück auf die Firmengründer. Ein Großteil des gesellschaftlichen Lebens unserer Mitarbeiter leitet sich aus der Arbeit ab, obwohl es jetzt bei uns auch verheiratete Paare mit Kindern gibt. Alle beteiligen sich an den Aktivitäten des Unternehmens. So gibt es bei uns unter anderem die Tradition der ›Freitagsbierparty‹, die bis in unsere Anfänge zurückreicht. Wir veranstalten das einmal im Monat, und da unsere Geschäftsleitung aus zwölf Mitgliedern besteht, ist jeder für einen Monat verantwortlich. Wir gehen an dem vereinbarten Abend alle aus. Ich war beispielsweise der Gastgeber für unsere Feier am Sankt-Patricks-Tag im März. Bei uns macht die Arbeit viel Spaß, und unsere Produktivität ist sehr hoch.«

Eine Frage der Einstellung

Springfield Remanufacturing, ein Unternehmen, das im Jahr über 50 000 Nutzfahrzeugs-, Kühlschrank- und Hochleistungsmotoren generalüberholt, ist in Springfield, Missouri, beheimatet. Es beschäftigt derzeit fast 1 000 Mitarbeiter und erwirtschaftet einen Jahresumsatz von 150 Millionen Dollar. Das Umsatzvolumen hat sich seit der Ausgliederung dieses Unternehmens aus dem Konzern International Harvestor im Jahr 1983 nahezu verzehnfacht. Die Firma befindet sich im Eigentum der Mitarbeiter.

Springfield ist ein pro-interaktives Unternehmen, das Sozialkontakte und Interaktionen zwischen Kollegen stark fördert. Zum Beispiel finanziert das Unternehmen etwa 22 »Veranstaltungskomitees«, die Freizeitvergnügungen von Betriebspicknicks bis hin zu Softballspielen organisieren, aber auch Mitarbeiter unterstützen, die sich mit einer betriebsnahen Tätigkeit selbstständig machen wollen. Mitarbeiterfreundliche Konzepte sind aber nicht das Auffallendste an Springfield, sondern die grundlegende Unternehmensphilosophie und das Betriebsklima. John P. Stack, der Chief Executive Officer von Springfield, sagte:

> Vieles im Leben ist mit anderen zusammen schöner, und wir müssen die wahrgenommenen Unterschiede und Ungleichheiten überwinden. An der Harvard Business School werden keine Fragen behandelt, die Herz und Seele betreffen. Ich habe mich hochgearbeitet und beobachtete die Entwicklung meiner Freunde. Ich habe miterlebt, was passierte, wenn man vom Lohn- zum Gehaltsempfänger und dann zum Manager aufstieg: Man verlor unterwegs ein Stückchen Menschlichkeit.
>
> Wir bringen unseren Mitarbeiterinnen und Mitarbeitern bei, »ihre Karten offenzulegen«, weil sie damit vieles in Bewegung setzen können. Wir möchten, dass sie [die Beschäftigten] Selbstwertgefühl entwickeln und lernen, dass sie Erfolge erzielen können. Wir sind alle Menschen, und Unternehmen müssen Barrieren zwischen den für sie tätigen Menschen abbauen. Wir wünschen uns, dass unsere Beschäftigten erkennen, dass sie Risiken eingehen und Fehlschläge erleiden können – und das so etwas völlig in Ordnung ist.
>
> Ich habe früher für einen Großkonzern gearbeitet. Dort wurden die Barrieren immer unüberwindlicher, je höher man auf der Hierarchieleiter stieg. Sozialkontakte zwischen Beschäftigten waren verpönt. Es war der reinste Wahnsinn. Wir verzeichneten in den letzten fünfzehn Jahren jeweils 15 Prozent Wachstum, und auch bei uns gibt es Statistiken und Konzepte. Aber wir messen in gleichem Maße auch die Einstellung: Wenn Sie jemandem Ihr Wort geben, werden wir prüfen, ob Sie Ihr Versprechen auch halten.
>
> Wir respektieren unsere Leute … Ein Unternehmen kann sehr viel von Vertrauen profitieren, und Vertrauen ist Bestandteil der Kultur einer Organisation. Das misst man nicht anhand von Schwankungen von einem Quartal zum nächsten, doch spiegelt sich das durchaus im Anstieg der Ergebniserwartungen im Laufe der Jahre wider.

Wie wird ein Unternehmen pro-interaktiv?

Professor Lisa Troyer machte folgende Beobachtung: »Hinter dem Ansatz, den ein einzelnes Unternehmen in diesem Bereich wählt, können vielfältige Gründe stehen. Es kann sich um eine Entscheidung der Geschäftsleitung oder des Topmanagements handeln, von nachrangigen Mitarbeitern angeregt werden oder auch ohne einen hinterher eindeutig nachvollziehbaren Grund entstehen.«

Nachdem IBM von gerichtlicher Seite haftbar gemacht worden war, weil es einen seit 23 Jahren für das Unternehmen tätigen Manager wegen einer Liebesbeziehung mit einer Mitarbeiterin entlassen hatte, änderte der Computerriese seine Richtlinien. Heute können Vorgesetze mit Untergebenen liiert sein, vorausgesetzt, sie geben ihre Führungsverantwortung für den Partner ab. Folglich muss sich die betreffende Führungskraft entweder versetzen lassen oder eine andere Position wählen, in der der Partner ihr nicht mehr direkt berichtet (oder es muss eine andere Regelung gefunden werden, die im Endeffekt auf die »Abgabe von Führungsverantwortung« hinausläuft). Damit verhindert IBM zugleich die Fluktuation hochqualifizierter Mitarbeiter aufgrund von Liebesbeziehungen im Arbeitsumfeld.

Robert DeMallie leitet die für externe Kommunikation zuständige Fachabteilung bei Corning Incorporated. Er meinte: »Unternehmen, die ihren Beschäftigten grundsätzlich mit Respekt begegnen, profitieren von einer besseren Arbeitsmoral und einem höheren Produktivitätsniveau. James R. Houghton, der bis zu seiner Pensionierung vor drei Jahren Chairman bei Corning war, spielte eine Vorreiterrolle bei den positiven Veränderungen in der Belegschaft unseres Unternehmens.«

Wie wir jedoch gesehen haben, verabschieden sich heute sowohl Großkonzerne als auch Kleinbetriebe von den repressiven Wegen der Vergangenheit und wählen pro-interaktive Ansätze, die immer mehr an Boden gewinnen.

Wo würden Sie lieber arbeiten?

»In einem verklemmten Unternehmen arbeiten?«, fragte eine von mir befragte Führungskraft. »Sie machen wohl Witze. Mein erster Arbeitgeber war so, und ich habe mir geschworen, nie wieder eine Stelle bei einer solchen Firma anzunehmen.« Versuchen Sie herauszufinden, welche Politik ein Unternehmen in Bezug auf Liebesbeziehungen am Arbeitsplatz verfolgt, bevor Sie ein Stellenangebot akzeptieren. Es macht einen großen Unterschied.

Auch hinter den fehlenden Richtlinien steht eine bestimmte Politik. Wenn ein Unternehmen beispielsweise keine förmlichen Regelungen fixiert hat und sein ungeschriebenes Gesetz lautet, dass Liebesbeziehungen zwischen Untergebenen und Vorgesetzten nicht zulässig sind, kann dies durchaus bedeuten, dass es bei Romanzen zwischen Kollegen offiziell nicht einschreitet. Sie sollten allerdings auch überprüfen, welche inoffiziellen Regeln bestimmte Führungskräfte, der Unternehmensleiter und alle anderen, die Ihnen gegenüber weisungsbefugt sind, als Maßstab nehmen.

Wenn Sie für einen progressiven Arbeitgeber arbeiten, heißt dies nicht, dass Sie »hyperaktiv« sein dürfen. Eine Sprecherin von Autodesk meinte: »Auch wenn unsere Mitarbeiter und Mitarbeiterinnen Liebesbeziehungen mit Kollegen eingehen, erwarten wir von ihnen, dass sie ihre Aufgaben jederzeit erfüllen und sich ihr Privatleben nicht störend auf ihre Arbeit auswirkt.« Das gilt für alle Unternehmen, mögen sie auch noch so pro-interaktiv sein.

Fragen Sie vorher!

»Ich wünschte, ich hätte eine Vorstellung davon gehabt, was hier zulässig ist und was nicht«, sagte Katherine. »Ich hätte dann über mein Verhalten nachgedacht. Die Trennung war hart, aber ich verschlimmerte die Situation, weil ich versuchte, ihn zu einer Versöhnung zu überreden, ohne mir Gedanken über die Reaktion des Unternehmens zu machen.«

Sie müssen die offizielle und die informelle Position Ihres Arbeitgebers kontinuierlich verfolgen, weil diese sich im Zuge von personellen Wechseln im Topmanagement und dem Auf und Ab des Unternehmenserfolgs verändern können. Wie Randall berichtete, wurde das Klima in seinem Unternehmen plötzlich sehr restriktiv, als es einen teuren Prozess verlor und überreagierte. Wie wir in den folgenden Abschnitten sehen werden, können die Zügel auch ebenso leicht gelockert werden.

Der Trend

Unternehmen fördern Sozialkontakte zwischen Mitarbeiterinnen und Mitarbeitern in stärkerem Maße, weil ihre Beschäftigten dann am Arbeitsplatz zufriedener sind. Sowohl Erfahrungen als auch Untersuchungen deuten darauf hin, dass Unternehmen weniger mit dem Vorwurf der sexuellen Belästigung zu kämpfen haben, wenn ihre Kultur offener ist – ganz zu schweigen von der Tatsache, dass sie von den Leistungen einer zufriedenen, engagierteren Belegschaft profitieren.

Die Unternehmenspolitik ändert sich. In den meisten Fällen gehen Firmen heute sensibler auf die Bedürfnisse ihrer Mitarbeiterinnen und Mitarbeiter ein. Zwei Lektoren trafen sich vor sieben Jahren bei einem New Yorker Wirtschaftsverlag. Sie verliebten sich ineinander, aber bevor sie heiraten konnten, wechselte die Frau zu einem anderen Verlag, da bei ihrem Arbeitgeber Ehen zwischen Kollegen verboten waren. Die beiden sind seither miteinander verheiratet. Würden sie sich heute im gleichen Verlag kennen lernen, in dem sie damals arbeiteten, könnten sie eine Beziehung eingehen und heiraten, ohne einen neuen Arbeitgeber suchen zu müssen. Allerdings würde einer der Partner unter Umständen in eine andere Abteilung versetzt.

Matt beschrieb die allmähliche Entwicklung in seinem Unternehmen: »Als ich vor 25 Jahren zu dieser Firma kam, wurden Verabredungen zwischen Kollegen ungern gesehen, und Ehepaare durften hier nicht arbeiten. Schließlich durften dann verheiratete Paare hier arbeiten, aber nicht in der gleichen Abteilung oder in einem Vorgesetzen-Untergebenen-Verhältnis. Vor zehn Jahren bekamen wir einen neuen Personalleiter, der diese Regelungen für lächerlich hielt. Er änderte sie, so dass heute Mitarbeiter Liebesbeziehungen miteinander haben und heiraten können, auch wenn sie der gleichen Abteilung angehören. Sie dürfen einander nur nicht direkt unterstellt sein. Nur im Finanzwesen dürfen Ehepaare nicht zusammenarbeiten, was sehr sinnvoll ist, weil sie sich ja beim Ausstellen von Schecks heimlich absprechen könnten.«

Kleinere Unternehmen entscheiden sich eher für einen Laisser-faire-Ansatz, da sie sich im Allgemeinen weniger über solche Probleme den Kopf zerbrechen als große Konzerne. Das bedeutet jedoch nicht, dass sie keinen Grund zur Sorge haben, und ihre Politik spiegelt verständlicherweise die Einstellungen ihrer Eigentümer wider.

Welcher Ansatz ist besser?

Wie wir gesehen haben, gibt es zwei verschiedene Ansätze (aber auch »Mittelwege«). Manche Autoren schreiben: »Obwohl ein Verbot von Liebesbeziehungen möglicherweise mit Schwierigkeiten verbunden ist, kann es bei richtiger Umsetzung mehr Probleme verhindern als verursachen.« Bei diesem rigiden Ansatz wird vergessen, dass der Versuch, Liebe im Büro zu verhindern, größere Probleme schaffen kann, z. B. eine ungerechte Umsetzung dieser Politik, die Schwierigkeit der Unterscheidung zwischen inakzeptablen Verabredungen und platonischen Freundschaften, mangelnder Schutz der Privatsphäre von Mitarbeiterinnen und Mitarbeitern. Außerdem ist ein solches Verbot schlicht und einfach nicht durchsetzbar. Vor allem aber versucht die überwältigende Mehrheit der Unternehmen nicht, ihre Mitarbeiter auf diese Weise zu gängeln.

Für die Beschränkungen sexueller Beziehungen zwischen Vorgesetzten und Untergebenen gibt es jedoch gute Gründe, und viele

Unternehmen entscheiden sich für einen solchen Schritt. Die Frage lautet: Welche Richtlinien sollten verabschiedet und wie sollten sie durchgesetzt werden? Wieder sollten Mitarbeiter und Bewerber ihre derzeitigen bzw. zukünftigen Arbeitgeber genau unter die Lupe nehmen, um herauszufinden, wie restriktiv oder pro-interaktiv ihre Arbeitspolitik ist.

Sind die Richtlinien schriftlich fixiert?

Die Entscheidung für oder gegen förmliche, schriftlich fixierte Richtlinien oder eher informelle bzw. gar keine Regeln hängt vom jeweiligen Unternehmen ab. Manche Firmen fahren sehr gut damit, dass sie sich ausschließlich auf die Unternehmenskultur, einen überzeugenden Vorstandsvorsitzenden oder eine klare Definition akzeptablen Verhaltens stützen. Andere brauchen unbedingt offizielle, aber faire schriftliche Richtlinien. Rechtsanwälte sprechen sich in der Regel für die Verabschiedung förmlicher Regeln aus, damit sich das Unternehmen im Falle einer Klage rechtzeitig und konsequent auf der Basis unmissverständlicher, vernünftiger Richtlinien verteidigen kann.

Unternehmen können unterschiedliche Ansätze für den Umgang mit Liebesbeziehungen am Arbeitsplatz wählen. Dies gilt sogar für Branchengiganten. Auch die spezifische Branchensituation spielt hier eine Rolle. So gibt es in Hochtechnologiefirmen in der Regel weniger schriftliche Regelungen als bei Banken oder Finanzinstituten, die schon aus historischer Sicht für ihre »Formalisierung« bekannt sind. Firmen, die einen Akquisitionskurs verfolgen, sind in ihrem Ansatz eher flexibel – unter Umständen auch gezwungenermaßen, weil infolge früherer Übernahmen mehrere Organisationskonzepte gleichzeitig gelten. Professor Lisa Troyer meint dazu:

> Manche Betriebe haben eine Kultur, die von Informalität und Autonomie geprägt ist [also wenige Verfahrensregeln und weitgehende Entscheidungsfreiheit für Mitarbeiter beinhaltet]. In diesen Unternehmen wird die Verabschiedung förmlicher Richtlinien zu Liebesbeziehungen mit Kollegen eher auf Widerstand stoßen. Die

Mitarbeiter werden eine solche Politik als unangemessene Zumutung empfinden, nach dem Motto »Das geht das Unternehmen doch überhaupt nichts an!« und »Die da oben glauben wohl, ich sei nicht in der Lage, mein eigenes Leben zu regeln!«. Es gibt Anzeichen dafür, dass Unternehmen im Hochtechnologiesektor einen informelleren Charakter und mehr Mitarbeiterautonomie aufweisen als Finanzdienstleister. Ferner haben meine Forschungen zu sozialen Interaktionen in Teams ergeben, dass die zwangsweise Einführung anderer förmlicher Regeln und Verfahrensweisen [zum Beispiel Verfahrensregelungen, starre Arbeitspläne, Einsatz von Entscheidungshierarchien] in einer von Informalität und Autonomie geprägten Unternehmenskultur Unzufriedenheit bei den Beschäftigten hervorruft.

Manche Forscher argumentieren, Professionalisierung von Arbeitnehmern in verschiedenen beruflichen Laufbahnen würde sie mehr oder weniger resistent gegen die Einführung förmlicher Regeln machen. So werden beispielsweise Ärzte und Anwälte darin geschult, Informationen sorgfältig zu sammeln, kritisch zu analysieren und dann auf der Grundlage ihrer »eigenen« Analyse Entscheidungen zu fällen. Anscheinend geht auch bei Ingenieuren und Computerprogrammierern [die in der Hochtechnologiebranche häufig anzutreffen sind] der Trend in eine ähnliche Richtung, nämlich Entwicklung von Fähigkeiten zur autonomen Entscheidungsfindung.

Diese Argumentation sollte von Organisationen mit einer Kultur der Autonomie und Informalität nicht etwa so ausgelegt werden, dass sie am besten untätig bleiben. Vielmehr scheint die optimale Strategie darin zu bestehen, Mitarbeiter mit Informationen und Ausbildung zu versorgen und ihnen dann die Möglichkeit zu geben, auf der Basis dieser Informationen eigene Entscheidungen zu treffen. Dies entspräche auch den üblichen Arbeitsnormen für solche Organisationen. Zugleich ist diese »Aufklärung« aber kein Hinderungsgrund für Mitarbeiter, offen um Unterstützung bei der Problemlösung zu bitten, wenn ihre persönlichen Beziehungen im Arbeitsumfeld problematisch geworden sind.

Für manche Unternehmen macht es keinen großen Unterschied, ob ihre positive Strategie hinsichtlich Liebesbeziehungen am Arbeitsplatz schriftlich fixiert wird oder nicht (vorausgesetzt, es gibt klare Verbote sexueller Belästigung) – auch wenn einige Rechtsexperten dieser Ansicht widersprechen würden. Zahlreiche Firmen sehen keine Notwendigkeit, alle möglichen Situationen, die im Arbeitsumfeld entstehen können, durch schriftliche Richtlinien abzudecken.

Wichtig ist jedoch in diesem Zusammenhang die Einstellung des Unternehmens seinen Mitarbeiterinnen und Mitarbeitern gegenüber. Ist es pro-interaktiv oder nicht? Fühlen sich die Beschäftigten am Arbeitsplatz wohl und arbeiten sie auf die Unternehmensziele hin? Oder ist das Arbeitsklima restriktiv, straflastig und rigide? Unternehmen sollten auf alle Fälle sicherstellen, dass ihre Richtlinien – einschließlich der Regelungen, die für Beziehungen zwischen Vorgesetzten und Untergebenen gelten – allen Mitarbeitern mitgeteilt werden, so dass alle bereits im Voraus wissen, wo sie stehen.

Führen Sie keinen Polizeistaat ein

Ein Gericht wird Unternehmen gewiss nicht erlauben, ihre Mitarbeiterinnen und Mitarbeiter generell auszuspionieren, nur um zu eruieren, was man vielleicht ausgraben könnte. Hinter solchen Nachforschungen muss ein handfestes, geschäftliches Ziel stehen, zum Beispiel Ermittlungen wegen eines konkreten Verdachts der Bestechung oder der Weitergabe von Geschäftsgeheimnissen. Liz, eine Anwältin mit langjähriger Gerichtserfahrung, meinte dazu: »Die Liebe kann man einfach nicht gesetzlich regeln. Das ist genauso, als wolle man Menschen vorschreiben, in wen sie sich verlieben und wen sie heiraten sollen. Menschen werden Affären haben, ob sie nun verheiratet sind oder nicht, und sie werden alle Regeln brechen, mit denen man dies zu verhindern sucht. Eine starre, strenge Einstellung zwingt die Leute nur dazu, im Verborgenen zu agieren. Aber sie werden es trotzdem tun.«

Interessanterweise ignorieren zwei Drittel der Unternehmen die Tatsache, dass Mitarbeiter und Mitarbeiterinnen mit ihrem Partner zusammenleben, ohne verheiratet zu sein (laut einer Umfrage). Verheiratete Beschäftigte, die sich mit einem anderen Mann oder einer anderen Frau verabreden, würden von einem Drittel der Befragten ignoriert. Nur 2 Prozent der an dieser Studie teilnehmenden Unternehmen würden eine solche Affäre verbieten.

Lassen Sie die Tür stets offen

Unternehmen möchten, dass ihre Mitarbeiterinnen und Mitarbeiter mit all ihren Problemen in irgendeiner Form zu ihnen kommen. Wenn die Beschäftigten das Gefühl haben, dass sie ihre Sorgen ganz offen diskutieren können, ist die Gefahr geringer, dass Anwälte auf den Plan treten und die Dinge verkomplizieren. Das Unternehmen und seine Mitarbeiter sind dann in der Lage, Probleme zu lösen, die sich geschäftlichen Zielen in den Weg stellen.

Randall, der frühere Personalmanager, berichtete, dass häufigere Geschäftsreisen Konflikte in Beziehungen zwischen Kollegen hervorrufen können: »Ein verheirateter Mann macht sich Sorgen, wenn er mit einer Kollegin verreisen muss. Was wird seine Frau denken? Wird vielleicht im Büro getratscht, vor allem, wenn Topmanager mit nachrangigen Mitarbeiterinnen unterwegs sind? Die Männer (und manchmal auch die Frauen) sagen sich: ›Ich will nicht, dass da ein Gerücht in die Welt gesetzt wird, also werde ich mit X nicht auf Reisen gehen.‹ Die Frauen sind verärgert, weil die Männer sagen, dass sie mit ihnen nicht verreisen wollen. Eine solche Politik stellt zudem sicherlich auch einen Stolperstein für die Karrierepläne der Frauen dar.«

Das Problem dabei ist, dass eine restriktive Politik der »geschlossenen Tür« diese Situation nur noch schlimmer macht. Wenn Mitarbeiter in einem angstfreien Klima mit Vorgesetzten über ihre Anliegen sprechen können, ist es möglich, potenzielle Probleme zu lösen, bevor sie noch weitere Kreise ziehen. Mit den Worten von Liz: »Ein restriktiver Ansatz kann ein Ergebnis erzwingen, das dem angestrebten Ziel diametral entgegengesetzt ist. Menschen öffnen sich nicht und reagieren nicht positiv, wenn sie sich gegen rigide

Richtlinien aufbäumen müssen. Ein Unternehmen will kein von Angst dominiertes Klima schaffen, aber genau das haben einige Firmen getan. Statt dessen muss Freiraum geschaffen werden für positive Interaktionen in dem Bewusstsein, dass wirksame Lösungen für die Probleme der Mitarbeiterinnen und Mitarbeiter gefunden werden können.«

Problemlösung statt Bestrafung

Unternehmen sollten mit ihren Beschäftigten zusammenarbeiten. Darin liegt der Unterschied zwischen der Vermittlung in einem Problemfall und einer Hexenjagd, die darauf abzielt, »Schuldige« zu finden, an den Pranger zu stellen und hinauszuwerfen.

Toni ist seit langem als Manager im Personalwesen tätig. Er meinte: »Ein Personalmanager eines Konkurrenten erklärte mir neulich die Philosophie seines Unternehmens. Im Grunde läuft sie darauf hinaus, dass es nur die Mitarbeiter selbst etwas angeht, ob sie sich mit Kolleginnen und Kollegen verabreden oder nicht. Das Unternehmen schaltet sich nur dann ein, wenn dieses Verhalten die Arbeitsleistung beeinträchtigt. In solchen Fällen muss einer der beiden Beteiligten gehen, und zwar die Person, die in der Wertschätzung des Unternehmens weiter unten rangiert. Es freute mich, das zu hören. Dieses Unternehmen wird für uns eine gute Quelle wertvoller Mitarbeiter abgeben.

Wir vermitteln selbst bei verzwickten Problemen. Wenn der Vorwurf der Günstlingswirtschaft laut wird oder ein Fall sexueller Belästigung vorgekommen ist, halten wir uns an ganz strenge Richtlinien: Wir stellen Nachforschungen an, treffen eine Entscheidung und setzen eine Disziplinarmaßnahme um. Nicht in allen Fällen muss jedoch jemandem gekündigt werden. Bei uns spielen sich Liebesbeziehungen am Arbeitsplatz in aller Regel zwischen anständigen, wertvollen Mitarbeitern ab. Wenn Probleme auftreten, setzen wir zu ihrer Lösung Vermittler ein.

Ich konnte nicht verstehen, wie man ein im Grunde zutiefst menschliches Verhalten bestrafen kann. Vor 25 Jahren wurden

Ehen nur nach einem Prozess geschieden, indem aus rechtlicher Sicht nachgewiesen werden musste, welche Seite gesetzliche Vorschriften übertreten hatte. Dann wurde das Scheidungsrecht aufgeklärter. Gesetzgeber und Rechtsanwälte erkannten, dass es sich bei einer Scheidung lediglich um einen Beziehungskonflikt handelt. Die Schuldfrage musste nicht mehr beantwortet werden; man musste lediglich unüberbrückbare Differenzen nachweisen.

Den gleichen Ansatz könnte man auch bei Liebesbeziehungen im Arbeitsumfeld wählen. Natürlich sollten bei eindeutigen sexuellen Belästigungen unverzüglich wirksame Disziplinarmaßnahmen ergriffen werden. Das Problem ist, dass in solchen Fällen Aussage gegen Aussage steht – und Menschen sagen manchmal nicht die Wahrheit. Daher versuchen wir, solche Probleme auf dem Vermittlungswege zu lösen, und zwar oft ohne Schuldzuweisungen.« Mehr dazu in Kapitel 13.

Kapitel 5

Das erste Kennenlernen

Ein Inkassomanager, der für einen Verlag tätig war, ging jeden Morgen auf dem Weg in sein Büro am Schreibtisch einer frisch eingestellten Mitarbeiterin vorbei. Sie war als eine von zwei PR-Managern zum Unternehmen gekommen und berichtete an den zuständigen Referatsleiter. Beide waren ledig, doch Lyle war einige Jahre jünger als die damals 35-jährige Vi.

Eines Morgens freute sich Lyle ganz und gar nicht darauf, sich wieder den ganzen Tag mit Inkassoproblemen herumschlagen zu müssen. Als ihm jedoch Vi einfiel, besserte sich seine Stimmung. Er blieb an ihrem Schreibtisch stehen und fragte sie, ob sie Lust auf eine Tasse Kaffee mit ihm habe. Sie plauderten eine Viertelstunde lang im Pausenraum. Danach musste Vi zu einer Sitzung. Als sie sich zum Gehen anschickte, drehte sie sich nochmals zu Lyle um, lächelte ihn an und sagte, sie habe die Kaffeepause sehr genossen.

Lyle kam allmählich früher zu ihrem Schreibtisch, damit sie Zeit für ihre bald relativ regelmäßige fünfzehnminütige gemeinsame Kaffeepause hatten. Eine Woche später blieb er zur gewohnten Zeit vor ihrem Schreibtisch stehen, aber sie war nicht da. Lyle suchte ihre Nummer aus dem Firmentelefonbuch heraus und rief sie zu Hause an. Die Grippe hatte sie erwischt, und die beiden unterhielten sich eine Zeitlang über Sport – ein Thema, das sie beide interessierte.

Als Vi wider ins Büro kam, fragte Lyle sie, ob sie Lust habe, am nächsten Wochenende mit ihm zu einem Basketballspiel der New York Knicks zu gehen. Sie aßen früh zu Abend, sahen sich das Spiel an, tranken danach zusammen einen Kaffee. Dann brachte er sie zu ihrer Wohnung. Sie begannen, regelmäßig miteinander auszugehen, verliebten sich ineinander, versuchten aber stets, sich Zeit für ihre morgendliche Kaffeepause im Büro zu nehmen.

Vi erzählte Lyle später, dass er ihr während der vielen Tassen Kaffee, die sie miteinander getrunken hatten, ans Herz gewachsen war. Sie hatte festgestellt, dass er höflich und freundlich war – nicht der typische »Finanzmanager, der sich nur für Cent und Dollar interessiert«. Lyle war seinerseits von Vis rascher Auffassungsgabe und ihrem Lachen angetan. Beide verhielten sich diskret und bemühten sich nach Kräften, ihre Liebesbeziehung geheim zu halten. Sie wollten beide abwarten, ob die Beziehung auch wirklich stabil war, und ihrer Meinung nach ging ihre Romanze niemand anderen etwas an, wenngleich in ihrer Firma nur Beziehungen zwischen Vorgesetzten und Untergebenen nicht gern gesehen waren.

Als erstes verzichteten sie auf ihre gemeinsame Tasse Kaffee am Vormittag. Sie schien ihnen zu auffällig. Lyle und Vi verbrachten nun die Wochenenden und ein paar Abende während der Woche regelmäßig miteinander. Sie waren überzeugt, dass ihre Kollegen ihnen noch nicht auf die Schliche gekommen waren. Der Beginn ihrer Romanze war wunderschön. Was im weiteren Verlauf geschah, werden wir an späterer Stelle noch hören.

Eine Sportreporterin interviewte für eine Lokalzeitung einen Basketballspieler, der auf dem Weg in die Profiliga war. Er bat sie um ein Rendezvous; sie willigte ein. Die beiden leben heute zusammen. Ein erfolgreicher Kleinunternehmer lernte seine Frau bei einem Wirtschaftsseminar kennen; obwohl sie beide an verschiedenen Orten lebten, begannen sie sich zu umwerben und heirateten schließlich. Der Chefkoch eines Vier-Sterne-Hotels traf seine Verlobte, die die Marketingabteilung des gleichen Hauses leitete, bei einer von ihr organisierten Werbeveranstaltung. Die Situationen wechseln, aber der Tenor bleibt der gleiche: Menschen treffen sich bei oder aufgrund ihrer Arbeit, wagen den Sprung ins kalte Wasser und werden Partner.

Die Kehrseite der Medaille sind die Trennungen. Eine Rechtsanwaltsgehilfin ließ sich mit ihrem Chef ein, doch sie beendeten die Affäre nach zwei Monaten. In der Einmannkanzlei waren die Spannungen unerträglich, also nahm sie mit ihren Erinnerungen und einem guten Arbeitszeugnis bald eine andere Stelle an. Zwei Polizisten hatten mehrere Monate lang eine Affäre; die Beziehung ging zu Ende, als sie sich darüber zu streiten begannen, ob die Frau ihren Ehemann verlassen sollte. Da die beiden in verschiedenen Abteilungen einer großen Polizeidienststelle arbeiteten, wirkten sich weder die Affäre noch deren Ende auf ihre berufliche Stellung aus.

Zwei Immobilienmakler verliebten sich in einer Agentur ineinander. Als die Maklerin das Unternehmen verließ, um ihr eigenes Immobilienbüro zu gründen, folgte der Mann seiner Geliebten. Sie trennten sich nach zwei Jahren. Er warf ihr vor, dass sie zu viel arbeite, und sie ärgerte sich darüber, dass er ihrer Meinung nach mangelnde Sensibilität an den Tag legte. Einige Jahre später zog er nach etlichen anderen Beziehungen wieder in diese Gegend zurück und schloß sich der Gesellschaft seiner ehemaligen Geliebten an. Obwohl die beiden nicht mehr zusammen sind, sind sie inzwischen gute Freunde.

Für Katherine und Eric, von denen wir in Kapitel 1 gehört haben, begann ihre Beziehung, als er sie nach der Arbeit auf einen Drink einlud. Sie hatten gemeinsame Interessen, die von klassischer Musik bis zum Bergsteigen reichten. Ihre Probleme nach der Trennung wurden durch die räumliche Nähe ihrer Büros verschärft. Noch verfahrener wurde die Situation, als sie versuchte, ihn in langen E-Mails dazu zu überreden, doch wieder zu ihr zurückzukehren. Sie hätte statt dessen in ihrer Freizeit mit Eric Kontakt aufnehmen sollen. Allerdings war sie damals nicht in der Lage, direkt mit ihm zu sprechen. Ihre Verbannung in eine entlegene Niederlassung hätte vermieden werden können, wenn sie für ein weniger konservatives Unternehmen gearbeitet hätte oder ihr Arbeitgeber nicht ein allgemeines Verbot sexueller Belästigungen auf Liebesbeziehungen angewandt hätte. Man hätte Katherine schriftlich verwarnen oder ihr sogar eine psychologische Beratung empfehlen, ihr aber dann Gelegenheit geben sollen, ihre Leistungsfähigkeit nochmals zu beweisen.

Vorteile des Arbeitsumfelds

Da Männer und Frauen in allen Branchen und Berufen sehr viel Zeit am Arbeitsplatz miteinander verbringen, ist es nur natürlich, dass diese langen Arbeitsstunden zu Beziehungen führen. In einer Umfrage, die von der Society for Human Resource Management im Januar 1998 bei ihren Mitgliedern (Manager und Managerinnen im Personalwesen) durchgeführt wurde, gaben 60 Prozent der Befragten an, dass die Zahl der Romanzen zwischen Kollegen in ihrer Organisation in den letzten fünf Jahren gleich geblieben oder angestiegen sei (und 55 Prozent der Liebesbeziehungen in ihren Unternehmen führten zu einer Ehe). Am Arbeitsplatz ist man stets von Menschen mit ähnlichen Interessen und Erwartungen umgeben. Man kann einen Mann oder eine Frau kennen lernen, ohne die Risiken eingehen zu müssen, die mit der Disco-Szene, Single-Clubs, Kontaktanzeigen, Kreuzfahrten oder den berüchtigten »Blind Dates« verbunden sind. Verheiratete können gescheiterte Beziehungen über Bord werfen, ohne dem Ehepartner Rede und Antwort stehen zu müssen, wo sie denn die Nacht verbracht haben.

Wer von uns weiß keine Geschichte über das schlimmste Rendezvous seines Lebens zu erzählen? Carl arbeitete als Immobilienmakler. Er hatte sich kurz zuvor von seiner Frau getrennt. Ein Kunde hatte für ihn ein Rendezvous mit einer Unbekannten arrangiert. Die beiden Paare trafen sich in einem guten Fischrestaurant. Bevor jemand ein unverfängliches Thema wie das Wetter anschneiden konnte, bestellte Carls Verabredung eine teure Flasche Wein und dann das teuerste Hummergericht auf der Karte. Sie zuckte angesichts der Preise nicht mit der Wimper, aber Carl musste innerlich schwer schlucken. Seine Rendezvouspartnerin unterhielt sich den ganzen Abend mit der Frau seines Kunden. Niemand sagte ein Wort, als die Rechnung kam, und er bezahlte galant (wenn auch etwas naiv) das Abendessen für sie beide und alle Getränke. Mit dem Geld, das er für die von ihr bestellten Speisen und Getränke hinblättern musste, hätte er vier Verabredungen finanzieren können. Nach einer schwesterlichen Umarmung vor ihrer Haustür war die Sache glücklicherweise ausgestanden. Als sie die Tür schloß, dankte sie ihm für einen schönen Abend und erklärte, dass sie die Stadt bald verlassen werde, weil sie ihre Arbeitsstelle wechselte.

Eine Rechtsanwältin Mitte Dreißig berichtete, wie ein Mann, den sie am Vorabend in einer Bar kennen gelernt hatte, sie zwei Mal anrief, um den Zeitpunkt für ihr Rendezvous zu verschieben. Über zwei Stunden später rief er ein drittes Mal an und sagte ganz ab. Bei diesem Anruf klang er betrunken, und sie hatte den Eindruck, dass er in der Bar telefonierte, in der sie sich am Vorabend getroffen hatten.

Natürlich kann man auch bei Verabredungen mit Kollegen auf die Nase fallen. Allerdings hat man im Büro mehr Zeit, jemanden kennen zu lernen, bevor man den Sprung ins kalte Wasser wagt. Man kann sich über Kleinigkeiten unterhalten, wie zum Beispiel Lieblingsspeisen, billige und vornehme Restaurants oder sogar die bevorzugten Weinsorten, bevor man jemanden ausführt.

Ein Mann Anfang Zwanzig nahm eine Stelle als Fotograf bei einer Lokalzeitung an. Dort lernte er eine ein paar Jahre ältere Frau kennen, die im Bereich Kleinanzeigen arbeitete. Sie wurden ein Paar, obwohl ihre Kollegen ihre Romanze nicht guthießen. Ihm war das »Gemecker« seiner Kollegen »schnurzpiepegal«. Sie verließ die Zeitung nach einigen Monaten, um zu studieren und einen akademischen Grad zu erwerben. Die beiden blieben in Kontakt, und als sie nach Abschluss ihres Studiums zurückkehrte, begannen sie sich wieder zu treffen. Sie nahm dann eine Stelle bei einer anderen Zeitung der Stadt an. In ein paar Monaten werden die beiden heiraten. Er sagte: »Das war vorprogrammiert. Wir lieben uns.«

Lia und Rick

Lia und Rick lernten sich im Rahmen von Lias Arbeit bei einer Privatbank kennen. Rick war damals für eine Investmentbank in New York tätig und traf Lia zum ersten Mal in ihrem Büro. »Er wurde von einem gemeinsamen Freund an mich verwiesen, der mir viele potenzielle Kunden empfahl«, erinnerte sich Lia. »Als er mich jedoch immer wieder einladen wollte, war mir bald klar, dass Rick im Grunde an einer geschäftlichen Beziehung nicht interessiert war. Ich gab ihm einen Korb nach dem anderen, weil ich Berufs- und Privatleben trennen wollte. Um unserem gemeinsamen Freund einen Gefallen zu tun, willigte ich schließlich ein, mich mit ihm zu treffen, um eine mögliche geschäftliche Zusammenarbeit zu diskutieren.

Ich verabredete mich mit ihm an einem Sonntag, um zu vermeiden, dass wir zufällig Freunde von mir trafen. An jenem Tag tobte ein Schneesturm, und auch ich war die ganze Zeit über frostig und ermutigte Rick in keinster Weise. Nach dem Essen wollte ich die Sache auf sich beruhen lassen, aber er ließ nicht locker. Viele Stunden später tranken wir in seiner Wohnung eine Tasse Kaffee. Dabei unterhielten wir uns dann über unser Privat- und Seelenleben – und ich ertappte mich dabei, dass ich mich für ihn zu interessieren begann. Wir sind inzwischen seit mehreren Jahren verheiratet und haben zwei wunderbare Kinder.«

Rick ist der lebende Beweis, dass man Erfolg haben kann, wenn man positive Hartnäckigkeit mit Zurückhaltung paart: »Ich lernte Lia kennen, als ich in ihrer Bank geschäftlich zu tun hatte. Eigentlich handelte es sich dabei um eine Kleinigkeit. Als ich sie zum ersten Mal sah, fühlte ich mich bereits sehr zu ihr hingezogen. Ich sah sie mit einem gemeinsamen Freund sprechen, der mit der gleichen Bank zusammenarbeitete. Also rief ich ihn an und fragte, wer diese wahnsinnig gut aussehende Frau sei. Er sagte es mir, und daraufhin rief ich Lia an und lud sie auf eine Tasse Kaffe ein. Ich wolle, so sagte ich, ein zweites Girokonto einrichten. Sie ermutigte mich damals nicht gerade und war auch nicht besonders freundlich. Faktisch schlug sie ein halbes Dutzend Einladungen aus, und es dauerte zwei Monate, bis sie sich endlich bereit erklärte, sich an jenem verschneiten Sonntagabend mit mir zu treffen.«

Ein paar Beispiele

Seinen Partner kann man überall kennen lernen. Wir alle kennen Geschichten von Menschen, die sich heimlich hinter dem Broccoli im Supermarkt treffen, nach einem Gottesdienst miteinander ins Gespräch kommen oder sich kennen lernen, als beide gerade ihren Hund spazieren führen. Was aber sollen Sie tun, wenn der Chef Sie gerade zu sich zitiert hat und Sie zu beschäftigt sind, um Lebensmittel einzukaufen (Sie lassen sich die Sachen liefern), in die Kirche zu gehen (ein großes Problem!) oder den Hund Gassi zu führen (dafür engagieren Sie einen Hundesitter). Wir alle wissen, dass man heute Opfer bringen, eine sehr knappe Freizeit in Kauf nehmen und voll und ganz in seiner Arbeit aufgehen muss, wenn man einen anständigen Lebensunterhalt verdienen will. Die Arbeit und die dort geknüpften Kontakte stellen daher die bequemste und wahrscheinlichste Möglichkeit zur Erfüllung Ihrer sozialen Bedürfnisse dar.

Ein Polizeibeamter war der stellvertretende Leiter einer kleinen Polizeidienststelle in einer ländlichen Gemeinde. Nach der Trennung von einer Frau, mit der er sieben Jahre zusammengelebt hatte, machte er eine schwere Zeit durch. Als es ihm wieder einmal besonders schlecht ging, lud ihn die Frau, die in seiner Meldezentrale arbeitete, auf einen Kaffee ein. Sie war freundlich und eine gute Zuhörerin. Die beiden begannen, sich regelmäßig zu verabreden, und heirateten später. Obwohl sie sich nach etlichen Jahren wieder scheiden ließen, sind sie immer noch miteinander befreundet. Er sagte dazu: »Wir waren Freunde, als unsere Liebesbeziehung begann, also wollten wir auch nach ihrer Beendigung weiterhin Freunde bleiben.«

In Großkonzernen und Kleinbetrieben verlieben sich Kollegen und Vorgesetzte jeden Tag ineinander. Eine Assistentin der Geschäftsleitung in einem mittelständischen Unternehmen sagte zum Geschäftsführer, dass sie ein Problem mit ihm besprechen müsse. Sie wollte ihm im Büro nicht sagen, worum es sich handelte. Der Geschäftsführer und die Assistentin hatten seit einigen Monaten zusammengearbeitet und waren beide verheiratet. Beim Mittagessen fragte er sie, was nicht in Ordnung war. Sie erwiderte: »Ich liebe Sie.« Sie hatten über lange Zeit hinweg eine Affäre – bis er zu einem größeren Unternehmen wechselte. Sie beschloss, ihm nicht zu folgen, sondern bei ihrer Familie zu bleiben.

Eine Managerin und ihr stellvertretender Produktmanager arbeiteten eng zusammen. Eines Abends eröffnete er ihr, dass er nicht mehr für dieses Unternehmen arbeiten könne. Als sie ihn nach dem Grund fragte, antwortete er, dass er sich in sie verliebt habe. Die beiden heirateten drei Monate später und sind heute, nach acht Jahren, immer noch zusammen. Wenn die Beziehung Bestand hat, ist das phantastisch. Aber diese Hoffnung haben wir ja bei jeder potenziellen Beziehung.

Erschöpft von den medizinischen Notfällen im Gefolge eines Erdbebens ließ sich ein Arzt in die Arme einer Krankenschwester fallen. In enger Umarmung schliefen die beiden einige Stunden lang auf einem Sofa im Krankenhaus. Kurze Zeit später waren sie Mann und Frau. Bei Sanitätern, Polizisten, Feuerwehrleuten oder Angehörigen medizinischer Berufe können solche von großen Anspannungen begleiteten Ereignisse zu besonders engen Bindungen führen.

Rendezvous mit externen Geschäftspartnern sind ebenfalls häufig. Dabei ist das Risiko, einem eifersüchtigen Kollegen ins Handwerk zu pfuschen, halbwegs begrenzt, und bei Geschäftsreisen bieten sich zahllose Möglichkeiten für Verabredungen. Jake leitet die Bar in einem bekannten Restaurant am Strand von Santa Barbara, Kalifornien. Er arbeitet dort seit mehreren Jahren. Die Restaurantkette, der dieses Lokal gehörte, entschied sich für die Anschaffung eines teuren computerisierten Abrechnungs- und Warenwirtschaftssystems. Maureen arbeitete für das Software-Unternehmen, das dieses Produkt herstellte, und kam aus New York, um die Installation zu überwachen. In den nächsten zwei Wochen wurden Jake und Maureen gute Freunde. Jake, 29 Jahre alt, war ein lebenslustiger Mensch und hielt Maureen für »wahnsinnig witzig und cool«. Nach Abschluss ihres Projekts kehrte Maureen zwar wieder an die Ostküste zurück, machte jedoch drei Monate später Urlaub in Santa Barbara, um mit Jake zusammen zu sein. Sie brachte eine Freundin mit, die mit ihnen um die Häuser zog. Obwohl Maureen und Jack »bloß Freunde« sind, scheut sie sich nicht, eine Strecke von 4 800 Kilometern zurückzulegen, um ihn zu sehen.

Ein 45-jähriger Mann führte gemeinsam mit seinem Bruder ein Tiefbauunternehmen. Einer seiner Mitarbeiter war mit einer hübschen, intelligenten Frau liiert, die zwanzig Jahre jünger als er selbst war. Nachdem die beiden sich getrennt hatten, fragte der Firmenchef den befreundeten Mitarbeiter, ob es ihm etwas ausmachen würde, wenn er sich mit seiner Ex-Freundin verabrede. »Tu dir keinen Zwang an«, lautete die Antwort. Also bat der Unternehmer die Dame um ein Rendezvous. Sie willigte ein und »es funkte zwischen uns beiden«. Sie lebten drei Jahre zusammen, heirateten dann und sind inzwischen schon seit zehn Jahren ein Paar.

Ein Geschäftsmann ging zu einer Feier der örtlichen Handelskammer, wo er eine hübsche, junge Fernsehreporterin kennen lernte. Am Ende des Abends fanden sich die beiden in seinem Whirlpool wieder. Sie trafen sich ein paar Monate lang regelmäßig, bevor jeder seiner Wege ging. Als die Reporterin die nächste Party der Handelskammer besuchte, lernte sie einen anderen Mann kennen, mit dem sie sich später verlobte.

Viele Wege führen zum Ziel

Am Arbeitsplatz

Die Möglichkeiten für Verabredungen reichen vom Geschäftsessen über das Gläschen zum Feierabend bis hin zur Pizzabestellung am späten Abend.

Eine Softwareprogrammiererin betonte: »Vom Arbeitgeber gesponserte Veranstaltungen sind der einfachste Weg, jemanden kennen zu lernen, und falls man sich zu jemandem hingezogen fühlt, braucht man den Betreffenden nicht wie in der Freizeit nach seiner Telefonnummer zu fragen. Man stellt lediglich eine einfache Frage: In welcher Abteilung arbeiten Sie? Nach dem Volleyballspiel oder der Firmenparty fragt man dann einfach beiläufig, ob der andere sich später mit einem treffen möchte. Einfacher geht's wohl kaum!«

Ein homosexuelles Paar war seit 20 Jahren zusammen. Die beiden waren inzwischen über 50 und hatten gemeinsam eine Kette hochwertiger Gartenfachgeschäfte aufgebaut. Sie richteten sich ein Haus ein, das gut und gerne über eine Million Dollar wert ist. Ein jüngerer schwuler Mann wurde als Angestellter in einem ihrer Läden engagiert. Kurze Zeit später trennte sich das Paar. Der Partner, der eng mit diesem jungen Mann zusammengearbeitet hatte, ist inzwischen mit dem ehemaligen Angestellten liiert.

Auf dem Weg zur Arbeit

Wenn Sie für ein Unternehmen arbeiten, in dem Liebesbeziehungen zwischen Kollegen ungern gesehen werden, haben Sie dennoch keinen Grund zur Verzweiflung. Es gibt nämlich noch bessere Gelegenheiten, Menschen kennen zu lernen. Mit am besten kann man das auf dem Weg zur Arbeit. Tanya ist eine energische Frau. Sie sagte: »Ich fuhr früher mit dem Auto zur Arbeit. Dabei wechselte ich mich am Steuer mit einem Manager ab, der für den gleichen Glashersteller arbeitete. Wir unterhielten uns stundenlang ... Sie wissen, wie lange man unterwegs sein kann. Wir begannen uns füreinander zu interessieren. Was soll man sonst tun, wenn man jeden Tag zwei Stunden im Auto totschlagen muss? Wir verliebten uns einfach. Meiner Meinung nach waren die langen Fahrten und Gespräche im Auto der Auslöser. Er war ein netter Mensch, aber wir passten nicht so recht zueinander, wenn Sie verstehen, was ich meine. Wir trennten uns ein paar Monate später, hatten aber während unserer Affäre viel Spaß zusammen. Wir standen morgens auf, fuhren zur Arbeit und taten dann so, als würden wir uns überhaupt nicht kennen. Mir machte das großen Spaß.«

Judy Kaiser begann eine Beziehung zu einem Mann, der »mich zu einem meiner Jobs fuhr«. »Es war vorprogrammiert«, sagte sie. »Er war gutaussehend, wir waren zusammen, und ich hatte Zeit.« Zwei ältere Fahrgäste fuhren regelmäßig mit dem gleichen Bus in verschiedene Stadtteile, wo er als Freiwilliger für eine gemeinnützigen Organisation arbeitete und sie eine Teilzeitstelle hatte. Eines

Tages fingen sie ein Gespräch miteinander an, tauschten ihre Arbeitszeiten aus und passten ihren Zeitplan dann so an, dass sie immer mit dem gleichen Bus fahren konnten.

Auf Geschäftsreisen

Harry war bis zu seiner Pensionierung Justiziar bei einem US-Großunternehmen. Nachdem er fast 20 Jahre den Konkurrenzkampf im Unternehmen überlebt hatte, liess er sich mit einer hübschen Abfindung auszahlen. Er berichtete: »Roadshows, die durchs halbe Land führen, sind wie maßgeschneidert. Man fährt zu einer Messe weit weg von zu Hause ohne die lieben Kollegen, die so gerne die Macht an sich reißen und einem ein Messer in den Rücken rammen würden. Man hat Hotelzimmer nebeneinander; die Minibar ist gut bestückt; wenn man möchte, kann man sich auch davonstehlen. Das ist eine große Versuchung. Eigentlich ist das sogar die ideale Gelegenheit. Ein Lehrer an der örtlichen High School hat diese Möglichkeit nicht. Man hat mehr solche Chancen in einem Hochtechnologieunternehmen – um nur ein Beispiel für eine Branche zu nennen, in der man es richtig krachen lassen kann.«

Carrie meinte: »Von Konferenzen profitiere ich meistens. Einmal schlief ich bei einer solchen Veranstaltung mit meinem Dozenten.«

Tanya wusste folgende Geschichte zu erzählen: »Ein Freund von mir ist seit 51 Jahren verheiratet, hat aber seit 16 Jahren nebenher eine Affäre. Ich lernte ihn kennen, als er und seine Freunde mir in dem Restaurant, das ich leite, ein Trinkgeld von 350 Dollar zahlten. Er traf diese Frau, die ich hier Natalie nennen will, bei einer seiner Geschäftsreisen. Also, diese Natalie ist so eine Art ungebundener ›Zugvogel‹, und er gehört zum Vorstand eines Großkonzerns, der seine Topmanager überall auf der Welt hinfliegen lässt. Natalie begleitet ihn. Das Unternehmen weiß von seiner Affäre, aber alle hüten sein Geheimnis. Natalie fährt einfach mit ihm und dem Vorstand mit. Ich könnte mich totlachen, wenn die Lokalzeitung groß darüber berichtet, dass er seit so vielen Jahren glücklich verheiratet ist. Dann muss ich immer an Natalie denken.«

Kunden oder Lieferanten

Häufig bieten externe Parteien eine Alternative, also die Kunden oder Lieferanten des Unternehmens. Dabei kann es sich um den Mann oder die Frau handeln, die Ihren Computer reparieren sollen oder als Handelsvertreter zu Ihnen kommen, oder auch um Patienten, Kunden oder Mandanten. Diese Art von Liebesbeziehung kommt alle Tage vor, ob in Arztpraxen, Feuerwehrwachen oder Großkonzernen.

So lud beispielsweise ein Rechtsanwalt seine Mandantin zu einem Seminar ein, das er für interessierte Laien in seinem Spezialgebiet hielt. Die Dame war selbstständig; sie führte ihr eigenes Software-Unternehmen. Nach dem Seminar trafen sich die beiden auf einen Drink und begannen eine lange, befriedigende Affäre. Ein Arzt heiratete eine ehemalige Patientin einige Monate, nachdem er sie nach Abschluss der Behandlung unvermutet auf einer Party getroffen hatte. Ein Computerwartungstechniker freute sich stets, wenn ein bestimmter Kunde Probleme mit einem Produkt seines Unternehmens hatte: Die betreffende Abteilung war ein Ausbildungsbetrieb, und die weiblichen Trainees wechselten dort nach dem Rotationsprinzip alle drei Monate. Eine Vertriebsvertreterin von Xerox klapperte gerne alle Unternehmen in ihrem Verkaufsgebiet ab; sie wusste, dass es ihr niemals schwer fallen würde, zu einem Rendezvous geladen zu werden. Und dann war noch die Frau, die ein Seminar mit dem Titel »Glücklich als Single leben« ausschließlich zu dem Zweck besuchte, sich den »schnuckeligen« Seminarleiter zu angeln.

Mein Freund Tucker, der kürzlich im Alter von nicht einmal 40 Jahren starb, war Wirtschaftsprüfer und ein etwas ruppiger Lebemann. Er erzählte mir folgende Geschichte: »Nach einem langen, harten Tag musste ich in einer Bar eine Schlappe einstecken. Eine sehr attraktive Dame sah auf mich herab und fragte nach meinem Getränk. Ich antwortete ›Tequila‹, woraufhin sie das Gesicht verzog und ›Pfui Teufel‹ sagte. Also fragte ich sie, was sie damit für ein Problem habe, und wir begannen zu streiten. Damals kannten wir uns nicht einmal. Sie wurde wütend und schüttete mir ihren Drink ins Gesicht. Kannst du dir das vorstellen? Wir stürmten beide wutentbrannt hinaus und dachten jeweils vom anderen: ›Das war doch der letzte Idiot!‹

Drei Monate später sagte ein Freund von mir, er kenne eine Dame, die Hilfe in Steuerfragen bräuchte. Ich telefonierte mit ihr; wir scherzten miteinander und verstanden uns glänzend. Ich bot ihr einen fairen Preis, und wir vereinbarten einen Termin in meinem Büro. Als sie die Tür öffnete, glaubte ich meinen Augen nicht zu trauen. Es war die gleiche Dame, die mir damals den Drink ins Gesicht geschüttet hatte. Sie sah mich so seltsam an, aber ich ließ mir nichts anmerken und erwähnte den Vorfall mit keiner Silbe. Sie fragte: ›Komme ich Ihnen bekannt vor?‹ Aber ich bin ja nicht auf den Kopf gefallen und antwortete: ›Nein, warum?‹

Wir setzten uns an den Tisch, unterhielten uns und lachten miteinander, als sähen wir uns zum ersten Mal. Ich lud sie zum Essen ein; wir tranken eine Flasche Wein und landeten in ihrem Haus. Wir verbrachten das Wochenende miteinander und begannen, uns regelmäßig zu treffen. Nach zwei Monaten lud ich sie in das gleiche Restaurant ein, in dem sie mich mit ihrem Drink begossen hatte. Nachdem wir es uns gemütlich gemacht hatten, bestellte ich beim Ober einen Tequila. Er brachte ihn mir, und sie sah mich wieder mit diesem merkwürdigen Ausdruck in den Augen an. ›Du Schweinehund‹, sagte sie. ›Du hast es die ganze Zeit über gewusst.‹ Irgendwann ging unsere Beziehung in die Brüche, aber sie war ein richtiger Schatz, auch wenn sie recht jähzornig sein konnte.«

Freunde von Freunden

Es lohnt sich auch, wenn man Freundschaften zu Kolleginnen und Kollegen pflegt. Judy Kaiser lernte ihren derzeitigen Partner über ihre Mitbewohnerin kennen, den sie kennen gelernt hatte, als sie beide für eine große Anwaltssozietät an der amerikanischen Westküste arbeiteten. Ihr Mitbewohner hatte einen seiner Freunde zum Sonntagsbrunch eingeladen. Auch diese beiden kannten sich von einer Arbeitsstelle her. Zwischen Judy und dem Freund ihres Mitbewohners funkte es sofort. Die beiden sind jetzt seit zwei Jahren zusammen.

Die Leiterin einer für Freizeiteinrichtungen zuständigen städtischen Behörde brachte eine Kollegin mit ihrem Schwager zusammen, der sich vor kurzem von seiner Frau getrennt hatte. Ein Immobilienmakler stellte einen Freund seiner Sekretärin vor. Ein Professor sorgte dafür, dass die Schwester seiner Frau einen seiner Kollegen traf. Eine Sekretärin machte ihren Chef bei einem Umtrunk nach der Arbeit mit ihrer Freundin bekannt. Die Liste ließe sich beliebig fortsetzen.

Die Ängste von Männern und Frauen

Da Frauen heute Seite an Seite mit Männern arbeiten und teils erbittert mit starken männlichen Rivalen um Machtpositionen konkurrieren, kann die ganze Frage der Sozialkontakte eine völlig neue Wendung erhalten. Obwohl der Wettbewerb zwischen den Geschlechtern am Arbeitsplatz zugenommen hat, heißt das noch lange nicht, dass es keine Romanzen zwischen Kollegen mehr gibt. Dafür haben wir bereits deutliche Beweise gesehen. Im heutigen Klima müssen Liebende jedoch intelligenter vorgehen.

Mack (der mit Kim liiert war) meinte: »Vor zehn oder nur fünf Jahren war für uns Männer das Klima zweifellos noch ganz anders. Heute leben wir nicht nur mit der Angst vor einer Abfuhr, sondern auch mit dem Risiko, dass im Falle eines Scheiterns der Beziehung unsere Partnerin den Vorwurf der sexuellen Belästigung erhebt. Wir fühlen uns, als würden wir doppelt bestraft.« Diese Gefahr kommt zur üblichen Unsicherheit (»Mag sie mich oder nicht?«) hinzu, die jedem ersten Schritt vorausgeht. Das Problem ist, dass Menschen in Wahrheit oft ganz anders sind, als sie nach außen hin wirken.

Mack fuhr fort: »Ein Verhalten oder eine Vorgehensweise, die einer Person in Ordnung erscheint, kann für jemand anderen durchaus inakzeptabel sein. Manche Frauen mögen es gerne, wenn man mit ihnen flirtet; andere dagegen tun alles, um einem wissen zu lassen, dass sie ein solches Benehmen nicht wollen und nicht tolerieren werden. Früher sagte man einfach: ›Pech gehabt‹. Heute kann es vorkommen, dass sich jemand über eine völlig unschuldig gemeinte Geste beschwert. Es kommt darauf an, welche Meinung der oder die Vorgesetzte in dieser Hinsicht vertritt. Das öffnet der Subjektivität Tür und Tor, denn unterschiedliche Führungskräfte sehen die gleiche Beschwerde je nach ihrer Persönlichkeitsstruktur völlig anders. Selbst wenn sie zu Nachforschungen verpflichtet sind, denken sie unter Umständen: ›Was für eine Zeitverschwendung. Diese Person [die die Beschwerde eingereicht hat] hat wohl nichts Besseres zu tun.‹ Andere hingegen glauben unter Umständen, dass die Person, gegen die diese Vorwürfe erhoben werden, ein psychisches Problem hat. Unternehmen sollten hier eine konsequente Strategie verfolgen und ihre Führungskräfte entsprechend schulen, um solchen Ungereimtheiten ein Ende zu bereiten.«

Mabel vertritt eine andere Meinung: »Frauen wollen im Arbeitsumfeld mit ihrem beruflichen Engagement ernst genommen werden. Wir mussten lange kämpfen, bis wir unsere heutige Position erreichten, und der Kampf ist noch nicht vorbei. Ich will nicht danach beurteilt werden, wie ich in einem Minirock aussehe, sondern lediglich auf der Basis meiner Arbeitsweise und meiner Resultate. Es ist schon in Ordnung, wenn mich jemand zum Mittagessen einlädt, aber ich bin im Büro. Also sollten sich unsere Gespräche auch um die Arbeit drehen. Ich habe nichts gegen romantische Beziehungen in der Freizeit, aber im Büro hat die Liebe nichts verloren.« Eine andere Frau formulierte es so: »Ich habe einen Punkt in meinem Leben erreicht, an dem ich glücklich verheiratet bin. Ich bin nicht an einer Liebesbeziehung interessiert. Wenn ich mich so umsehe, fällt mir auf, dass jüngere Frauen viel Spaß mit Männern im Büro haben. Das ist ganz in Ordnung, solange sie ihre Gefühle für sich behalten.«

Judy Kaiser meinte: »Ich konzentriere mich derzeit auf meine Karriere und lasse mich am Arbeitsplatz mit niemandem ein. Früher tat ich das schon, und wenn ich so darüber nachdenke, würde ich eine Liebesbeziehung im Büro nicht völlig ausschließen. Vor ein paar Monaten lud mich sogar ein Kollege zum Mittagessen ein und fragte mich taktvoll, ob ich mich mit ihm verabreden würde. Ich verneinte, weil ich zu jenem Zeitpunkt nicht an einem Rendezvous interessiert war. Ich habe viel Spaß, zum Beispiel wenn ich mit Freunden nach der Arbeit in die Kneipe gehe. Ich müsste mich auch von meinem jetzigen Partner trennen. Es müsste schon ein großartiger Mann daherkommen, damit ich mich wieder auf eine Affäre im Büro einlasse. Es würde auch von meinen Lebensumständen abhängen. Auf jeden Fall will ich frei entscheiden können, selbst am Arbeitsplatz.«

Autoren und politische Kommentatoren sehen viele Seiten der politischen Medaille. Ein Lager argumentiert, dass heute viele Unternehmen Liebesbeziehungen im Arbeitsumfeld nicht oder nur begrenzt dulden, dass uns hier eine Eiszeit bevorsteht, die sich negativ auf die Beziehungen zwischen den Geschlechtern auswirkt. Das andere Lager hat an der gegenwärtigen Situation nichts auszusetzen und vertritt die Auffassung, dass wir damit Ungerechtigkeiten der Vergangenheit wettmachen und dass die Dinge früher schlimmer waren.

Wir, die wir zwischen den Stühlen sitzen, sehen keinen Krieg zwischen den Geschlechtern. Menschen lernen einander am Arbeitsplatz kennen, verlieben sich ineinander und heiraten. Manche Beziehungen funktionieren, andere scheitern. Wenn eine Liaison in die Brüche geht, suchen sich die Beteiligten neue Partner, und es macht offenbar keinen großen Unterschied, ob es sich dabei um Kolleginnen oder Kollegen handelt oder nicht. Wichtiger ist, in welcher Lebensphase sich der oder die Betreffende befindet und wie anziehend die andere Person ist. Ein erneuter Blick auf die Statistiken beweist das.

Ein Flirt in Ehren?

Niemand sollte seine Mitmenschen mit herabsetzenden sexuellen Anspielungen verunglimpfen, ob am Arbeitsplatz oder anderswo. Dieses Verhalten hat keinen Platz in unserer Gesellschaft. Das bedeutet jedoch nicht, dass wir nicht Vergnügen daran finden dürfen, mit unseren Bekannten nur so zum Spaß zu flirten.

Die Frage lautet: Was verstehen Sie unter einem »Flirt«? Ist das etwas Greifbares, das man wie Vogelarten identifizieren und kategorisieren kann und in »passend« und »unpassend« einordnen kann? Offensichtlich haben die Menschen auch heute das Flirten nicht verlernt. Allerdings haben sich die sexuellen und sozialen Rollen verwischt.

Ob ein Flirt gut oder schlecht ankommt, hängt von den beteiligten Personen, dem Ort und der Zeit ab. Die Reaktion auf einen Flirtversuch kann aus banalen Gründen unterschiedlich ausfallen. Es kann einen Unterschied machen, ob Sie an einem strahlend schönen Frühlingstag durch die Gartenanlage des Unternehmens spazieren oder in einem fensterlosen Büro mit Neonbeleuchtung eingepfercht sind. Es ist etwas völlig anderes, ob Sie nach einer heftigen Auseinandersetzung über irgendeine Marketingentscheidung rasch ein Kompliment aus dem Ärmel schütteln oder einem Freund oder einer Freundin echte Anerkennung zollen möchten.

Denken Sie daran, dass es nicht mit sexueller Belästigung gleichzusetzen ist, wenn jemand flirtet, Komplimente verteilt oder einen anderen liebevoll begrüßt (wir wissen, dass es Grenzen gibt). Wenn Ihr Verhalten missverstanden wird, sollten Sie es bei dem oder der Betreffenden lieber nicht wiederholen. Beharrlichkeit ist keine Tugend, wenn sich das Gegenüber auf einer ganz anderen Wellenlänge befindet. Wie mein Bruder Jimmy so treffend sagt: »Mit Betrunkenen kann man nicht streiten.« Wenn es nicht an Ihnen oder Ihrer Methode liegt, sollten Sie sich einfach jemand anderen suchen, der Ihre liebevollen Späße zu schätzen weiß.

Ein Postbeamter lernte seine Frau beispielsweise am Arbeitsplatz kennen. Sie hatte sogar ihren ersten Mann verlassen, um eine Affäre mit diesem Kollegen einzugehen, und ließ sich vor ein paar Jahren von ihrem glücklosen Partner scheiden, um ihren Liebhaber zu heiraten. Der Postbeamte ist inzwischen über Vierzig und hält sich nach Aussage einer Kollegin für »einen ziemlich tollen Hecht«. Er zwinkert allen Frauen zu. Einige ignorieren das; ein paar finden es »lustig«. Dann fing eine attraktive Frau im Postamt an. Sie war Ende Zwanzig, und der »Weiberheld« versuchte seine Kunststückchen bei ihr. Das Problem war, dass ihr das unangenehm war und sie ihm unverblümt sagte, er möge seine Späßchen in Zukunft unterlassen. Er ging direkt zu ihrem Vorgesetzten, beschwerte sich über ihre Reaktion und sagte: »Ich will nicht, dass das Folgen hat und zum Beispiel zu einer Beschwerde wegen sexueller Belästigung führt. Das ist eine ganz Prüde.« Was meinen Sie – die Arbeitsbeziehung dieser Kollegen beginnt nicht gerade vielversprechend, oder?

Gehen Sie beim Flirten selektiv vor – weniger ist besser als zu viel. Es sollte immer ein Spaß und ein Kompliment bleiben und niemals in einen langen lüsternen Blick abrutschen. Mit Menschen, die man kennt, sind solche Spielchen einfacher und weniger riskant als mit Unbekannten. Sie können einer Kollegin ein ernst gemeintes Kompliment wegen ihres Kleides machen (kein großes Risiko) oder ihr zuzwinkern (riskanter, selbst wenn Sie die betreffende Person kennen). Mit dem richtigen Gegenpart kann das Spaß machen. Sowohl Männer als auch Frauen sollten sich daher das Recht vorbehalten, unter geeigneten Umständen mit anderen zu flirten.

Kleiner Knigge für die Liebe im Büro

Auf dem Gebiet der Etikette gibt es nichts Neues unter der Sonne. Was vor Jahren in Liebesbeziehungen zwischen Männern und Frauen Erfolg verhieß, gilt heute nicht minder. Mit einer Portion gesunden Menschenverstands kann man viele Probleme vermeiden. Es gilt eine ganz einfache Grundregel: *Seien Sie respektvoll und höflich.* Ein paar kleinere Nebenregeln sollten ebenfalls eingehalten werden:

- Versuchen Sie einen Menschen besser kennen zu lernen, bevor Sie ein Kompliment wagen.
- Loben Sie die Leistungen oder die Kleidung des oder der Betreffenden, nicht körperliche Qualitäten (»Diese Farbe steht Ihnen aber gut« anstelle von »tolle Kurven«).

- Vergewissern Sie sich, ob Ihr Gegenüber mit offenerem Verhalten und freizügigeren Bemerkungen einverstanden ist, wenn Sie sich allmählich besser kennen.
- Beobachten Sie, wie Kollegen und Kolleginnen miteinander umgehen, um herauszufinden, was akzeptabel ist und was nicht.
- Achten Sie auf nur leichten, freundlichen Augenkontakt. Ihren »Schlafzimmerblick« lassen Sie besser zu Hause.
- Wenn Sie sich nicht sicher sind, fragen Sie erst, wie jemand auf Ihren Ansatz reagieren könnte.
- Sie können es nicht immer allen recht machen. Seien Sie nicht beleidigt, wenn eine Kollegin oder ein Kollege sagt, eine Ihrer Handlungen sei nicht willkommen. Nehmen Sie diese Kritik an, entschuldigen Sie sich gegebenenfalls und lassen Sie die Sache dann auf sich beruhen.
- Verlieren Sie nicht die Fassung, wenn sich jemand wie ein Idiot benimmt. Vielleicht sind Sie eines Tages ja in der gleichen Situation.
- Beschränken Sie Körperkontakte auf den Bereich zwischen Ellbogen und Fingerspitzen, bis Sie den oder die andere besser kennen.
- Seien Sie natürlich und ungezwungen, aber halten Sie sich an die »Goldene Regel«.

Manche Frauen sind aggressiver geworden, so dass Männer nicht mehr ganz so unter Druck stehen. Carrie lachte laut, als sie gefragt wurde, ob Frauen heute draufgängerischer seien. Sie antwortete: »Sicher, und ich nehme mich selbst gewiss nicht aus. Wir sagen den Männern, dass wir sie einfach beim Wort nehmen. Immerzu verlangen sie, Frauen sollten den ersten Schritt machen. Sie sagen: Warum bleibt die ganze Arbeit an uns hängen? Aber sobald eine Frau ihnen diesen Wunsch erfüllt, können die meisten Männer damit nicht umgehen. Der Trick besteht darin, Männern die Tür zu öffnen, aber sie dann aus eigenem Antrieb hereinspazieren zu lassen. Männer fühlen sich zu einer Frau hingezogen, die nicht ständig an ihren Lippen hängt. Eine weniger attraktive Frau kann eine strahlende Schönheit ausstechen, wenn sie eine gewisse Herausforderung darstellt. Sie haben mich gefragt, wer mein Typ ist: ein sehr intelligenter Mann, der mir nicht auf der Tasche liegt und einen

Wasserhahn oder ein Auto reparieren kann. Kein Weichei oder einer, der aussieht, als würde er zusammenbrechen, wenn ich mich beim Sex auf ihn setze.«

Roberta, die zusehen musste, wie Vic ihr von seiner Managerin ausgespannt wurde (Kapitel 2), formulierte es so: »Frauen werden jetzt aggressiver als Männer.« Es gibt natürlich individuelle Unterschiede, aber die Bedingungen im heutigen Berufsleben sind ganz anders als früher.

Männer sehen die Vorteile dieses Trends. Es ist leichter, mit einer gleichberechtigten Partnerin zusammenzuarbeiten. Entscheidungen sind weniger problematisch, beide genießen einen höheren Lebensstandard, und beide leben in ähnlicheren Welten. In den Worten von Frank: »Mein Leben änderte sich völlig, als ich Karen kennen lernte. Sie wurde mein Leitstern.«

Hüten Sie sich vor Missverständnissen

In zwischenmenschlichen Beziehungen kann nahezu alles falsch verstanden oder ausgelegt werden, selbst wenn zwei Angehörige des gleichen Geschlechts miteinander kommunizieren. Nehmen wir noch die Unterschiede zwischen Männern und Frauen hinzu, grenzt es an ein Wunder, dass Menschen und Paare sich dennoch so gut verstehen. Denken Sie nur an die Missverständnisse, mit denen Sie in Ihren eigenen Beziehungen zu kämpfen hatten. Die Studien belegen, dass die Unterschiede zwischen den Geschlechtern nicht nur die Grundlage für ihre gegenseitige Anziehungskraft bilden, sondern auch Anlass zu handfesten Missverständnissen geben können.

Wieder kommt es auf die beteiligten Personen an. Häufig entstehen Missverständnisse, wenn eine Person von Natur aus freundlich ist. Das kann von ihrem Gegenüber als besonderes Interesse gewertet werden, obwohl der oder die Betreffende zu allen so ist. Im Kommunikationsbereich treten die Unterschiede zwischen den Geschlechtern deutlich zutage. So bilden sich Männer häufig ein, dass eine Frau, die ihnen zuzwinkert oder mit ihnen flirtet, an einer

Liebesbeziehung interessiert ist oder sich sexuell zu ihnen hingezogen fühlt. Nicht alle Männer denken so, aber manche reagieren auf bestimmte Verhaltensweisen oder Bemerkungen anders, als die Frau es erwartet.

Diese Missverständnisse zwischen Männern und Frauen am Arbeitsplatz und in der Freizeit, die einfach auf die Unterschiede zwischen den Geschlechtern zurückzuführen sind, wurden umfassend dokumentiert, gründlich erforscht und in vielen Publikationen erörtert. Akademische Forscher und Wissenschaftler beschäftigen sich mit allgemein bekannten Phänomenen: Männer und Frauen sind anders, und dies zeigt sich in der Art und Weise, wie sie miteinander sprechen, sich verstehen und missverstehen. Männer sagen etwas, und bei den Frauen kommt eine ganz andere Botschaft an, und umgekehrt. Derlei Fehlinterpretationen sind auf Unterschiede in den Annahmen, der Sozialisierung und der Sexualität zurückzuführen. Selbstverständlich beeinflussen Geschlechterunterschiede auch das Verhalten und die Kommunikation zwischen Männern und Frauen im Büro.

Betrachten wir einige Fehler, die unter allen Umständen vermieden werden sollten: Männer sollten Frauen nicht wie ihre Kumpel behandeln. Selbst wenn dahinter keine böse Absicht steckt, geraten Männer verständlicherweise in Teufels Küche, wenn sie sich Frauen gegenüber mit ihrer Sexualität brüsten und anzügliche Witze erzählen. Manche Männer wissen es einfach nicht besser, vor allem, wenn sie nicht mit Schwestern aufgewachsen sind. Frauen, die nie einen Bruder hatten, sind ebenso unerfahren.

Man sollte hier den gesunden Menschenverstand einsetzen. Die meisten Männer wissen instinktiv, dass man mit Männern in einer bestimmten Weise spricht und sich Frauen gegenüber anders geben muss. Frauen verhalten sich ebenso. Größere Unternehmen greifen hart durch, wenn Männer Frauen herabsetzen, aber in kleineren Firmen wird so etwas bisweilen unter den Teppich gekehrt. Das soll nicht bedeuten, dass Männer ungeschoren davonkommen sollen, weil »sie es einfach nicht besser wissen«. Vielmehr gibt es einleuchtende Gründe, warum Männer und Frauen sich generell und im Umgang mit dem jeweils anderen Geschlecht immer unterschiedlich verhalten werden.

Mabel bringt leidenschaftliche Argumente vor: »Wir wollen wie Gleichberechtigte behandelt, aber auch als Frauen anerkannt werden. Ich will nicht wie ein Mann behandelt werden, sondern, dass man mich als Frau respektiert, anerkennt und schätzt. Verstehen Sie mich?« Wir alle, Männer wie Frauen, sind uns in dieser Hinsicht vollkommen einig. Wenn jedoch ein Mann Mabel »wie einen Kumpel« anredet, selbst wenn dies ohne böse Absicht geschieht, löst dies eine Katastrophe aus.

Frauen lässt man zudem einen Flirt eher durchgehen – eine Tatsache, die Männer auf die Palme bringt. Ein Manager meinte dazu: »Frauen sollten nicht das Gefühl haben, dass sie flirten dürfen und Männer nicht. Im Laufe der Jahre bin ich Männern begegnet, die Experten auf diesem Gebiet waren. Sie wussten ganz genau, welche Frauen positiv auf ein Kompliment oder einen diskret anerkennenden Blick reagieren würden … Sie starren sie nicht an und vermitteln auch keine sexuelle Botschaft, sondern streifen die Frau nur mit einem knappen bewundernden, freundlichen Blick. Es gibt Frauen, die so etwas ebenso gut beherrschen, mit Stil und Anmut. Heute scheint die Entwicklung jedoch dahin zu gehen, dass sich manche Männer beim Flirten zunehmend unwohl fühlen, nicht nur mit ihrer eigenen Situation, sondern auch in Bezug auf die Reaktion der Frauen. Das ist schade. Sie werden das den Frauen gegenüber nicht ansprechen, aber sie denken: ›Wenn ich das nicht tun darf, dann solltest du das tunlichst auch unterlassen.‹ Es gibt Frauen, die sich gegen alle Komplimente am Arbeitsplatz sträuben, obwohl das natürlich jeweils von der Branche, dem Unternehmen und den Kollegen abhängen kann. Viele Frauen reagieren zwar nicht so, aber es kommt eindeutig darauf an, wie gut man die betreffende Person kennt, was gesagt wird und ob es ehrlich gemeint ist oder nicht. Wenn ein Mann einer Frau ein Kompliment wegen ihres Kleides macht, sie aber im Grunde gar nichts Besonderes trägt, weiß die Frau das. Wenn es aber ein besonders schickes Outfit ist und sie den Mann gut kennt, wird sie das Kompliment ganz anders aufnehmen.«

Er lachte in sich hinein und fuhr dann fort: »Es gibt da einen alten Spruch: Wenn ein Kompliment von einem jungen, gut aussehenden, gut gekleideten Mann stammt, der geradewegs aus einer

Modezeitschrift entlaufen zu sein scheint, wird es auch als Kompliment aufgefasst und ist willkommen. Wenn es aber von einem Herrn mittleren Alters mit beginnender Glatze stammt, wird es als sexuelle Belästigung ausgelegt. Daran könnte etwas Wahres sein.«

Nicht ernst gemeintes Flirten oder sogar Avancen einer Frau können manchen Männern zuwider sein, vor allem, wenn sie glauben, dass sie nicht die gleichen Rechte haben. Obwohl es natürlich individuelle Unterschiede geben kann, empfiehlt es sich wohl, seinen gesunden Menschenverstand einzusetzen und allen gleiche Rechte einzuräumen. Es ist besser, keine Annahmen über die Vorlieben und Abneigungen anderer zu machen – fragen Sie lieber.

Dies gilt vor allem (aber nicht ausschließlich) für Männer: Wenn Sie einen Witz erzählen wollen, sich aber nicht sicher sind, wie eine Frau darauf reagiert, fragen Sie sie zuerst, ob sie so etwas als beleidigend empfinden würde. Fragen Sie: »Ich habe einen Witz über ein Liebespaar gehört, und es geht darin um (gehen Sie nicht zu sehr ins Detail) … Wollen Sie ihn hören? Wenn er Ihnen nicht gefällt, weiß ich, dass ich ihn besser nicht in mein Repertoire aufnehme.« Brechen Sie das Eis, bevor Sie wie ein Bulldozer losstürmen.

Judy Kaiser formulierte es so: »Seien Sie natürlich und Sie selbst. Das dürfte nicht allzu schwer fallen. Wenn Sie sich anders verhalten, werden die Leute Sie durchschauen. Fühlen Sie bei Ihrem Gegenüber auch vorsichtig vor. Kommunikation heißt, dass man andere zunächst fragt, was sie mögen und verabscheuen. Wenn Sie jemanden auf eine Pizza einladen wollen, würden Sie doch auch zuerst fragen, ob der oder die Betreffende Pizza überhaupt mag, nicht wahr? Sie würden nicht einfach bestellen.«

Was die Leute alles machen …

Selbst die Führungskräfte in prüden Unternehmen sind erstaunt, welche Risiken Menschen der Liebe wegen einzugehen bereit sind. »Man kommt sich vor, als würde man *Einer flog übers Kuckucksnest* anschauen«, meinte eine ältere Managerin.

Eine Studentin schrieb auf eine Prüfungsunterlage ihre Telefonnummer und eine Notiz für den Professor, dass er sie bitte anrufen möge. Als er ihrem Wunsch nicht Folge leistete, wurde sie wütend. Während des Sommers hatten die beiden jedoch Gelegenheit, zusammen eine Tasse Kaffee zu trinken. Sie begannen sich regelmäßig zu treffen, heirateten und haben heute zwei Kinder, die sie über alles lieben.

Eine einfallsreiche Dame schickte einem Mann, der ihr gefiel, ein E-Mail, in dem sie ihn zu einer Partie Tennis einlud. Sie gewann nicht nur, sondern fragte ihn auch, ob er mit ihr ausgehen wolle. Das Ergebnis: eine langfristige Partnerschaft.

Ein Mann bat eine Frau um ein Rendezvous, aber sie lehnte ab. Er dachte darüber nach, wie sie ihre Abfuhr verpackt hatte, und lud sie dann ein paar Tage später nochmals ein. Diesmal überreichte er ihr aber zugleich einen wunderschönen Strauß selbstgepflückter Blumen. Daraufhin sagte sie ja. Ein weiteres Beispiel ist die zu Beginn dieses Kapitels beschriebene stille Hartnäckigkeit, mit der Rick sich um Lia bemühte.

Ein phantasievoller Kollege legte einer Frau eine Woche lang jeden Tag eine Rose auf den Schreibtisch und schickte ihr dann eine rätselhafte Botschaft, in der sie für den nächsten Tag in der Mittagspause in einen nahegelegenen Park bestellt wurde. Sie war neugierig und ging um 12 Uhr zum angegebenen Ort. Ihr lachender Kollege stand unter einem Baum und deutete auf einen Tisch in der Nähe. Dort hatte er auf einem seidenen Tischtuch einen Picknicktisch gedeckt, mit Silberbesteck, Weingläsern und einer reichhaltigen Auswahl an Brot, Aufschnitt und Käse und einem Blumengesteck. Dieses Paar blieb mehrere Jahre zusammen.

Menschen kommen sich nach einem Betriebsausflug, beim Abendessen nach einem wichtigen Geschäftsabschluss oder bei einem Umtrunk nach Feierabend näher. Die Betonung liegt auf dem ersten Kennenlernen, nicht darauf, ob man zu diesem Zeitpunkt bereits an eine Verabredung denkt oder nicht. Das geschieht am Arbeitsplatz die ganze Zeit über.

Die eigentliche Herausforderung beginnt, wenn Sie jemanden treffen, den Sie für den oder die Richtige halten. Sie müssen sich dann überlegen, ob Sie den nächsten Schritt wagen wollen – eine schwere Entscheidung. Einerseits müssen Sie Risiken wie das Betriebsklima und die Reaktion der Kollegen, die Frage, ob die Beziehung funktionieren würde, den potenziellen Schaden für Ihre berufliche Laufbahn und die negativen Konsequenzen eines Scheiterns der Beziehung abwägen. Andererseits können Sie Ihr Glück, Zweisamkeit und einen Partner fürs Leben finden. Welche Argumente haben wohl mehr Gewicht?

Kapitel 6

Neue Regeln für Romanzen

Der anhaltende Vorstoß der Frauen ins Berufsleben, Management und zwangsläufig auch in Machtpositionen hat weitreichende Veränderungen in der Geschäftswelt ausgelöst. Wie wir gesehen haben, führte dieser Trend zum Entstehen pro-interaktiver Unternehmen, zur Beschäftigung von Ehepaaren bei der gleichen Firma sowie in jüngster Zeit zur Lockerung der Tabus in Bezug auf Verabredungen zwischen Kollegen.

Zugleich wurden auch neue Regeln für Romanzen eingeführt. Die Karriere einer Sekretärin oder einer Büroangestellten der unteren Gehaltsstufen hängt heute nicht mehr von der positiven Beurteilung ihres männlichen Vorgesetzen oder seinem Geschick beim Aufstieg auf der Hierarchieleiter ab. Frauen stecken heute ihre eigenen unabhängigen Karrierepfade ab, treffen eigene Entscheidungen, machen sich für sich selbst einen Namen und verfolgen einfach ihren eigenen Weg. Diese Veränderungen wurden von neuen Regeln für Liebesbeziehungen begleitet.

In der heutigen Hochdruckumgebung mit Arbeitszeiten bis spät in die Nacht und der Betonung der Teamarbeit verbringen Männer und Frauen viel Zeit miteinander in Arbeitsgruppen, die sich aus Vertretern beider Geschlechter zusammensetzen. Das Ergebnis liegt auf der Hand: Das Geschäft floriert, und die Liebe im Büro blüht. Vorbei sind die Zeiten, in denen nur ein Partner über solche Beziehungen entschied. Heute haben beide ein Mitbestimmungsrecht. Während die beiden Liebenden unabhängig voneinander ihre Karrierewege verfolgen können, wird ihre Beziehung aber zum gemeinsamen Projekt. Wie lauten nun die neuen Regeln für Romanzen?

Wissen, was man will

Überlegen Sie sich gleich zu Beginn, welche Prioritäten Sie in einer eventuellen Beziehung setzen: Leben ohne diesen Menschen oder das heikle Problem, dass der oder die Richtige im gleichen Unternehmen arbeitet wie Sie. Angesichts der bevorstehenden Fallstricke müssen Sie sich ziemlich sicher sein, dass diese Beziehung von Dauer sein wird.

Einige Umfragen deuten darauf hin, dass ein Drittel aller Liebesbeziehungen am Arbeitsplatz außereheliche Affären sind. Zwar gehen viele Menschen fremd, obwohl sie verheiratet sind, doch haben Unternehmen und Führungskräfte dafür nicht unbedingt Verständnis. Trotz aller Hindernisse können solche Verbindungen aber auch zu langfristigen Partnerschaften und wahrer Liebe werden.

Wenn Ihr Chef oder Ihre Chefin Sie zu einem Rendezvous einlädt oder ein Untergebener oder eine Untergebene Ihnen Avancen macht, stellt sich sofort die Frage der Beziehungen zwischen Statusungleichen mit allen damit verbundenen Problemen. Eine Beziehung mit einer Kollegin oder einem Kollegen in der gleichen Abteilung kann auch riskant sein, ist aber weniger problematisch als Affären zwischen direkten Vorgesetzten und Untergebenen. Harry, der ehemalige Justiziar, meinte dazu: »Überlegen Sie sich gut, ob Sie sich mit jemandem in Ihrer Abteilung oder lieber mit einem Kollegen oder einer Kollegin aus einem anderen Geschäftsbereich einlassen. Kollegen in anderen Abteilungen sehen Sie nicht täglich, wenn die Beziehung scheitert. Die Auswirkungen auf Ihr Arbeitsumfeld und Ihre anderen Kollegen im Falle einer Trennung sind geringer, und folglich stehen Sie weniger unter Druck. Dennoch werden immer Menschen Liebesbeziehungen eingehen, ganz gleich, wo sie arbeiten.«

Die meisten Leute sind nicht in der glücklichen Lage, in solchen Angelegenheiten eine rationale Entscheidung treffen zu können. Wenn dem so wäre, würden viele Schwierigkeiten gar nicht erst entstehen. Das Problem ist, dass zwei Menschen eng zusammenarbeiten und so viel auf dem Spiel steht – und dann verlieben sie sich plötzlich und liegen nebeneinander im Bett. Oder sie gehören der gleichen Abteilung an und nehmen nach der Arbeit noch einen Drink. »Es war eine ganz spontane Sache und passierte einfach«, sagte ein Manager. So ist das nun einmal mit Herzensangelegenheiten.

Wenn Sie nicht aufpassen, kann die Grenze zwischen Arbeit und Privatleben leicht verwischen. Der Mann oder die Frau auf der anderen Seite des Tischs ist attraktiv, witzig und intelligent, und es fällt schwer, negative Aspekte nicht einfach beiseite zu schieben. Nach monatelanger Einsamkeit seit der Beendigung Ihrer letzten Beziehung nehmen Sie vielleicht an einem Betriebsausflug teil und spielen dann Volleyball mit einer Person, mit der Sie »seelenverwandt« zu sein scheinen. Wer denkt da schon an die Komplikationen?

Donna war Verwaltungsangestellte beim Flughafen einer Großstadt. Ihre Arbeit, in der sie mehrere Abteilungen unterstützte, machte ihr Spaß, aber sie wollte mehr vom Leben. Sie meldete sich freiwillig für die Arbeit an PR-Projekten in ihrer Freizeit. Dort musste sie mit George zusammenarbeiten, der kurz zuvor als Marketing- und Werbeleiter engagiert worden war. George war neu in dieser Stadt und kannte niemanden; Donna hatte schon mehrere Jahre dort gearbeitet und kannte viele Menschen und Plätze. Die beiden arbeiteten einige Wochen eng zusammen und planten etliche Abendveranstaltungen für den PR-Sektor. Eines Abends nahmen sie an einer Bootsfahrt mit Abendessen teil, die die Flughafenbetreibergesellschaft in den Medien in ein gutes Licht rücken sollte. Donna erinnerte sich: »George hatte ein gewisses Interesse an mir gezeigt, und das gefiel mir recht gut. Die Veranstaltung war vorbei, und die Fähre kehrte zum Pier zurück. Er stand dicht an meiner Seite, und es war ein wunderschöner Sommerabend. Es herrschte eine ganz romantische Stimmung. Die Sonne ging gerade unter. Vom Schiff aus hatte man eine atemberaubende Aussicht auf die Wolkenkratzer und die traumhafte Skyline der Stadt. Wir beide nippten Chablis aus langstieligen Weingläsern und tranken einander zu. George blickte mir in tief in die Augen und sagte, dass er sich sehr zu mir hingezogen fühle. Ich erwiderte leise, dass es mir ebenso ginge. Er fragte mich: ›Aber was ist mit unserer gemeinsamen Arbeit?‹ Ich sagte, dass ich damit schon umgehen könne und mich nicht von anderen abhalten lassen würde, einen Weg zu gehen, den ich gehen wolle. An jenem Abend begann unsere Liebesbeziehung.« Wir werden später auf Donnas Geschichte zurückkommen.

Werden Sie erst einmal Freunde

Soweit möglich, sollten Sie zunächst eine Freundschaft zu dem oder der Betreffenden aufbauen. Das kann eine Herausforderung sein, wenn Sie beide nach einer Cocktailparty plötzlich im Bett landen. Steve und Alice arbeiteten neun Monate zusammen, bevor ihre Beziehung intim wurde. Die anfängliche Zurückhaltung machte ihre spätere Leidenschaft füreinander um so größer. Steve sagte: »Wir arbeiteten eng zusammen. Unsere Aufgabe bestand in der Vermietung eines Bürogebäudes, das unsere Firma baute. Daher mussten wir gemeinsam Mietverträge aufsetzen, uns mit potenziellen Mietern treffen und sogar zur Baustelle gehen, um den Baufortschritt zu überprüfen. Wir stahlen uns zwischendurch kurz davon, um schnell einen Hamburger oder ein Sandwich in einem nahegelegenen Restaurant oder auf einem Rasen zu essen, und wählten dabei Orte aus, von denen man das Meer, den Strand und sogar die Berge sehen konnte. Wir aßen unterschiedliche Gerichte, zum Beispiel Tacos am Dienstag und Wan-Tans am Mittwoch. Gelegentlich und regelmäßig am Freitagabend gingen wir mit anderen Kollegen auf ein oder zwei Drinks in eine Bar in der Nähe. Danach fuhren wir beide nach Hause. Eines Abends teilte mir Alice mit, dass sie früher gehen müsse, weil sie um sieben Uhr mit ihrer Mutter verabredet sei. Als die Uhr sieben schlug, beugte ich mich zu ihr hinüber und sagte, dass ihre Mutter auf sie warte. Sie warf mir einen seltsamen Blick zu und fragte dann: ›Soll das heißen, dass du mich los werden willst?‹ Ich lächelte und zuckte die Achseln. Sie sagte: ›Ich glaube, ich bleibe noch etwas, wenn es dir nichts ausmacht.‹ Ein paar Wochen später blieben wir noch länger und begannen uns dann auf dem Parkplatz zu küssen. Das war der Beginn unserer elfjährigen Beziehung, für die allerdings der Boden in den ersten neun Monaten der Zusammenarbeit, in denen wir gute Freunde wurden, gründlich bereitet worden war.«

Das ist typisch für Liebesbeziehungen im Arbeitsumfeld. Man hat Zeit, sich gründlich kennenzulernen, und muss nichts übereilen oder überhaupt sexuelle Absichten haben. Karen und Frank ließen sich viel Zeit. Sie arbeiteten lange zusammen, bevor er versetzt wurde. Nachdem sie eine auf gegenseitigem Respekt beruhende Arbeitsbeziehung aufgebaut hatten, begannen sie sich auch privat zu treffen. Joanne (die ebenfalls in Kapitel 1 erwähnt wurde) hatte genügend Zeit, um sich mit den sexistischen Gefühlen auseinanderzusetzen, die sie bei Tom zu erkennen glaubte. Sie hatte den Eindruck, dass er nicht gerne mit Frauen zusammenarbeitete. In Wahrheit war er aber einfach nur schüchtern.

Ob Sie sich bei Firmenveranstaltungen kennen lernen oder ständig zusammenarbeiten, Sie bauen Bindungen zu Kollegen auf, deren Grundlage gemeinsame Erfahrungen und gegenseitiger Respekt sind. Darum geht es in Freundschaften. Je stabiler das Fundament ist, desto mehr Glück wird Ihnen später auch in der Liebe beschieden sein.

Lassen Sie sich von der Liebe leiten – nicht von Ihrem Machtstreben

Es liegt auf der Hand (und wird auch von den Untersuchungen bestätigt): Freundschaft ist eine bessere Grundlage für eine langfristige Liebesbeziehung als eine Affäre, auf die man sich einließ, um sich einen Vorteil zu verschaffen. Opportunismus ist bei Beziehungen zwischen Vorgesetzten und Untergebenen eine größere

Gefahr als bei einer Liaison zwischen statusgleichen Kollegen. Dennoch kann er in jeder Beziehung existieren, je nachdem, ob die Partner wirklich ineinander verliebt sind oder ob einer von beiden hofft, mit der Affäre der eigenen Karriere auf die Sprünge zu helfen.

Wichtig ist, sich aus dem richtigen Grund für eine intime Beziehung zu einer Kollegin oder einem Kollegen zu entscheiden. Auch wenn wir uns noch so sehr bemühen, in Organisationen den Grundsätzen der Gleichheit und der Demokratie Geltung zu verschaffen, spielen die Stellung in der Hierarchie und die Macht, die jemand ausübt, trotzdem eine Rolle. Falls ein Mitarbeiter oder eine Mitarbeiterin auf einer niedrigeren Hierarchieebene versucht, sich über eine sexuelle Beziehung mit einer oder einem Vorgesetzten mehr Macht und Prestige zu verschaffen, wird dies den Kollegen nicht verborgen bleiben. Sie werden dann nicht nur von einer Unterstützung der Liaison absehen, sondern der Sache geradezu feindselig gegenüberstehen. Der Vorwurf der Günstlingswirtschaft wird dann mehr als ein theoretisches Konzept. Wie würden Sie sich fühlen, wenn ein gleichrangiger Kollege oder eine gleichrangige Kollegin sich mit Ihrer Chefin oder Ihrem Chef einlässt und Sie die beiden beim Händchenhalten erwischen? Dies ist auch der Grund, weshalb Liebende ihre Beziehung selbst in liberalen Organisationen geheim halten.

Jeder kann unlautere Motive hegen, nicht nur Kollegen am Arbeitsplatz. Dies ist der Stoff vieler Filme. Wenn Sie sich zu einer Ihnen unterstellten Person hingezogen fühlen, müssen Sie sich unbedingt die uralte Frage stellen: »Liebt er/sie mich wegen meines Geldes (Status, Macht, neuen Autos etc.) oder wegen meiner Persönlichkeit?« Harry brachte es auf den Punkt: »Die Leute sind nicht dumm; sie finden heraus, was los ist. Bei manchen dauert es nur etwas länger, bis der Groschen fällt.«

Wenn Sie den Eindruck gewinnen, dass sich jemand nur aus einem beruflichen Grund für Sie interessiert, ist der Ärger natürlich vorprogrammiert. Beispielsweise kann sich eine Frau mit einem Mann verabreden, um eine Beförderung herauszuschlagen. Wenn der Mann das später herausfindet, wird er nicht gerade glücklich darüber sein.

Ebensowenig wird die Frau zufrieden sein, wenn sie nicht bekommt, was sie will. Diese Situation kann zu einer Beschwerde wegen sexueller Belästigung führen.

Nehmen wir einmal an, dass der Ränke schmiedende Liebhaber seinen Willen bekommt: die angestrebte Gehaltserhöhung, die gute Beurteilung oder mehr Urlaub. Die Kollegen werden sehr erzürnt darüber sein. Der Verdacht des Favoritentums ist eine Sache. Wenn er sich erhärtet, ist das etwas ganz Anderes.

Selbst der Anschein eines ungerechtfertigten Vorteils kann sowohl Kollegen als auch das Management zu lautstarken Klagen veranlassen. Professor Pierce meint: »Ein unehrenhaftes Motiv führt zu enormen Komplikationen, ob die Liebesbeziehung zu Ende geht oder nicht. Selbst der Verdacht der Bevorzugung kann große Probleme hervorrufen, die sich nicht nur auf die Beteiligten, sondern auch die Reaktionen ihrer Kollegen negativ auswirken.« Wenn Sie bereit sind, alles auf eine Karte zu setzen, sollten nach Möglichkeit lautere Motive dahinter stehen. Dann werden Sie im weiteren Verlauf mit weniger Beschuldigungen und Problemen konfrontiert sein.

Die Professoren Charles Pierce, Donn Byrne und Herman Aguinis analysierten Untersuchungen in diesem Bereich und kamen zu dem Schluss, dass Mitarbeiterinnen, die aus arbeitsbezogenen Motiven eine Liebesbeziehung eingingen (zum Beispiel, um eine Gehaltserhöhung oder eine Beförderung zu bekommen), zur Zielscheibe von boshaftem Klatsch wurden, während über Männer, deren sexuelle Beziehung zu einer Kollegin auf aufrichtiger Liebe beruhte, in der Gerüchteküche positiv beurteilt wurden. Daher mussten Arbeitnehmer, von denen die Kollegen glaubten, dass sie mit einem anderen Mitarbeiter schliefen, um ihre Karriere zu beschleunigen, ihre Macht zu erweitern oder ihre Arbeitslast zu reduzieren, eher mit einer negativen Reaktion rechnen. Dieses Ergebnis sollte eigentlich nicht überraschen. Natürlich kann jeder Mensch (ungeachtet seines Geschlechts) gute, schwankende oder unehrenhafte Gründe für eine Affäre haben, und dieses Verhalten beschränkt sich beileibe nicht auf das Arbeitsumfeld.

Prüfen Sie das Betriebsklima

»Liebesbeziehungen ergeben sich oft wie von selbst. Man kann ein Auge auf jemanden geworfen haben, aber zu einer Beziehung gehören immer zwei«, sagte Roberta. Manche von uns sind in der Lage, ganz nüchtern abzuwägen, ob eine potenzielle Beziehung im derzeitigen Unternehmensumfeld sinnvoll ist oder nicht. So entschied beispielsweise Carrie, sich prinzipiell nicht mit direkten Vorgesetzten einzulassen, obwohl sie durchaus mit Seminarteilnehmern oder Männern, die sie auf Geschäftsreisen traf, ins Bett ging und in diesem Umfeld auch einmal kurzzeitig mit einem Vorgesetzten liiert war.

Es ist sinnvoll, das Betriebsklima im Vorfeld auszuloten, damit Sie wissen, was Ihnen bevorsteht. Sie müssen zunächst die schriftlich fixierten Regelungen und ungeschriebenen Gesetze und dann die mögliche Reaktion Ihrer Kollegen analysieren und sich fragen, ob vielleicht irgendwo Intriganten lauern.

Nehmen wir an, Sie lernen beim jährlichen Betriebsausflug einen attraktiven Mann aus der Marketingabteilung kennen (Sie selbst sind im Finanzwesen tätig). Sie sind ein paarmal mit einigen Freunden ausgegangen und haben sich zweimal abends zum Essen getroffen. Zwischen Ihnen beiden knistert es. Der nächste Schritt könnte eine intimere Beziehung sein, und Sie haben ganz und gar nichts dagegen. Sie trinken nach der Arbeit zusammen ein Gläschen und sprechen dabei über die Unternehmenspolitik. Dann erwähnt er, dass seine Chefin nicht verheiratet ist und gern ihren Spaß hat und dass sie eine gute Arbeitsbeziehung haben. Das ist ein positives Zeichen in Bezug auf das Klima in seiner Abteilung. Jetzt können Sie über die Ihre nachdenken.

Oder Sie beide sind sich bereits sexuell näher gekommen und sprechen nun darüber, wie bestimmte Kollegen und Kolleginnen auf Ihre Liebesbeziehung reagieren würden, wenn sie davon erführen (was letztendlich nicht zu vermeiden sein wird). Die Reaktion des Unternehmens und Ihrer Kollegen ist von großer Bedeutung. Laurel, die Bankmanagerin, die ihre Mitarbeiter gut kannte, meinte: »Paare unterhalten sich vielleicht darüber, wie andere im Unternehmen auf ihre Beziehung reagieren würden. Meist versuchen die

Liebenden statt dessen, ihre Bindung ganz geheim zu halten, weil das der einfachere Weg ist und sie sich dann nicht über mögliche Reaktionen den Kopf zerbrechen müssen. Irgendwann zählen die Kollegen aber zwei und zwei zusammen, und dann muss sich das Paar dieser Situation stellen.«

In jedem Büro gibt es Intriganten, Wichtigtuer oder Rufmörder. Mit dieser Tatsache muss jeder Angestellte leben. Eine Managerin verliebte sich in ihren Assistenten, und die beiden arbeiteten eng zusammen. Sie war ledig. Ihr Hauptkonkurrent für die nächsthöhere Position war ein verheirateter Mann, der mit harten Bandagen kämpfte. Eine Affäre würde ihr zweifellos gravierenden politischen Schaden zufügen. Sie dachte darüber nach, weil sie erkannt hatte, dass ihr Assistent ähnliche Gefühle für sie hegte. Bei einem »Arbeitsessen« legte sie ihre Karten auf den Tisch. Sie sagte, dass sie ihn »sehr gerne mochte«, aber in diesem Unternehmen nicht weiter gehen dürfte. Er verstand, was sie damit meinte. Ihm war auch klar, dass ihr angriffslustiger Rivale ihr alle erdenklichen Steine in den Weg legen würde. Sie pflegten weiterhin eine enge, platonische Arbeitsbeziehung, bis er eine Stelle bei einer anderen Firma annahm, die ihm bessere Aufstiegsmöglichkeiten bot. Kurze Zeit später stürzten sie sich in eine leidenschaftliche Affäre. Wie sich herausstellte, fiel ihnen das private Zusammenleben schwerer als die gemeinsame Arbeit. Schließlich trennten sie sich. Rückblikkend gingen beide sehr vernünftig an ihre Beziehung heran.

Denken Sie an die Folgen für Ihre Karriere

Überlegen Sie, welche Vor- und Nachteile eine Liebesbeziehung für Ihre berufliche Laufbahn hätte. Denken Sie darüber nach, was passieren wird, wenn die Verbindung gut geht und wenn sie scheitert. Wenn Sie eine niedrigere Position innehaben, sind weniger politische Überlegungen zu berücksichtigen. Die Frage lautet hier eher: »Ist dieser Job es wirklich wert?« In einer höheren Führungsposition ist die Wahrscheinlichkeit größer, dass die Anordnung Ihres

Unternehmens lautet: »Hände weg von den ›verbotenen Früchten‹«, wie Randall es formulierte. Auf den oberen Stufen der Hierarchieleiter hat eine Liebesbeziehung auch weitreichendere Auswirkungen für die Karriere. Das bedeutet nicht, dass Liebe im Büro für Topmanager ein Fremdwort ist. Es hilft natürlich, wenn man ganz an der Spitze des Unternehmens steht. Wenn das bei Ihnen nicht der Fall ist, müssen Sie sich vergewissern, dass die betreffende Person tatsächlich eine »verwandte Seele« ist, bevor Sie Ihre derzeitige Karriere oder Arbeitsstelle aufs Spiel setzen.

Überlegen Sie sich, ob es in Ihrem Unternehmen auch noch alternative Aufstiegsmöglichkeiten gibt. Wenn Sie sich ohne Beeinträchtigung Ihrer beruflichen Aussichten in eine andere Abteilung versetzen lassen können, haben Sie eine Sorge weniger. Falls nicht, hängt Ihre Entscheidung davon ab, wie wichtig Ihnen Ihre Liebesbeziehung ist. Frank kam zu dem Schluss, dass Karen für ihn wichtiger war als jeder Job. Vicki sagte: »Ich hätte mich niemals auf diese Beziehung eingelassen, hätte ich nicht tief in meinem Herzen gespürt, dass Bill und ich eines Tages heiraten würden.« Jacqueline, die Leiterin der Personalabteilung einer Krankenkasse, sagte, in ihrer Firma würden hochrangige Führungskräfte ihrem Partner oder ihrer Partnerin Vorrang vor dem Job einräumen, »weil sie wissen, dass sie immer ein neue Stelle finden können«. Ganz gleich, wie Ihre Entscheidung auch ausfallen mag, denken Sie gründlich darüber nach, damit Sie nicht von den weiteren Ereignissen überrollt werden oder aus Unwissenheit ins Verderben rennen.

Wenn Sie zu dem Schluss kommen, dass Sie Ihrer Karriere oberste Priorität einräumen, müssen Sie darauf achten, dass Sie nicht die Gefühle Ihres Gegenübers verletzen. Erklären Sie freundlich, aber unmissverständlich, dass Sie angesichts des in Ihrem Unternehmen herrschenden politischen Klimas im Augenblick über eine Arbeitsbeziehung nicht hinausgehen können. Wenn die Anziehungskraft auch beim nächsten geschäftlichen Kontakt nicht nachgelassen hat, müssen Sie klipp und klar sagen, dass Sie nur Zeit für Geschäftliches haben. Trinken Sie bei einem späteren Beisammensein nach der Arbeit keinen Wein, sondern lieber Kaffee. Finden Sie einen Vorwand für die Anwesenheit eines objektiven Kollegen.

Die meisten Fälle enden nicht mit den Problemen, wie sie uns in Hollywood-Filmen wie *Enthüllung* und *Eine verhängnisvolle Affäre* gezeigt werden. Sie können sich statt dessen dafür entscheiden, Ihre Energien positiv zu nutzen und in Ihre Arbeit zu stecken. Lassen Sie dem oder der anderen etwas Freiraum und klopfen Sie nach einiger Zeit an, um herauszufinden, ob vielleicht eine Freundschaft möglich ist. Laurel formulierte es so: »Konzentrieren Sie Ihre Energien auf Gehaltserhöhungen und Beförderungen im Unternehmen. Wenn Sie auf eine platonische, engagierte Arbeitsbeziehung hinarbeiten, ist das vermutlich besser, als wenn das Klima vergiftet wird oder Sie einander gar nicht mehr sehen. Machen Sie dem oder der anderen klar, welche Vorteile das für beide Karrieren hat.«

Bauen Sie eine auf Gegenseitigkeit beruhende Partnerschaft auf

Gleichberechtigte Partnerschaften

Eine der positivsten Entwicklungen im heutigen Berufsleben ist die Tatsache, dass Paare gleichberechtigte Partnerschaften aufbauen. Angesichts der Hindernisse, die einige Unternehmen und Kollegen ihnen in den Weg stellen, können sie gar nicht anders. Wenn eine Liebesbeziehung gut gehen soll, müssen die Liebenden eine enge Bindung zueinander aufbauen und den Erfolg ihrer Arbeitsbeziehung sichern. Folglich müssen sie immer auf gleichberechtigte Entscheidungsfindung setzen und gemeinsam die Verantwortung tragen.

Der Unternehmensberater Tom Davidow meinte: »Ob es sich nun um Vorgesetzten-Untergebenen-Beziehungen handelt oder nicht, Mitarbeiter, die sich zueinander hingezogen fühlen, sollten miteinander sprechen. Sie sollten sich im Klaren darüber sein, dass dies ihre Arbeitsbeziehung verändert. Die beiden müssen sich überlegen, was sie tun wollen, wenn ihre Beziehung scheitert, und wann sie ihre Vorgesetzten und Kollegen von ihrer Verbindung in Kenntnis setzen wollen.«

Laurel führte aus: »Das ist die grundlegende Ursache, die hinter der Bindung steht. Es wird immer jemanden geben, der sich ereifert, wenn er von Ihrer Liebesbeziehung erfährt, oder Ihnen irgendwelche Steine in den Weg legt. So ist das nun mal im Leben. Sie können es niemals allen recht machen, selbst wenn Sie ein Keuschheitsgelübte ablegen und Ihr gesamtes Vermögen und Ihre ganze Freizeit wohltätigen Organisationen opfern. Irgend jemand wird sich immer darüber beklagen, dass Sie sich nicht genug um die Belange des Unternehmens kümmern. Wenn Kollegen sich beschweren oder Unternehmen eine Beziehung nicht dulden wollen, ist das Paar gezwungen, näher zusammenzurücken und diese Probleme als gleichberechtigte Partner zu meistern, selbst wenn einer der beiden zu einem anderen Arbeitgeber wechseln muss.« Mehr dazu in Kapitel 8, »Mit vereinten Kräften«.

Legen Sie Ihre Spielregeln von Anfang an fest

Die beiden Partner müssen die internen Spielregeln für ihre Beziehung und ihre Pläne durchsprechen. Wie wollen Sie Ihr Geheimnis hüten? Wann informieren Sie den Chef oder die Chefin? Wenn einer von Ihnen direkt an den anderen berichtet, wer soll dann bleiben, gehen oder versetzt werden? Können Aufgaben wie Leistungsbeurteilung und Gehaltsfestsetzung umverteilt und die derzeitige Arbeitsbeziehung fortgesetzt werden? Wessen Karriere muss geschützt werden? Gibt es überhaupt unterschiedliche Prioritäten? »Dieser Prozess bringt die Liebenden einander näher. Man kommt sich vor, als würde man sich allein in einer Festung befinden und versuchen, den Rest der Welt abzuwehren«, meinte eine Managerin.

Weitere Überlegungen müssen angestellt werden. Sie müssen darüber nachdenken, ob Sie Ihre Gewohnheiten im Büro ändern wollen oder nicht. Manche Paare entscheiden sich dafür, weiter miteinander Kaffee zu trinken, zusammen zum Mittagessen zu gehen oder an Ausschusssitzungen nach der Arbeit teilzunehmen. Andere halten es für besser, derlei verräterische Aktivitäten einzustellen. Das Paar muss sich unter anderem einig werden, wie viel Arbeit jeder vom

Büro nach Hause bringen wird, wie man dafür sorgt, dass private Auseinandersetzungen nicht in die Arbeit hineingetragen werden, auch wenn man sich furchtbar über den Partner geärgert hat, wie man mit Meinungsverschiedenheiten in beruflichen Angelegenheiten umgeht, damit die Kollegen nicht glauben, es handle sich hier um die Fortsetzung eines privaten Zwists. Mehr dazu in Kapitel 8.

Verhalten Sie sich unauffällig und diskret

Die meisten Paare beschließen, ihre Liebesbeziehung für sich zu behalten (laut einer Studie der Zeitschrift *HR Management* versuchen zwei Drittel aller Mitarbeiterinnen und Mitarbeiter, die mit Kollegen liiert sind, ihr Geheimnis zu hüten). Dafür gibt es einige Gründe: Es geht niemanden etwas an; es ist sicherer so, weil sich dann niemand darüber aufregen kann; manche Leute behalten instinktiv ihre privaten Gedanken und Angelegenheiten für sich. »Die beste Liebesbeziehung ist eine, von der niemand im Unternehmen etwas weiß«, sagte Jacqueline und sprach damit für viele. »Was niemand weiß, macht auch niemanden heiß. Auf Vermutungen geben Unternehmen nicht viel, nur auf Beschwerden, für die es auch Beweise gibt.«

Die Liebenden unternehmen große Anstrengungen, um dies sicherzustellen. Sie fahren getrennt zur Arbeit und nach Hause. Ein Partner lässt den anderen aussteigen, bevor er oder sie auf den Firmenparkplatz fährt. Sie versuchen, sich während des Tages möglichst professionell zu verhalten, und verlassen den Arbeitsplatz dann getrennt, um sich an einem vereinbarten Ort zu treffen. Mit Harrys Worten: »Sie spielen Verstecken, indem jeder für sich zur Arbeit kommt. Sie brechen bei Feierabend in verschiedene Richtungen auf, und ein paar Straßen weiter treffen sie sich dann und gehen gemeinsam nach Hause. Ich habe das einmal von meinem Büro im obersten Stockwerk aus beobachtet, und ich muss heute noch lachen, wenn ich an dieses Paar denke. Sie nehmen unterschiedliche Wege zum gleichen Restaurant oder einem anderen unauffälligen Ort für ein Stelldichein. Sie fahren zusammen in Urlaub, aber einer erfindet ein Alibi und behauptet hinterher, woanders gewesen zu sein. Ich selbst habe das einmal gemacht. Der Punkt ist, dass sie einige oder vielleicht auch die meisten Menschen täuschen können, aber in der Regel merkt irgend jemand, was da gespielt wird. Es ist nur eine Frage der Zeit.«

Manche Liebespaare kommen mit dieser Taktik ganz gut durch. Ein Sekretariatsleiter und eine Architektin hielten ihre Affäre zwei Jahre lang geheim, obwohl sie in einem kleinen Architekturbüro mit nur neun Mitarbeitern arbeiteten. Ein Rechtsanwalt und seine Rechtsassistentin trafen sich an Orten, wo sie meinten, sie würden keinem ihrer Kollegen begegnen. Es mag ihrem Glück zuzuschreiben sein oder nicht – ihre Affäre blieb 18 Monate lang unentdeckt. Selbstverständlich ist es durchaus etwas anderes, ob Sie in einer Kleinstadt mit 15 000 Einwohnern leben oder sich in einer Metropole mit 2 Millionen Einwohnern verstecken können, und ob Ihr Unternehmen 5 oder 15 000 Mitarbeiter hat.

Gehen Sie diskret vor und halten Sie Ihre Affäre so lange geheim, bis der beste Zeitpunkt für ihre Bekanntgabe gekommen ist. Allerdings müssen Sie trotzdem darauf gefasst sein, dass Sie irgend jemand bereits durchschaut oder gesehen hat (mehr dazu in Kapitel 9, »Die lieben Kollegen«). Als Alex und Samantha beschlossen, sich heimlich davonzustehlen und zu heiraten, flogen sie über Chicago auf die Bahamas. Sobald sie auf dem Flug nach Chicago ihre Plätze gefunden hatten, entdeckten sie einen Professor, der an der gleichen Universität lehrte wie Alex und sie schweigend vom hinteren Teil der Maschine aus anstarrte. Er wandte sich ab und erwähnte den Vorfall den beiden gegenüber mit keiner Silbe, nicht einmal, als sie nach ihrer Rückkehr bekannt gaben, dass sei geheiratet hätten. Das ist ihm hoch anzurechnen. Nicht alle Kollegen werden sich so verhalten.

Behalten Sie Vertraulichkeiten für sich

Seien Sie in Ihren E-Mails, Briefchen oder anderen Formen der Kommunikation mit Ihrem Partner nicht zu überschwenglich und offenherzig. Denken Sie daran, wie es Katherine mit ihren E-Mails erging: Die Gefahr, dass Sie sich Schwierigkeiten einhandeln, wenn solche Nachrichten den Falschen in die Hände fallen, ist einfach zu groß. Eine Intrigantin stieß zufällig auf einen Liebesbrief eines Kollegen und legte Kopien davon in die Eingangskörbe der gesamten Abteilung. Sie wollen bestimmt nicht, dass Ihre Liebesschwüre per E-Mail an jeden Mitarbeiter des Unternehmens versandt werden.

Es wird Ihnen vermutlich schwer fallen, den folgenden Rat zu beherzigen. Dennoch sollten Sie versuchen, nicht einmal Ihrem besten Freund oder Ihrer besten Freundin von Ihrer Affäre zu erzählen. Beispielsweise sonnte sich Donna einen Monat lang in ihrem Liebesglück. Dann geschah Folgendes: »Ich erzählte meiner besten Freundin – zumindest hielt ich sie damals dafür – von der Beziehung zwischen George und mir. Diese Neuigkeit ging innerhalb von 24 Stunden wie ein Lauffeuer durch das ganze Unternehmen.«

Wenn Sie keinen außergewöhnlich verständnisvollen Ehemann oder Ehefrau bzw. Ex-Freund oder Ex-Freundin haben, sollten Sie nicht automatisch von der neuen Liebschaft erzählen. Falls Ihr Verflossener oder Ihre Verflossene zur Eifersucht neigt, könnten Sie sich eine Beschwerde wegen sexueller Belästigung einhandeln. Die Untersuchungen deuten darauf hin, dass die meisten Liebesbeziehungen entweder von aufmerksamen Kollegen aufgedeckt oder weitererzählt werden, nachdem einer der Liebenden sich einem Freund oder einer Freundin anvertraut hat. Wenn Sie nach Kräften versuchen, alles zunächst für sich zu behalten, um dann den richtigen Zeitpunkt abzupassen, sollten Ihre Kollegen Ihre Bemühungen respektieren.

Kein Händchenhalten am Faxgerät

Alle, die sich jemals auf eine Liebesbeziehung am Arbeitsplatz eingelassen haben, geben in erster Linie folgenden Ratschlag: Tauschen Sie im Büro keine Zärtlichkeiten aus. Eine Postbeamtin sagte: »Öffentliche Liebesbezeugungen verursachen den meisten

Leuten Unbehagen. Verliebtsein ist schön und gut, aber man muss das doch nicht unbedingt den Kollegen dauernd unter die Nase reiben. Damit gießt man nur Öl aufs Feuer.« Als Alex gefragt wurde, ob er und Samantha auf dem Gang seiner Fakultät Hand in Hand gingen, erwiderte er verwundert: »Sind Sie bei Sinnen? Wir hatten wegen unseres Altersunterschieds, unserer früheren Studenten-Professor-Beziehung und der Tatsache, dass ich die anderen Studenten nach wie vor unterrichtete, schon genug Scherereien mit einigen Dozenten und Verwaltungsbeamten.«

Eine Postangestellte, die mit dem Leiter einer kleinen Postdienststelle verheiratet ist, sagte: »Liebende sollten ihre Gefühle für sich behalten. Zu Beginn unserer Beziehung gingen wir zu Büroparties und blieben jeweils an unterschiedlichen Enden des Raums. Wir lernten Menschen einzeln, nicht als Paar kennen. Obwohl wir inzwischen verheiratet sind, verhalten wir uns immer noch genauso.«

Ein Partner in einer kleinen Anwaltssozietät sagte: »Obwohl meine Sekretärin und ich verheiratet sind, halten wir all unseren Mandanten gegenüber stets ein professionelles Image aufrecht.« Sie müssen gegenüber dem Unternehmen, Kunden, Lieferanten und Kollegen Ihre Professionalität beweisen. Behalten Sie Ihre Gefühle lieber für sich.

Welche Vorteile eine Liebesbeziehung am Arbeitsplatz hat, wenn sie erst einmal allgemein bekannt ist, steht außer Zweifel. »Wenn ich einen schlechten Tag hatte«, meinte Vicki, »konnte ich immer in Bills Büro kommen und mit ihm darüber sprechen.« Ein anderes Paar war sich einig, dass sie froh waren, dass sie sich tagsüber sehen konnten. Dadurch hatten sie Gemeinsamkeiten, über die sie jeden Abend sprechen konnten.

Donna sah dies so: »Es ist schön, mit einem engen Freund zusammenzuarbeiten, vor allem, wenn seine Tätigkeit die eigene ergänzt und einem hilft, Vorgänge besser zu verstehen. Es ist sehr tröstlich, zu wissen, dass jemand am anderen Ende des Flurs oder in einem Nachbargebäude sitzt.« Beschränken Sie solche Kontakte aber auf ein Minimum, ob Ihre Kollegen von Ihrer Beziehung wissen oder nicht.

Fluchtwege

Eine letzte, aber nicht minder wichtige Anmerkung: Liebespaare sollten über die »Fluchtwege« sprechen, die sie einschlagen werden, wenn ihre Beziehung nicht von Bestand sein sollte – und zwar zu Beginn ihrer Verbindung, nicht zum Zeitpunkt der Trennung. Was werden Sie tun, falls die Beziehung schief geht?

Selbst in der ersten Hochstimmung der neuen Liebe sollten Sie sich mit Ihrem Partner unterhalten, wie Sie die weitere Zusammenarbeit im Falle einer Trennung gestalten wollen. Das ist kein Zeichen von Pessimismus. Ein vorzeitiger Abbruch Ihrer Romanze könnte nun einmal Auswirkungen auf Ihre berufliche Laufbahn oder Ihre Arbeitsstelle haben – ganz zu schweigen vom Betriebsklima.

Wenn Sie eine Affäre mit jemandem haben, dem Sie nicht oft am Arbeitsplatz begegnen, sind die Probleme in dieser Hinsicht weniger gravierend. Wenn Sie aber in der gleichen Abteilung arbeiten, können Sie einander täglich über den Weg laufen, solange beide dort bleiben. Fragen Sie sich, wie Sie reagieren werden, wenn Ihre Verflossene am Schreibtisch nebenan arbeitet und Ihnen zuruft: »Deine neue Flamme ist am Apparat. Was soll ich ihr sagen?«

Selbst bei Treffen mit Ex-Liebhabern und -Geliebten müssen Sie ein professionelles Image wahren. Das ist oft nicht leicht. Nehmen wir einmal an, Sie finden den oder die Richtige. Wenn er oder sie in Ihrer Abteilung arbeitet oder Ihnen unterstellt ist, müssen Sie sich überlegen, wie wichtig Ihr Job Ihnen ist, wer von Ihnen versetzt werden (oder bleiben) kann, und welche Schritte Sie unternehmen können, um im Falle einer Trennung Ihre derzeitige Position behalten zu können. Ganz gleich, was später geschieht, es ist auf jeden Fall sinnvoll, solche Fragen mit Ihrem Partner zu besprechen, bevor Probleme auftreten, die konstruktive Gespräche zwischen Ihnen verhindern. Mehr dazu in Kapitel 12.

Kapitel 7

Erste Schritte

Es ist aufregend, jemand Neuen kennenzulernen, sich in diese Person zu verlieben und zu wissen, dass dieses Gefühl auf Gegenseitigkeit beruht. Kaum etwas im Leben versetzt uns mehr in Hochstimmung als eine neue Liebe. Problematisch wird die Sache jedoch, wenn die Gefühle nicht erwidert und Sie »Nein, danke« hören oder sagen müssen.

Wenn nach Ihrer Abfuhr der oder die andere Ihnen weiter Avancen macht und Ihre Reaktion nicht akzeptiert, stehen Ihnen immer noch einige Alternativen offen: Sie können deutlicher zu verstehen geben, dass aus Ihnen beiden kein Paar werden wird. Sie können einen Kollegen oder eine Kollegin bitten, in Ihrem Namen mit dem oder der Betreffenden zu sprechen, und dann eine schriftliche Absage nachschieben. Wenn Ihnen dann immer noch nachgestellt wird, können Sie eine oder einen Vorgesetzten bitten einzugreifen. Wenn all dies nicht fruchtet und Ihr Gegenüber Sie immer noch nicht in Ruhe lässt, können Sie eine Beschwerde wegen sexueller Belästigung einreichen. Falls in dem Antrag unwillkommene sexuelle Forderungen mitschwangen, können Sie bereits zu Beginn einen solchen Schritt in Erwägung ziehen.

Wenn Sie die andere Person aber wirklich mögen und sie ebenso empfindet, fühlen Sie sich wie im siebten Himmel. Sie haben sich Gedanken zur Reaktion Ihres Chefs, zum Betriebsklima und zu möglichen Risiken für Ihre Karriere gemacht. Das haben Sie doch, oder? … Höchstwahrscheinlich nicht.

Obwohl wir gründlich nachdenken und versuchen sollten, eine objektive Entscheidung zu fällen, tun die meisten von uns das in Wirklichkeit nicht. Wir sind erwartungsvoll und bereit, etwas Zeit mit unserer neuen Liebe zu verbringen und den Stein ins Rollen zu bringen. Das Herz ist stärker als der Verstand. Das ist nun einmal die Folge der Liebe und der Anziehungskraft zwischen Männern und Frauen.

Aller Anfang ist leicht

Die Arbeit bietet wundervolle Möglichkeiten, um Menschen zu treffen und mit ihnen in Kontakt zu bleiben. June arbeitete in einem Postamt in einem Teil eines US-Bundesstaates und wurde dann nach Norden in eine kleinere Dienststelle versetzt. Tex, ein Kollege aus der alten Niederlassung, verbrachte später in dieser Stadt seinen Urlaub. Tex hatte June immer gemocht, aber sie war damals mit einem anderen Postbeamten verheiratet, den sie am Arbeitsplatz kennengelernt hatte. Jetzt kam er im neuen Postamt vorbei, um »Hallo« zu sagen. Als June ihm erzählte, dass sie sich gerade scheiden lasse, lud Tex sie auf der Stelle zum Abendessen ein. Die beiden sind inzwischen seit zwei Jahren zusammen, und Tex versucht, sich in Junes Postamt versetzen zu lassen. Was für ein Unterschied zu früher, als Mitarbeiter um eine Versetzung bitten mussten, um von ihrem Partner oder ihrer Partnerin getrennt zu arbeiten! Es kommt schlicht und einfach auf die jeweilige Organisation an.

Es gibt unzählige Möglichkeiten, anderen zu verstehen zu geben, dass man dabei ist, sich in sie zu verlieben. Jim war Programmdirektor für einen Radiosender. Er arbeitete einige Monate lang eng mit seiner Sekretärin Robin zusammen. Sie hatten sich niemals privat bzw. nach Feierabend getroffen. Dann teilte Robin Jim plötzlich mit, dass sie kündigen werde. Als er sie nach dem Grund fragte, zögerte sie zunächst und gestand ihm dann, dass sie sich in ihn verliebt hatte. Erst wurde Jim rot. Als er schließlich seine Stimme wiederfand, sagte er zu Robin, dass es ihm ebenso gehe. Sie begannen eine intime Beziehung und heirateten kurze Zeit später.

Wenn Sie in einem Büro arbeiten, sind Ihre Alternativen beileibe nicht auf Kollegen, Lieferanten oder Geschäftspartner im engeren Sinne beschränkt. Laura war eine junge Frau, die als Buchhalterin für ein Kaufhaus in einer Kleinstadt in Oregon tätig war. Lanny quälte sich damals durch eine Scheidung, und ein Freund empfahl ihm, sich Laura aus dem Kaufhaus einmal anzusehen. Das war kein Problem für ihn, da er dort ohnehin seine Angelausrüstung kaufte. Alles andere als schüchtern, marschierte Lanny in Lauras Büro und stellte sich vor. Sie unterhielten sich, und er stellte fest, dass auch sie leidenschaftlich gerne angelte. Einige Tage später blickte Laura von der Arbeit auf und sah, dass an ihrem Fenster eine Angelrute lehnte. An ihr war eine Rose befestigt – und ein Briefchen, in dem Lanny sie zu einem Angelausflug einlud. Seither sind die beiden zusammen und seit über zehn Jahren glücklich verheiratet.

Ein Arzt im Praktikum und eine Krankenschwester arbeiteten in einem Krankenhaus zusammen. Nach dem tragischen Tod eines unheilbar kranken Patienten, den sie gepflegt hatten, verließen sie das Krankenhaus, um Abstand zu bekommen. Bei einer Tasse Kaffee erzählten sie einander ihre intimsten Geheimnisse, und später an diesem Tag rief er sie an, um sie zum Abendessen einzuladen. Sie heirateten ein Jahr später. Allerdings lebten sie sich irgendwann auseinander (wie es nun einmal vorkommen kann) und ließen sich nach sechs Jahren Ehe scheiden. Die Ex-Frau heiratete später einen anderen Arzt. Auch der Ex-Mann heiratete wieder, diesmal eine Frau, die er kennen gelernt hatte, als er seinen Hund in einem nahegelegenen Park spazieren führte. Diese Ehe war auch nicht von Dauer. Schließlich heiratete er in dritter Ehe eine Gynäkologin, die er im Krankenhaus getroffen hatte, und diesmal ging es gut. All diese Beziehungen hatten mit der Arbeit zu tun – außer natürlich die Sache mit dem Hund.

Eine Mitarbeiterin der Brandmeldezentrale einer Feuerwehr lernte ihren Mann kennen, als sie gerade ihre Dienststelle verließ, um eine andere Stelle anzunehmen, und er dort neu anfing. Zwei Reporter trafen sich in der Redaktionsstube einer führenden Zeitung einer

Großstadt; sie sind mittlerweile seit 15 Jahren verheiratet und arbeiten immer noch im gleichen Büro.

Ein Mitarbeiter fühlte sich zur Empfangsdame seiner Firma hingezogen, scheute sich aber davor, sie um ein Rendezvous zu bitten, weil er befürchtete, sich einen Korb zu holen und in Konflikt mit der Unternehmenspolitik zu geraten. Die Firma musste geschäftliche Rückschläge einstecken und schließlich ihre Pforten schließen. Am allerletzten Arbeitstag bat er die Empfangsdame um eine Verabredung, und sie willigte ein. Die beiden heirateten wenige Monate später.

Toni war Marketingmanagerin in einem Großkonzern. Bei einer gemeinsamen Sitzung der Fertigungs- und Marketingabteilung hatte sie flüchtig einen Mann kennen gelernt, der ihr auf Anhieb gefiel. Da sie ihn besser kennen lernen wollte, rief sie eine Freundin in der Fertigung an und erkundigte sich, ob er verheiratet war. Ihre Freundin wusste das nicht, versprach aber, es herauszufinden und ihr mitzuteilen. Am nächsten Tag erhielt Toni eine E-Mail von diesem Mann, in der er schrieb, es seien in der Sitzung noch ein paar Detailfragen offen geblieben. Könnten wir die möglicherweise bei einem Mittagessen erörtern? Später erfuhr sie, dass ihre Freundin ihn rundheraus gefragt hatte, ob er an ihr interessiert sei. Es gibt unendlich viele Kommunikationsmöglichkeiten.

E-Mail für dich

Es gibt keine aussagekräftigen Statistiken darüber, wie viele Menschen sich per Computer oder über das Internet in einem Chat Room kennen gelernt haben. Eine 30-jährige, geschiedene Frau mit zwei Kindern fand ihren neuen Ehemann in einem Chat Room eines Computerdiensts. Nachdem sie in einer Sitzung Nachrichten vor anderen ausgetauscht hatten, lud er sie in einen »privaten Chat Room« ein. Die beiden führten eine rege Korrespondenz per E-Mail und ergänzen sie mit langen Telefongesprächen, Briefen und dem Austausch von Fotos. Er lud sie und ihre Kinder zu sich ein. Nach einer zeitweiligen Fernbeziehung leben sie inzwischen zusammen.

Die Verbreitung von E-Mail hat die Zukunftsaussichten in vielerlei Weise verändert. Dies gilt auch für Romanzen. Ein College-Dozent ist mit einer Dame in einer anderen Fakultät liiert. Den Stein brachte eine E-Mail-Nachricht ins Rollen, die sie ihm schickte. Der Titel lautete: »Wie wär's mit Lunch?« Im Text sprach sie noch einige Angelegenheiten an, die mit der Arbeit zu tun hatten. Eine Managerin Mitte Dreißig, die für ein mittelständisches Unternehmen arbeitete, schickte einem ihrer Kunden immer wieder E-Mails mit geschäftlichen Details; sie fragte ihn, ob er sich bei seinem nächsten Besuch in ihrer Stadt mit ihr treffen wolle. Er lud sie zum Abendessen ein, und die beiden sind inzwischen schon etliche Jahre zusammen.

Ein anderes Paar lernte sich ursprünglich bei einem von der Firma für die Führungskräfte veranstalteten Festessen kennen. Sie korrespondierten per E-Mail und schickten sich zum Spaß kurze Nachrichten, da ihre Büros in verschiedenen Gebäuden lagen. Eine Woche später fragte die Frau beiläufig in einer E-Mail: »Mögen Sie Tennis?« Sie entdeckten eine Gemeinsamkeit und begannen sich regelmäßig zu treffen.

Für schüchterne, empfindsame Seelen kann Korrespondenz per E-Mail der ideale Weg zur Partnersuche sein. Es fällt leichter, eine Abfuhr zu verkraften, und manche Menschen können sich schriftlich witziger ausdrücken und kommen daher auch besser an. Leider hinterlassen E-Mail-Nachrichten eine dauerhafte Spur. Sie sollten daher bei Ihren Formulierungen Vorsicht walten lassen. Senden Sie keine überschwenglichen Botschaften an einen Menschen, den Sie nicht kennen. Seien Sie statt dessen subtil. Oder sagen Sie das, was Sie auf dem Herzen haben, dem oder der Betreffenden persönlich, wenn Sie bereits eine Beziehung haben. Zeigen Sie alle Nachrichten vor dem Absenden lieber erst einem Freund oder einer Freundin, wenn Sie sich nicht sicher sind.

Es gibt Geschichten über Menschen, die einem oder einer Angebeteten nachstellen, indem sie seine oder ihre Mailbox mit Hunderten von »Liebesbriefen« vollstopfen. Das hat mit Liebe nichts zu tun und deutet bestenfalls auf einen Mangel an gesundem Menschenverstand hin, und die meisten von uns sind nicht so. Vergewissern Sie sich, dass der Inhalt Ihrer Briefe wirklich romantisch ist, keine unverblümte sexuelle »Anmache« oder Anzüglichkeit. Obwohl die Verwendung eines Passworts einen gewissen Schutz beim Empfangen und Senden von E-Mails gewährt, ist es auf alle Fälle besser, wenn Sie nicht auf ein Medium zurückgreifen, das seine eigene, leicht verfolgbare Spur erzeugt.

Anstatt intime Mitteilungen über das elektronische Netz des Unternehmens zu versenden, sollten Sie private Chat Rooms eines unabhängigen Internet-Providers mit separatem Password nutzen. Die meisten Liebenden greifen einfach zum Telefon und verschlüsseln ihre Botschaften, um sicherzugehen, dass ihre Liebe nicht ans Licht kommt. Am besten fahren Sie, wenn Sie sich im Büro aufs Geschäftliche beschränken und alle privaten Gespräche auf den Feierabend verlagern.

Problematische Situationen

Es gibt Fallstricke, vor allem im heutigen, von Political Correctness geprägten Umfeld. Sie können sich einen Korb holen oder später mit Problemen zu kämpfen haben, selbst wenn der oder die Angebetete Ihre Einladung annimmt. Man bekommt im Leben eben nichts geschenkt! Risiken wird es immer geben.

Abfuhren

Wir brauchen keine Experten, um zu wissen, dass es Unterschiede zwischen Männern und Frauen gibt – das wissen wir alle. Frauen gehen beispielsweise davon aus, dass eine Beziehung zunächst eine Zeitlang keine sexuelle Komponente hat, während Männer oft voraussetzen, dass Liebesbeziehung bald zum Sex führen, wenn sie gut laufen. Wie das Beispiel Carrie zeigt, können Frauen genauso viel

Spaß am freien Sex haben wie Männer, doch kommt es immer auf die beteiligten Person, den Ort und den Zeitpunkt an – und darauf, was ihnen in der betreffenden Situation durch den Kopf geht.

Das Problem ist, dass sowohl Männer als auch Frauen das Interesse, das ein Angehöriger des anderen Geschlechts an ihnen hat, falsch interpretieren können. Kommunikation ist keine Einbahnstraße, und Schwierigkeiten entstehen, wenn der Mann (irrtümlicherweise) von sexuellem Interesse seitens der Frau ausgeht oder die Frau lediglich flirtet (und keinen Schritt weiter gehen möchte). Männer erzählen Geschichten von Frauen, die sie angemacht hätten und sich dann weigerten, eine geschlechtliche Beziehung einzugehen. Frauen sprechen davon, dass man doch so viel Spaß miteinander hatte, und urplötzlich kam dieser Mann mit sexuellen Forderungen. Damit bewegen wir uns auf die gefährlichen Klippen der sexuellen Belästigung zu.

Eine wichtige Regel für Romanzen lautet: Sie können selbst im Büro jemanden um eine Verabredung bitten und abgewiesen werden, ohne dass dies in rechtlicher Hinsicht mit sexueller Belästigung gleichzusetzen ist oder eine Klage nach sich ziehen kann. Auch ein zweiter Vorstoß ist in Ordnung (vorausgesetzt, Sie sind gegebenenfalls ein guter Verlierer). Zum Beispiel lud ein Geschäftsmann eine Kollegin zum Mittagessen ein, um einige relativ unbedeutenden Einzelheiten ihrer Arbeit zu besprechen. Als das Gespräch auf private Angelegenheiten kam, fragte er sie, ob sie Lust hätte, in der nächsten Woche mit ihm zu Abend zu essen. Sie verneinte, und er fragte daraufhin, ob ihr ein anderer Zeitpunkt lieber wäre. Sie antwortete, dass sie im Moment zu viel Arbeit habe. Da wechselte er das Thema. Einige Wochen später fragte er sie wieder, und sie sagte »Nein danke«. Das war sein letzter Versuch. Diese Avancen konnten beim besten Willen nicht als sexuelle Belästigung ausgelegt werden. In diesem Fall fand der Geschäftsmann eine langfristige Partnerin in einer anderen Abteilung.

Laurel formulierte es so: »Warum sollte man seine Zeit mit jemandem verschwenden, der nicht interessiert, ablehnend oder sauertöpfisch ist? Lernen Sie, Klippen zu umschiffen. Außerdem sollten Sie mehrfache Annäherungsversuche am Arbeitsplatz auf ein absolutes Minimum beschränken. Rufen Sie den oder die Betreffende zu Hause an, aber gehen Sie dabei geschickt vor.«

Zum Unternehmensklima gehört aber auch etwas, was manche von uns vielleicht als »Büroprotokoll« bezeichnen würden. Es gibt hier keine allgemeingültigen Standards für »richtiges« Verhalten, ebensowenig, wie sich sexuelle Belästigung präzise definieren lässt. Es kommt immer auf die Umstände, die jeweilige Branche, das Unternehmen und die Führungskräfte an. Ferner spielt eine Rolle, ob die Geschäftsleitung ihr »Image« für wichtiger hält als Fairness gegenüber allen Mitarbeitern.

Nehmen wir an, ein Mitarbeiter überreicht einer Kollegin eine Karte zum Valentinstag und bittet sie um ein Rendezvous, bekommt aber von ihr einen Korb. Eine Woche später klopft er nochmals höflich an, gibt ihr aber zu verstehen, dass dies sein letzter Versuch ist, falls sie wieder nein sagt. Die Frau beschwert sich bei ihrem Chef. In einem Unternehmen könnte dies ein Grund für eine schriftliche Verwarnung sein, in einem anderen beraumt der Vorgesetzte unter Umständen ein Gespräch mit den beiden an und geht der Sache dann nicht weiter nach. In der Unterhaltungsbranche oder im Immobiliensektor fände ein solcher Vorfall überhaupt keine Beachtung, und in den meisten Fällen würde er keine weiteren Konsequenzen nach sich ziehen. Im heutigen Arbeitsumfeld kann in einer Abfuhr jedoch mehr mitschwingen als nur Ablehnung. Bevor Sie jemanden ein erstes oder gar ein zweites Mal um eine Verabredung bitten, sollten Sie sich überlegen, wie der oder die Betreffende wohl reagieren wird.

Hyänen, Platzhirsche und Schwarze Witwen

In Büros tummeln sich einige Tiere. Bürohyänen warten darauf, einen saftigen Bissen zwischen die Zähne zu bekommen, mit dem sie andere in Schwierigkeiten bringen können. Auf diese Spezies werden wir an späterer Stelle noch zurückkommen. Auch Platzhirsche und Schwarze Witwen findet man am Arbeitsplatz häufig. Ob im Büro oder im Fitnessstudio – bei der Partnersuche sind potenzielle Kandidaten bisweilen nicht auf der gleichen Wellenlänge. Die meisten von uns sind beziehungsfähig und bemühen sich ehrlich, einen Partner zu finden. Es gibt aber auch Menschen, die nur eine weitere Kerbe in ihren Bettpfosten schlagen möchten – und dies gilt für Männer genauso wie für Frauen.

Platzhirsche, die im Büro gerne den Don Juan mimen, haben es heute nicht mehr so gut wie früher. Mit den Worten von Harry: »Wenn ein Mann im Büro in dem Ruf steht, sich an möglichst viele Frauen heranzumachen, wird er zum Aussätzigen. Sachen, über die man vor fünfzehn Jahren hinweggesehen hat, sind heute einfach nicht mehr möglich. Dies ist eine Folge des gesteigerten Bewusstseins sexueller Belästigungen.«

Der Platzhirsch im Büro wird auch in anderer Hinsicht zu einer aussterbenden Spezies. Carl, der sein eigenes Unternehmen führt, erzählte folgende Geschichte: »Einer meiner Mitarbeiter tat alles Erdenkliche, um mit einer verheiraten Frau ins Bett zu steigen. Sie versuchte, die Sache selbst zu regeln, aber der Kerl ließ nicht locker. Er hielt sich für einen richtigen Schwerenöter. Also überlegten die Frau und ich gemeinsam, was wir tun könnten, denn sie wollte nur, dass dieser Mann ihr nicht mehr nachstellte. Ich wollte ihm aber auch nicht kündigen, da er schwer zu ersetzen war. Wir waren ratlos. Ich sagte ihr, sie solle ihren Mann bitten, ins Büro zu kommen, aber niemandem von diesem Besuch erzählen. Wenn das keinen Erfolg hätte, würde ich hart durchgreifen müssen. Wie dem auch sei, ihr Ehemann kam tatsächlich ins Büro, und er war ein rechter Muskelprotz. Er baute sich einfach vor dem Don Juan auf, sagte kein Wort, und starrte ihn drohend an. Als er zehn Minuten später das Büro verließ, bat unser Mitarbeiter seine Kollegin viele Male um Entschuldigung. Der Groschen war gefallen, denn er behandelte sie danach mit ausgesuchter Höflichkeit. Es war eine sehr effektive Lösung.«

Der Freund einer anderen Frau marschierte ins Büro eines hausbekannten Platzhirschs, lächelte, plauderte freundlich mit ihm und sagte beim Abschied mit einem Blick, der dem Don Juan das Blut in den Adern gefrieren ließ, dass er »jeden erschießen würde, der sich an meiner Freundin vergreift«. Trotz alledem sind die Platzhirsche, ebenso wie ihr weibliches Pendant, die »Schwarzen Witwen«, noch nicht ausgestorben. Seien Sie sich von Anfang an im Klaren, mit wem Sie sich da einlassen. Wenn Sie es auf ein Abenteuer abgesehen haben, sind Sie dann zumindest vorgewarnt.

Mike

In Anwaltssozietäten herrscht im Hinblick auf Liebesbeziehungen am Arbeitsplatz ein ganz besonderes Klima. Es muss wohl an dem Stress liegen, tagaus, tagein knappe gerichtliche Fristen einhalten zu müssen, an der Tatsache, dass Männer und Frauen eng zusammenarbeiten, sowie an den für diesen Berufsstand typischen Konflikten.

Mike ist ein 30-jähriger Manager, der für eine riesige Anwaltssozietät mit 400 Rechtsanwälten und Niederlassungen auf der ganzen Welt arbeitet. Seine Sozietät ist unter anderem auf die Verteidigung von Unternehmen in Fällen sexueller Belästigung spezialisiert. Mike ist ein attraktiver, umgänglicher und dynamischer Mann und einer der beiden für die Rechtsassistenten zuständigen Manager; er hat viele Rechtsassistenten unter sich, die den Anwälten bei der Vorbereitung ihrer Fälle behilflich sind.

Mike fand für seine Frau eine Stelle als Rechtsassistentin bei seiner Sozietät. Seine Frau, eine atemberaubende Schönheit, und einer der leitenden Partner begannen eine Affäre, obwohl der Partner ihr Vorgesetzter, zwanzig Jahre älter, verheiratet und Vater von drei erwachsenen Kindern war. Dieser Partner gründete eine eigene, spezialisierte Kanzlei und nahm andere Rechtsanwälte und Mitarbeiter mit, darunter auch Mikes Frau. Zur gleichen Zeit verließen Mikes Frau und der Partner ihre Ehegatten und zogen zusammen.

Als Ehemann, dem der Laufpass gegeben wurde, war Mike natürlich untröstlich. Seine Reaktion: Er versuchte, möglichst viele Frauen zu erobern. Mike war zu den Frauen, mit denen er ausging, offen und ehrlich – angefangen mit der ersten Rechtsassisstentin. Er sagte, er könne keine feste Beziehung zu einer Frau aufbauen, »nach dem, was meine Ex-Frau mir angetan hat«. Dennoch wolle er ein intimes Verhältnis mit ihnen und sie kennen lernen. So kam es auch. Er behandelte alle bei der Verteilung von Fällen, Arbeitsstunden und Beurteilungen völlig gleich. Eine Frau, die mit ihm zusammen war, meinte: »Manche Frauen waren wütend, wenn er sich von ihnen trennte, aber keine beschwerte sich, denn er war offen und ehrlich und bevorzugte niemanden.«

Nach dem Ende seiner ersten Affäre war die Frau verärgert und »sprach kein Wort mehr mit ihm«, weil sie die Beziehung hatte fortsetzen wollen. Dennoch zog dies für Mike keine Konsequenzen nach sich, da die Rechtsassistentin unter dem anderen Manager arbeitet. Es sprach sich herum, dass Mike zu haben sei, aber keine feste Bindung, sondern nur etwas Spaß wollte. In jenem Jahr hatte Mike Affären mit einer ganzen Reihe von Mitarbeiterinnen; alle waren Rechtsassistentinnen oder Rechtsanwaltsgehilfinnen (manche arbeiten für ihn, andere nicht). Er behandelte alle Frauen, mit denen er schlief, charmant und mit Respekt, obwohl er sich auf keine feste Bindung einlassen konnte. Das erklärte er allen, mit denen er ausging. Mit den meisten blieb er auch nach Beendigung der Affäre noch befreundet. Nur zwei waren mit der Trennung nicht einverstanden. Dennoch beschwerte sich niemand.

Mike ließ sich freiwillig in die New Yorker Niederlassung seiner Firma versetzen, weil ihn die Arbeit in Los Angeles an seine Ex-Frau erinnerte. Er verbrachte knapp ein Jahr im New Yorker »Exil« und bat dann um Rückversetzung, als er sich zu langweilen begann. An der Westküste hatte Mike viele Freunde und Bekannte, daher fiel es ihm dort leichter, Sozialkontakte zu knüpfen. Kurz nach seiner Rückkehr stürzte er sich in eine Affäre mit einer weiteren Rechtsassistentin. Auch mit ihr machte er vor nicht allzu langer Zeit Schluss.

Debbie

Debbie und Rex arbeiteten in einem Postamt in Chicago. Sie waren für die Nachtschicht eingeteilt, während nur wenige andere Kollegen anwesend waren. Debbie war eine attraktive Frau mittleren

Alters, die gerne schicke Kleidung trug, selbst wenn diese durch die viele Post, die sie anfassen musste, schmutzig wurde. Einmal lud Rex sie bei Schichtende für den nächsten Tag zum Mittagessen ein, und Debbie sagte ja. Binnen kurzem begann sich zwischen den beiden eine Affäre zu entwickeln, und genauso schnell machte sich Debbie daran, Rex bessere Manieren und Kleidung zu verpassen und sein Image aufzupolieren. Er war begeistert davon und putzte sich schließlich mehr heraus, als Debbie lieb war.

Eines Tages brachte er eine Schachtel kandierte Früchte, die zurückgesandt worden war, mit nach Hause und aß alle auf. Die Regelungen der Post sind eindeutig: Postangestellte müssen alte Sendungen nach einem bestimmten Datum entsorgen. Ein Manager erklärte: »Wenn auf dem Paket ›Keine Rücksendung‹ steht, schicken wir es auch nicht zurück und verwenden es nicht für uns persönlich. Auf diese Weise spart sich der Absender das Rückporto.«

Debbie meldete Rex' Vorgesetztem, dass er eine Packung kandierte Früchte genommen hatte. Obwohl er nicht regelmäßig Rücksendungen entwendet hatte, verlor Rex wegen dieses Regelverstosses seinen Job. Kurze Zeit später trennte sich Debbie von ihm. Eine ihrer Kolleginnen erklärte: »Das Problem ist, dass sie Männer im Grunde hasst. Sie ist eine attraktive Frau und hat nach außen hin einen guten Geschmack. Aber Debbie hat so etwas auch früher mit anderen Männern gemacht: Sie schwärzt sie entweder wegen irgendeines kleinen Vergehens an und macht dann Schluss mit ihnen oder sie bricht ihnen einfach das Herz, wenn sie glaubt, sie seien bis über beide Ohren in sie verliebt. Wir haben ihr hier den Spitznamen ›Schwarze Witwe‹ gegeben.«

Der Ferrari

David ist ein schneidiger Mitvierziger und ein Mogul in der Unterhaltungsindustrie. Mit harter Arbeit, guten Kontakten und geschliffenen Manieren baute er seine eigene unabhängige Filmproduktionsgesellschaft auf. David hat auch eine Schwäche für schnelle Autos und schöne Frauen. Er gilt als einer der begehrtesten Junggesellen in Hollywood. Mindy arbeite in Davids Vorstandsbüro im Marketing und war sehr von ihm angetan.

Sie war jung – um die Dreißig – und gutaussehend, und erzählte einer Freundin, dass sie sich ihren Boss »angeln« werde. Bald darauf begann sie in einem Hut mit breiter schwarzer Krempe, einem rückenfreien Oberteil und schwarzen Leggings wie zufällig durch Davids Büro zu stolzieren. Einige Tage später wartete sie neben seinem glänzenden, feuerroten Ferrari auf ihn. Wieder war sie aufreizend gekleidet; diesmal trug sie einen hautengen, roten Body und hochhackige Schuhe. David fragte, ob ihr der Wagen gefalle, woraufhin Mindy all die Merkmale dieses speziellen Modells en detail beschrieb und es mit anderen Modellen und Automarken verglich. Ihr Wissen beeindruckte David. Daher fragte er sie, ob sie gelegentlich eine Spritztour in seinem Ferrari machen wolle.

Sie antwortete: »Wie wär's mit nächstem Dienstag nach der Arbeit?« Er sagte zu, stieg in sein Auto und brauste davon. Am nächsten Montag schickte ihm Mindy eine E-Mail, in der sie ihn an die bevorstehende Spritztour erinnerte. Er rief sie noch am gleichen Tag zurück und sagte, dass ihm der Zeitpunkt jetzt doch nicht mehr passe. Sie einigten sich auf den nächsten Freitag. Als er auf ihre Erinnerungsnachricht am Donnerstag nicht antwortete, passte sie ihn am Freitagnachmittag auf dem Parkplatz ab, als er gerade seine Autotür aufsperrte. Mindy fragte, ob dies immer noch ein guter Zeitpunkt für eine Spritztour sei. Dem war so. Die Nacht verbrachten sie zusammen in Davids Haus.

In den nächsten Wochen schliefen sie ein halbes Dutzend Mal miteinander. Damals traf sich David zugleich auch mit einer Ex-Freundin und anderen Frauen. Eines Freitags schickte ihm Mindy eine E-Mail und fragte: »Was für ein Heilmittel hast du gegen eine Spannung, die dich fast zerreisst, so dass du am liebsten durch dein doppelt verglastes Bürofenster springen würdest?« Er antwortete: »SEX«. Am Morgen nach einer weiteren heißen Liebesnacht bat sie ihn in einer E-Mail, ihr 50 000 Dollar aus seinem Privatvermögen zu leihen, damit sie diesen Betrag in eine ihrer Filmproduktionen investieren könne. Von da an fragte sie David jedes Mal, wenn sie miteinander schliefen, nach diesem Darlehen.

Zur gleichen Zeit begannen sich Mindys Kollegen über ihre Arbeitsleistung zu beklagen: Der Film, für dessen Werbung sie verantwortlich war, kam nicht gut beim Publikum an. Die Einnahmen an den Kinokassen erreichten nicht das erwartete Niveau. Einige Topmanager ärgerten sich, weil Mindy sie nicht zurückrief, wenn sie detaillierte Informationen anforderten. Ihr Vorgesetzter warf ihr mangelnden Teamgeist vor, aber Mindy tat diese Kritik mit einem Achselzucken ab und sagte, ihr Chef mache sich wohl eher Sorgen, dass Mindy ihn beerben könnte.

Nachdem David ihre letzte Darlehensforderung ausgeschlagen hatte, wurde Mindy klar, dass vielleicht doch nicht alles so glänzend lief. Nachdem sie wegen ihrer schlechten Leistungen eine Kündigung erhielt, strengte Mindy einen Prozess wegen sexueller Belästigung gegen David und sein Unternehmen an und verlangte Schadensersatz in beträchtlicher Höhe. Sie deutete an, dass David sie vergewaltigt habe, und behauptete, der Grund für ihre Kündigung sei die Tatsache, dass sie Davids sexuelle Forderungen nicht mehr befriedigen wollte.

Zeugen sagten jedoch aus, dass Mindy mit David am Tag nach der angeblichen Vergewaltigung eine Nachmittagsvorstellung im Kino besucht habe. Ihre Vorwürfe gegen David wurden rasch widerlegt, als ein Zeuge nach dem anderen unterstrich, Mindys unlautere Motive seien der Grund für die gesamte Situation und den daraus resultierenden Rechtsstreit. Es wurde ein Vergleich ausgehandelt, bei dem sie nach Aussage der Anwälte »einen Apfel und ein Ei« bekam. Grund für die Einigung war der Wunsch der Firma, weitere negative Publicity zu vermeiden, mit der Sache keine Managementkapazitäten mehr zu binden und noch höhere Anwaltskosten zu vermeiden.

Das zugrunde liegende Motiv entscheidet darüber, ob eine Romanze von Dauer ist oder nicht. Im Falle einer Trennung führen arbeits- oder geldbezogene Beweggründe bei einer Liaison mit der falschen Person zu bitteren Konfrontationen. Zum Glück haben die meisten Liebesbeziehungen mit den oben geschilderten Fällen nichts gemein. Vergewissern Sie sich aber dennoch, ob Ihr Partner wirklich die Liebe Ihres Lebens ist, vor allem, wenn Ihr Arbeitsplatz in Gefahr sein könnte.

Allzu Menschliches …

Die Liebe treibt an den merkwürdigsten Orten die seltsamsten Blüten. Ein Mann und eine Frau reisten gemeinsam mit anderen Führungskräften nach Japan. Als sie nach einer anstrengenden zweiwöchigen Reise vor ihrer Konzernzentrale aus dem Taxi stiegen, drehte sich der Mann zu seiner Kollegin um und sagte unvermittelt: »Ich liebe dich.« Sie erwiderte vor ihren verblüfften Begleitern: »Ich dich auch.« Filme könnten nicht seltsamer sein als die Geschichten, die das Leben schreibt …

Nach einer langen, harten Arbeitswoche sollte am Wochenende das Golfturnier des Unternehmens beginnen. Zwei Bereichsleiter sollten als Team zusammenspielen, obwohl sie die ganze Woche völlig konträre Meinungen zu einer Akquisitionsentscheidung vertreten hatten. Es war nicht ganz klar, welche Rolle der Vorstandsvorsitzende des Unternehmens bei der Teambildung gespielt hatte, doch können Sie wohl getrost darauf wetten, dass er Amor seine Pfeile reichte. Der Manager und die Managerin spielten beide an jenem Tag 18 Löcher Golf mit respektablem Ergebnis und verhalfen ihrer Gruppe sogar zum Sieg. Ihre Namen wurden in den Siegerpokal eingraviert, und der Vorstandsvorsitzende ließ sie bei der späteren Siegesfeier hochleben. Als die beiden nebeneinander saßen, entdeckten sie, dass sie ähnliche Interessen hatten, darunter Gesellschaftstanz. Kurze Zeit später begannen sie sich regelmäßig zu verabreden und verliebten sich bald ineinander. Schon bald heirateten sie und arbeiteten weiter für einen einigermaßen verwunderten Vorstandsvorsitzenden. Die drei waren ein gutes Team, bis das Unternehmen schließlich verkauft wurde und alle drei sich aus dem Berufsleben zurückzogen.

Andere Organisationen sind weniger progressiv als dieses Unternehmen und sein Vorstandsvorsitzender. Außerdem erfordert es

Leidenschaft und Mut, eine Beziehung fortzusetzen, wenn man mit Hindernissen konfrontiert wird – zu denen auch Sie selbst und Ihr Partner gehören können. »Anfangs«, sagte ein verliebter Manager, »hatte ich Schuldgefühle. Ich kam mir vor, als würde ich etwas Unrechtes tun, und dabei war ich damals nicht einmal verheiratet.« Die Frage »Was wäre, wenn …?« kann schlaflose Nächte bereiten. Was wäre, wenn der Chef oder die Chefin Wind von unserer Beziehung bekommt und sie nicht gutheißt? Was wäre, wenn wir es nicht schaffen? Menschen haben trotz aller rosaroten Wolken ihre Schwächen und Unsicherheiten. Zum Glück haben Sie jetzt aber jemanden, mit dem Sie über Ihre Gefühle sprechen können – über Ihre Wärme und Zuversicht ebenso wie Ihre Kälte und Unsicherheit. Sie sind jetzt zu zweit.

Um die Hindernisse zu überwinden, die sich Liebenden heute in den Weg stellen, bedarf es vor allem in weniger progressiven Unternehmen einer gleichberechtigten Partnerschaft. Sie müssen von Anfang an zusammenarbeiten.

Kapitel 8

Mit vereinten Kräften

Falls es in der Liebe jemals ein »männliches Vorrecht« gab, gehört das schon lange der Vergangenheit an. Unternehmen bestehen nicht mehr aus männlichen Führungskräften mit weiblichen Sekretärinnen. Frauen haben begonnen, sich im Laufe der Zeit immer mehr Machtpositionen zu sichern.

Wenn im Berufsleben Gleichberechtigung herrscht, arbeiten Männer und Frauen eher partnerschaftlich zusammen, um Probleme zu meistern. Gute Kommunikation von Anfang an legt die Basis für eine stabile Beziehung oder reduziert Schwierigkeiten zumindest auf ein Minimum. Es spielt keine Rolle, ob die Beziehung gut geht oder nicht – alles läuft besser, wenn das Paar sofort an einem Strang zieht. Daher ist bei kooperativen Paaren auch die Wahrscheinlichkeit größer, dass sie zusammen bleiben.

Wenn sich Liebende über die Arbeit kennen lernen, müssen sie einige Regeln festlegen, ob implizit oder durch konkrete Überlegungen und explizite Diskussionen. Je strukturierter und formalisierter Organisationen und berufliche Aufgaben werden, desto mehr sind die Partner gezwungen, arbeitsbezogene Faktoren zu berücksichtigen. So erging es beispielsweise Lyle und Vi (und später Tommy und Nicki), von denen in diesem Kapitel die Rede sein wird.

Jill erzählte, was ihr widerfuhr, als sie Mitte Zwanzig war und als Kellnerin arbeitete: »Das Hotel war der Traum eines jeden jungen Menschen, denn alle waren ungefähr gleich alt. Einige besuchten das College oder hatten gerade ihr Studium abgeschlossen. Es lag in einem Ferienort am Meer. Obwohl jedem von uns eine bestimmte

Anzahl von Tischen zugewiesen worden war, unterhielt man sich mit den anderen Kellnern und Kellnerinnen. Ein Mann arbeitete in meiner Nähe und fragte mich eines Tages, ob wir zusammen essen gehen könnten. Ich war einverstanden, und danach gingen wir regelmäßig miteinander aus. Zunächst erzählten wir niemandem davon, obwohl wir wussten, dass es auch Affären zwischen anderen Kellnern, Bedienungen und Hilfskellnern gab. Wir wollten uns am Arbeitsplatz keine Probleme einhandeln. Außerdem war das unsere Privatsache, und wir wollten nicht, dass die Leute über uns klatschten. Wir trennten uns einige Monate später, und das hatte kaum einen Einfluss auf unsere Arbeit. Wir verhielten uns diskret, vertrauten uns niemandem an und konzentrierten uns auf unsere Arbeit.«

Gleichberechtigung von Anfang an

Führungskräfte, die sich auf eine Romanze einlassen, sind in der Regel älter und haben sich bereits die Hörner abgestoßen. Sie sind ernster und sehr karriereorientiert. »Beziehungen dieser Art gehen meistens tiefer, weil mehr auf dem Spiel steht«, meinte Jacqueline, die erfahrene Personalmanagerin. »Wenn man längere Zeit an seiner Karriere gebastelt hat, verhält man sich höchstwahrscheinlich anders als in jungen Jahren. Man wechselt einen Partner nicht mehr wie seine Schuhe, um das bequemste Paar zu finden.«

Ob jung oder alt, Liebende möchten, dass ernstgemeinte Beziehungen Bestand haben. Der Schlüssel zum Erfolg in einer Liebesbeziehung ist eine »gleichberechtigte Partnerschaft«. Das bedeutet, dass die beiden Partner die wichtigsten Bereiche, die ihre Beziehung im Zeitverlauf beeinflussen können, diskutieren und eine gemeinsame Entscheidung treffen, da beide Karrieren von der gewählten Alternative beeinflusst werden können.

Sie sollten solche Überlegungen von Anfang an einfließen lassen. Die Erörterung Ihrer gemeinsamen Sorgen sollte nicht wie eine Verhandlung zwischen zwei Rechtsanwälten ablaufen, die vor dem

Hintergrund eines rasch näher rückenden Endtermins eine Einigung erzielen müssen. Schließlich handelt es sich hier um eine Romanze und nicht um eine geschäftliche Transaktion. Sprechen Sie über Fragen, die Ihre Arbeit, Karriere und Kollegen im Büro betreffen, am besten an einem neutralen Ort. Wählen Sie ein entspanntes Ambiente: einen Spaziergang im Park, ein Abendessen in einem netten Restaurant oder eine Stunde zu Hause auf einem bequemen Sofa. Zunächst müssen Sie bestimmte grundlegende Elemente Ihrer Beziehung besprechen, die teilweise auch mit Ihrem Berufsleben zu tun haben.

Was nimmt jeder?

Sie müssen sich darüber unterhalten, was jeder von Ihnen sich von der Beziehung erhofft. Geht es nur um Spaß und Vergnügen, wie Mike unmissverständlich zu verstehen gab, oder handelt es sich um eine tiefergehende Beziehung, die den beruflichen Aufstieg in Gefahr bringen könnte? Strebt einer von Ihnen berufliche Vorteile oder materielle Ziele an? Beruhen Ihre Gefühle füreinander auf Gegenseitigkeit?

Wenn eine Liebesbeziehung auf Dauer Bestand haben soll, müssen beide Seiten etwas geben und nehmen. Sie darf natürlich keine Einbahnstraße sein; einer der Partner darf nicht weitaus mehr erhalten als der andere. Wenn ein Partner viel auf Reisen ist, kann dies durchaus zu einem Problem werden. Wenn sich einer nicht voll für die Beziehung einsetzt, wird sie nicht lange gut gehen.

Judy Kaiser: »Ich lernte am Arbeitsplatz einen Mann kennen, und wir begannen uns regelmäßig zu treffen. Zunächst hielten wir die Sache geheim, doch dann beschlossen wir, die anderen von unserer Verbindung in Kenntnis zu setzen. Zumindest haben wir einem engen Freund davon erzählt. Wir hatten viel Spaß miteinander, der Sex war gut, und wir unternahmen alle möglichen schönen Dinge gemeinsam, aber er wollte sich nicht fester binden. Einige Monate später trennten wir uns, weil ich mehr von der Beziehung erwartete als er.«

Was gibt jeder?

Im Rahmen dieser Diskussion muss auch jeder der Liebenden wissen, was der andere für die Beziehung und den Partner aufzugeben bereit ist. Wenn das Unternehmensklima Probleme aufwirft oder einer der beiden dem anderen unterstellt ist, muss die Frage beantwortet werden, wer bleibt, seine Aufgaben neu ordnet, sich versetzen lässt oder kündigt. Sie müssen nicht ein für alle Mal entscheiden, wer der Partnerschaft was opfern muss, sondern sich lediglich überlegen, wie Sie beim Auftreten von Problemen reagieren werden. Wenn Sie sich nicht einigen können, wissen Sie zumindest, welche potenziellen Probleme Ihnen bevorstehen.

Das sind grundsätzliche Überlegungen, die den Kern einer jeden Liebesbeziehung betreffen. Wenn einer der Partner zum Beispiel verheiratet ist, liegt die Frage nahe, ob er oder sie ihren Ehepartner der neuen Liebe wegen verlassen würden. In den Worten von Laurel: »Beide Parteien müssen wissen, dass dies ein wechselseitiges Geben und Nehmen ist. Andernfalls wird diese Beziehung bald auf Grund laufen.«

In einer Vorgesetzten-Untergebenen-Beziehung müssen beide Partner wissen, ob sie ernsthafte, langfristige Absichten verfolgen. Wie wir gesehen haben, birgt eine solche Liaison viele Risiken in sich. Heute sind sie noch komplizierter, weil jeder der beiden Partner eine eigenständige Berufslaufbahn verfolgt, die aber über die Beziehung mit der des anderen verknüpft ist. Wenn sie als Managerin in einer Abteilung und er als Managementassistent in einer anderen arbeitet, gibt es bei den beiden Karrierepfaden keine Überschneidungen. Wenn jedoch die Romanze entdeckt wird, ist die Wahrscheinlichkeit größer, dass beide in einen Topf geworfen werden.

Wann soll man die Beziehung bekannt geben?

Eine Führungskraft, die eine Liebesbeziehung am Arbeitsplatz hatte, formulierte es so: »Auch wenn man sich große Mühe gibt, fällt es schwer, so etwas auf längere Sicht geheim zu halten. Irgendwann kommt in jeder Beziehung der Zeitpunkt, zu dem man sich damit auseinander setzen muss, dass andere von der Affäre wissen.«

Wir sind Lyle und Vi erstmals in Kapitel 5 begegnet. Sie fingen eine leidenschaftliche Affäre miteinander an, die sie aber nicht an die große Glocke hängen wollten. Dann wurde Vi eines Tages krank und verbrachte einen Freitag in Lyles Wohnung. Ein Kollege rief Lyle an, weil er eine Frage zu einem Inkassoverfahren hatte, und Vi nahm ohne nachzudenken den Hörer ab. Beide erkannten einander an der Stimme, und somit war die Katze aus dem Sack gelassen. Vi sagte, Lyle sei nicht zu Hause, würde aber bei seiner Rückkehr zurückrufen. Bei seinem Rückruf erwähnte Lyle nicht, wie er von dem Telefonanruf erfahren hatte – aber das wusste der Kollege ohnehin.

Vi und Lyle beratschlagen an jenem Wochenende, wie sie vorgehen sollten. Am Montag machten sie sich daran, ihren Plan umzusetzen. Sie beschlossen, dem Anrufer keine weiteren Details über ihre Beziehung mitzuteilen. Als Vi ihm im Zusammenhang mit ihrer Arbeit eine Frage stellte, ließ sie sich also nichts anmerken, obwohl ihr sein süffisantes Grinsen natürlich nicht entging.

Lyle und Vi hielten sich am Arbeitsplatz nach wie vor voneinander fern. Sie hatten sich geeinigt, im Unternehmen ihr getrenntes, aber professionelles Image zu wahren. An jenem Tag erzählten beide ihrem besten Freund bzw. ihrer besten Freundin im Büro jeweils von der Beziehung und fragten sie um Rat. Einer dieser Kollegen war überrascht, der andere nicht. Beide waren sich einig, dass Lyles Chefin mit größerer Vorsicht zu genießen war, weil sie es mit dem Anstand im Büro peinlich genau nahm. Als Lyle darüber nachdachte, teilte er diese Einschätzung hundertprozentig.

Lyle und Vi unterhielten sich bis spät in die Nacht. Sie beschlossen, ihre Vorgesetzten jeweils von der Beziehung in Kenntnis zu setzen. Dieser Schritt war wichtig für beide. Wenn man Vorgesetzte über eine Romanze informiert, ist man sich bereits sicher, dass diese Beziehung stabil genug ist. Wenn sich Menschen in ihrem privaten Umfeld trennen, bleibt ihnen die Peinlichkeit erspart, Tag für Tag andere mit der Trennung zu konfrontieren. Am Arbeitsplatz ist das anders. Während Lyles Chefin die Beziehung nur zögernd unterstützte, war Vis Vorgesetzter verständnisvoller. Die Sache war jetzt auf jeden Fall bekannt. Auf die weiteren Ereignisse werden wir an späterer Stelle nochmals zurückkommen.

Keine Erfolgsgarantie

Eine gleichberechtigte Partnerschaft ist keine Garantie dafür, dass Sie für immer und ewig zusammenbleiben. Die Hälfte aller ersten Ehen enden heute in einer Scheidung, ganz gleich, wo sich die Partner kennen gelernt haben. Nichts dauert ewig. Es ist ebenso wahrscheinlich, dass ein Paar sich trennt, wie dass es zusammenbleibt.

Zwei Führungskräfte in einem kleinen Unternehmen, das Peripheriegeräte für Computer herstellte, begannen sich regelmäßig privat zu treffen. Sie waren sich nicht unterstellt, erarbeiteten jedoch gemeinsam Beurteilungen für Mitarbeiter, deren Aufgabenbereich sich auf beider Gebiete erstreckte. Sie waren gerade ein Paar geworden, als ein Topmanager der Firma sie bei einem Abendessen in einem Restaurant sah. Er plauderte recht freundlich mit ihnen, aber es war ihm anzusehen, dass er ihnen nicht abkaufte, dass es sich hier um ein »Arbeitsessen« handelte. Nach den Regeln des Unternehmens musste sich einer der beiden Partner in eine andere Abteilung versetzen lassen.

Bei genauerer Betrachtung wurde den beiden klar, dass es in ihrem Unternehmen keine freien Stellen gab, in die sich einer von ihnen hätte flüchten können. Sie diskutieren das Problem einige Tage lang aus, bevor sie sich dazu durchrangen, einen Termin beim Bereichsleiter zu vereinbaren. Dieser war überrascht und riet den beiden, ihre Affäre zu beenden. Er bestätigte, dass keine geeigneten Ersatzstellen verfügbar waren (das war die schlechte Nachricht), fügte aber hinzu, dass sich bisher noch niemand über sie beschwert habe (die gute Nachricht). Das Paar kam später beim Mittagessen zu dem Schluss, dass ihnen der Stress, den ihre Beziehung verursachte, schwer zu schaffen machte.

Es war eine Entscheidung von großer Tragweite, als einer der beiden Liebenden sagte, sie hätten wohl besser nie etwas miteinander angefangen. Der andere räumte ein, dass auch ihm Zweifel gekommen seien. Sie unterhielten sich bis spät in die Nacht und fuhren dann jeweils in ihre eigenen Wohnungen. Am nächsten Morgen waren sie sich einig, dass ihre Beziehung nicht von Dauer sein könne und dass beiden der Job wichtiger war. Sie informierten den Bereichsleiter, dass sie ihre Affäre nicht fortsetzen würden.

Was ist, wenn die Liebe stirbt?

Zugegeben, es ist schwer, an so etwas zu denken, geschweige denn darüber zu sprechen. Wer will schon über Katastrophen sprechen, wenn man im siebten Himmel schwebt? Doch gerade wenn alles bestens läuft, sollte man über die »Fluchtwege« für den Fall einer Trennung reden. Wenn Sie sich nicht mehr verstehen, werden Sie sicher auch nicht mehr gut miteinander kommunizieren.

Es mag sehr unromantisch erscheinen, jetzt Strategien »für den Notfall« zu entwerfen, aber Sie sollten dieses Thema dennoch anschneiden. Wenn Sie eine Affäre mit einem Freund oder einer Freundin der Familie beenden, sind Sie nur an Feiertagen mit dieser Person konfrontiert. Wenn Sie sich aber mit einer Kollegin oder einem Kollegen einlassen, werden Sie sich jeden Tag sehen. Zudem werden Ihnen Kollegen brühwarm vom neuen Partner des oder der Verflossenen und deren Reise auf die Bahamas erzählen und nicht versäumen zu erwähnen, wie verliebt die beiden sind. Ihre »Fluchtwege« können ganz unterschiedlich angelegt sein. Die Palette reicht von Plänen für die Karriere bis hin zu einem Entschluss, dass Sie einander zwar auf Distanz halten, aber gegenseitig unterstützen werden.

Was die beiden oben erwähnten Führungskräfte anbelangt, so wäre die Entscheidung, die sie trafen, als sie noch Freunde waren, um einiges schwieriger gewesen, wenn sie gewartet hätten. Jacqueline brachte es auf den Punkt: »Wenn ein Paar sich nicht einigen kann, wer gehen und wer bleiben soll, werden wir ihnen diese Entscheidung abnehmen. Wenn es sich dabei um Vorgesetzten-Untergebenen-Verhältnisse handelt, geht das besonders schnell. Wenn diese beiden einander oder uns nicht entgegenkommen können, müssen wir als Unternehmen die Sache in die Hand nehmen.«

Diese Entscheidung wird zum großen Teil davon abhängen, wie oft Sie einander tatsächlich sehen oder miteinander arbeiten. Wenn dies nur selten ist, können Sie sich glücklich schätzen. Bei einer engen Zusammenarbeit müssen Sie sich aber Gedanken darüber machen, wie Sie sich aufs Geschäftliche beschränken wollen, wenn Ihre private Beziehung in die Brüche geht. Eine Möglichkeit besteht darin, einen unbeteiligten Dritten zu Ihren Treffen hinzuzuziehen, um sicherzustellen, dass alle Diskussionen ja nicht von der rein geschäftlichen Ebene abweichen. Selbst wenn Sie sich darauf einigen, »alle Kontakte auf ein absolutes Minimum zu beschränken«, sollten Sie, wenn Sie sich nach der Trennung im Umgang mit Ihrem Ex-Partner unwohl fühlen, eine Versetzung oder sogar einen Wechsel zu einem anderen Arbeitgeber in Betracht ziehen. Sie können auch mit Ihrem oder Ihrer Vorgesetzten sowie im Rahmen der Regelungen Ihrer Firma arbeiten und unter anderem auch einen Vermittler einschalten (vgl. Kapitel 13), wenn Sie selbst keine Lösung finden. Es wird Ihnen jedoch leichter fallen, diesen Weg einzuschlagen, wenn Sie die Möglichkeiten *vor* dem Eintreten etwaiger Probleme zumindest durchgesprochen haben.

Bob und Betty

Wir haben von diesem Paar in Kapitel 3 gehört. Ursprünglich hatten diese beiden in unterschiedlichen Unternehmen gearbeitet (ein anfänglicher Vorteil), beschlossen dann aber, gemeinsam ihre eigene Firma zu gründen. Bobs Geschichte ist besonders aufschlussreich, vom ersten Treffen mit Betty bis zu den Erlebnissen seines Sohns und seiner Enkel. Bob berichtete: »Meine letzte Beziehung ging einige Jahre zuvor zu Ende. Damals war meine Baufirma in finanziellen Schwierigkeiten, so dass ich wieder ganz von vorn anfing. Ich musste viel Zeit auf den Aufbau meines Immobilienmaklergeschäfts verwenden. Daher blieb mir nicht viel Freizeit. Eines meiner Kinder, Tommy, machte damals eine bittere Scheidung durch. Seine Frau verließ ihn, und er saß plötzlich mit zwei kleinen Kindern da. Das Ganze nahm ihn so sehr mit, dass er seine Stelle aufgab und mit den Kindern zu mir nach Südkalifornien zog.

Da ich in einer Vier-Zimmer-Eigentumswohnung lebte, hatte ich Platz für ihn und die Jungs, aber es war doch ziemlich eng. Während Tommy auf Stellensuche ging, passte ich auf meine Enkel auf und versuchte zugleich, mein Immobiliengeschäft hochzuziehen. Tommy fand Arbeit bei einer Bank in unserer Stadt. Die Ironie an der Geschichte war, dass ich selbst Tommy und meine anderen Kinder einige Jahr lang alleine versorgt hatte, als meine erste Frau und ich uns trennten. Jetzt fand ich mich plötzlich mit meinen Enkeln in der gleichen Situation wieder.

Allmählich begannen sich die Dinge einzuspielen. Wenn die Kinder aus der Schule kamen, passte entweder ich auf sie auf oder ich engagierte einen Babysitter, falls ich Häuser zeigen oder Verträge abschließen musste. Das erforderte viel Planung und Kooperation. Nach einigen Monaten lernten wir beide Frauen kennen, die zum Mittelpunkt unseres Lebens wurden. Tommy traf seine am Arbeitsplatz, und mir wurde meine von einer Freundin vorgestellt, die mich verkuppeln wollte.

Eine Bekannte von mir ist Verwalterin von Treuhandkonten, und sie erzählte mir immer wieder, sie kenne da eine Frau, die ich mir mal anschauen sollte. Ich wimmelte sie ab, indem ich immer sagte: ›Ich hab keine Zeit für ein Rendezvous.‹ Woraufhin sie mit schöner Regelmäßigkeit sagte: ›Aber du musst doch einfach jemanden finden.‹ Mit meiner heutigen Partnerin sprang sie genauso um. Sie sagte einfach zu mir: ›Komm, gehen wir etwas Golf spielen. Das kann doch so schlimm nicht sein, oder?‹

Ich bin nicht gerade ein glorreicher Golfspieler, kann mich aber mit etwas Übung so durchmogeln. Bald wurde deutlich, dass meine Bekannte noch keinen Golfplatz aus der Nähe gesehen hatte. Auf dem Tee schlug sie zum Aufwärmen ein paar Bälle ab, murmelte erst etwas von ›eingerostet‹ und gab dann zu, dass sie noch nie in ihrem Leben Golf gespielt hatte. Betty und ich spielten eine Partie miteinander und hatten viel Spaß, während unsere ›Kupplerin‹ einfach mittrabte. Einige Monate nach dieser ersten Begegnung begannen wir ernsthaft miteinander auszugehen und verliebten uns ineinander.

Inzwischen war auch Tommys Freundin oft bei uns. Nicki verstand sich bestens mit meinen Enkeln, aber es wurde langsam richtig eng. Ich überlegte, ob ich zu Betty ziehen sollte, aber schließlich zogen Tommy und die Jungs aus, und Betty zog bei mir ein. Da wir beide sehr lange alleine gelebt hatten, genossen wir unsere gemeinsamen Stunden sehr. Wir hätten nicht glücklicher sein können.« (Von Tommy und Nicki werden wir übrigens gegen Ende dieses Kapitels noch mehr hören.)

Berufliche Überlegungen

Selbst wenn Sie das Gefühl haben, Sie können immer wieder eine andere Stelle finden, ziehen es die meisten von uns vor, zu bleiben, wo sie sind. Man kann leicht von sich behaupten, dass man notfalls zu einer Versetzung oder Kündigung bereit sei. Muss man jedoch seinen Worten wirklich Taten folgen lassen, sieht die Sache plötzlich ganz anders aus. Am Arbeitsplatz wird von einem erwartet, dass man sich an einige Grundregeln der Vernunft hält, selbst wenn diese nicht schriftlich fixiert sind.

Wahren Sie ein professionelles Image

Arbeiten Sie so professionell wie immer. Kollegen beklagen sich oft über Liebespaare, die im Büro öffentlich Zärtlichkeiten austauschen, weil – in der Formulierung eines Mitarbeiters – »die Arbeit zum Arbeiten da ist«. Das bedeutet nicht, dass Freunde (gleich welchen Geschlechts) sich nicht eine Hand auf die Schulter legen oder jemandem anerkennend auf den Rücken klopfen können. Liebende sollten jedoch nicht Händchen haltend den Flur entlangspazieren oder in der Teeküche heiße Küsse austauschen. Eine solche Verhaltensweise überschreitet die Toleranzschwelle eines Büros. Gleiches gilt für aufreizendes Zublinzeln, verstohlene Blicke oder sexuell aufreizende Gesten, mit denen sich die Liebenden verständigen könnten. Verhalten Sie sich diskret und seien Sie den Kollegen gegenüber sensibel.

Stellen Sie sicher, dass Ihre Arbeitsleistung weiterhin höchsten Qualitätsansprüchen genügt. Wenn Kollegen Ihrer Beziehung mit Eifersucht, Besorgnis und Ärger begegnen, sollten Sie Ihnen nicht noch weiteren Anlass für Beschwerden geben. Die Kollegen werden jede auch noch so geringe Verschlechterung Ihrer Arbeitsergebnisse bemerken. Das ist ein weiterer Grund, weshalb viele Paar sich so sehr bemühen, ihr Geheimnis zu hüten, oder ihre intime Beziehung leugnen.

Beide Partner sollten persönliche Belange zu Hause lassen. Mitarbeiter werden nach ihrer Leistung beurteilt, nicht danach, ob es ihnen schwer fiel, ihre Ziele und Vorgaben zu erreichen. Ihre private Beziehung ist kein Faktor, der in Ihren beruflichen Beurteilungen eine Rolle spielen sollte, ob sie nun am Arbeitsplatz ihren Anfang nahm oder nicht. »Arbeit und Privatleben sind zwei Paar Stiefel. Sie müssen Sie auseinanderhalten können«, sagte Elizabeth.

Suchen Sie sich sichere Kommunikationskanäle

Bis ein Paar seine Beziehung öffentlich bekannt gibt und dies von den Kollegen hoffentlich gut aufgenommen wird, muss es seine eigenen Kommunikationsregeln aufstellen. Manche Liebende kommunizieren per E-Mail, andere ziehen das Telefon oder persönliche Gespräche vor. Wie wir gesehen haben, ist es mit der Sicherheit von E-Mails nicht weit her. Vertraulichkeit am Telefon ist unter Umständen ebenso wenig gewährleistet (wenn Ihr Schreibtisch zu nahe an dem einer Kollegin oder eines Kollegen steht). Sie können sich auch nicht immer davonstehlen, um sich mit Ihrem Partner oder Ihrer Partnerin heimlich zu treffen. Welche Möglichkeiten stehen Ihnen also offen?

Eine Geheimsprache

»Es war, als würden wir unsere eigene Geheimsprache erfinden«, erklärte eine Frau, die mit Ihrem Partner verschlüsselte Botschaften austauschte. Viele (auch verheiratete) Paare denken sich ihren eigenen Code oder ihr eigenes System aus. Ein Paar griff auf eine einfache Formel zurück: Einer der beiden griff zum Telefon und wählte die Durchwahl des anderen. Wenn der andere abnahm, fand regelmäßig folgender Dialog statt:

»Wie lange haben Sie geöffnet?« fragte sie.

»Bis sechs Uhr«, erwiderte er.

»Ich komme später vorbei, vielleicht so in anderthalb Stunden, um meine Bestellung abzuholen.«

Mit diesem Code gab er ihr zu verstehen, dass er um sechs Uhr Feierabend machte, und sie ließ ihn wissen, dass sie dann um halb acht bei ihm vorbeikommen würde. Voraussetzung für das Funktionieren dieses Systems war, dass beide einander an der Stimme erkannten, aber die Identifizierung kann auch über einen Spitznamen erfolgen.

Ein anderes einfallsreiches Paar stellte eine Tabelle auf, in der jedes Wort und Symbol seine eigene Bedeutung hatte. Wenn in dem ersten Satz irgendwo das Wort »Krater« vorkam, war der Anrufer der Partner.

»Spreche ich mit der Autowerkstatt Krater?« fragte sie zum Beispiel.

»Ja«, antwortete er.

»Wie lange haben Sie auf?«

Liebende ändern die Schlüsselwörter, je nachdem, wie lange sie sie benutzt hatten, wer in ihrer Nähe war etc. Sie können hier Ihrer Kreativität völlig freien Lauf lassen. Ein Paar einigte sich als Code auf »Mach dich bereit, wenn's zweimal klingelt«. Wenn also das Telefon zweimal läutete und dann verstummte, hieß das, dass der andere Partner in circa einer Minute anrufen würde. Dies gab dem Angerufenen Zeit, seine derzeitige Arbeit abzuschließen und sicherzustellen, dass er nicht belauscht werden konnte.

Ich weiß, dass sich dies seltsam anhört, aber die Regeln mancher Unternehmen zwingen erwachsene Menschen, solche Spiele zu spielen. Wenn Sie für ein progressives Unternehmen arbeiten, können Sie sich ganz normal mit Ihrem Partner oder Ihrer Partnerin unterhalten. Trotzdem darf aber Ihre Professionalität nicht auf der Strecke bleiben und Sie müssen Ihre Beziehung und Ihre beruflichen Verpflichtungen voneinander trennen.

Lassen Sie sich nichts anmerken

Verkrampfter oder befangener Umgang miteinander ist ebenso zu vermeiden wie ein Mangel an Professionalität. Versuchen Sie auch, Ihre Romanze bei der Arbeit unter Kontrolle zu halten. Gönnen Sie sich beispielsweise keine langen Mittagspausen mit Ihrem Partner oder Ihrer Partnerin. Ein Paar tat genau das und hängte sogar noch ein mittägliches Schäferstündchen an. Ihrem Vorgesetzten fiel eines Tages auf, dass sie sehr spät und mit ramponierter Kleidung aus der Mittagspause kamen. Sie hatten Glück und bekamen nur eine Verwarnung.

Selbst wenn alle von Ihrer Beziehung wissen, Sie jetzt verheiratet sind oder der Boss von Ihrer Romanze begeistert ist, müssen Sie sich im Büro dennoch professionell verhalten. Ihre Kollegen werden sich beschweren, wenn sie den Eindruck haben, Sie hätten durch Ihre Liebesbeziehung Ihre Gewohnheiten verändert. Wenn sich die Klagen häufen, ist das Management unter Umständen gezwungen einzuschreiten, ob Sie nun in einer Anwaltskanzlei, an einer Schule, als Führungskraft, bei der Feuerwehr oder im Außendienst arbeiten. Versuchen Sie, so wenig Aufmerksamkeit wie möglich auf Ihre Beziehung zu lenken.

Trennen Sie Liebe und Arbeit

Verwechseln Sie Ihr Liebesleben nicht mit Ihrer beruflichen Tätigkeit. Halten Sie private Angelegenheiten von der Arbeit fern und umgekehrt. Dies gilt gleichermaßen für verheiratete und unverheiratete Paare.

Joanne sah es so: »Die Arbeit ist nicht der richtige Ort, um seine Kämpfe auszutragen, da man sich damit nur um so tiefer hineinreitet. Wir hatten dieses Problem nicht; für uns war es dagegen schwierig, wenn einer am Abend daheim arbeiten musste und der andere ins Kino gehen wollte. ›Mach die Arbeit, die getan werden muß‹ ist eine gute Regel. Allerdings muss neben der Arbeit auch noch Zeit bleiben, die man unbeschwert miteinander verbringen kann.«

Keiner der beiden Partner sollte für den anderen sprechen. Handeln Sie wie eigenständige Individuen. Ein Mitarbeiter unterstrich: »Meine Regel ist einfach: Wenn eine Frage arbeitsbezogen ist und meine Partnerin betrifft, sag' ich den Betreffenden, sie sollen sich an sie wenden. Das ist genauso wie bei einer Freundin, mit der ich keine intime Beziehung habe. Damit verhindere ich, dass ich dann bei geschäftlichen Angelegenheiten zwischen zwei Stühlen sitze. Wenn es sich um eine private Sache handelt, die uns beide angeht, sage ich, dass ich zurückrufen werde, wenn ich mit meiner besseren Hälfte gesprochen habe.«

Hören Sie auf einen guten Freund im Büro

Unterhalten Sie sich oft mit einem Kollegen, dem Sie vertrauen können. Das ist zwar in der Regel erst dann möglich, wenn Sie Ihr Geheimnis gelüftet haben, doch müssen Sie wissen, wie Ihre Kollegen und Vorgesetzten Ihre Beziehung sehen. Wirkt sie sich negativ auf die Arbeit in Ihrem Team aus? Verursacht sie bei den Kollegen Unbehagen? Was Sie glauben, zählt weniger als die Wahrnehmung der anderen. Wie immer können Ihnen Informationen, die Ihnen fehlen, den größten Schaden anrichten.

Lyle und Vi verließen sich darauf, dass ihre engsten Vertrauten sie darüber auf dem Laufenden hielten, wie die Kollegen ihre Beziehung sahen. Sie müssen sich aber sicher sein, dass Sie dem oder der Betreffenden wirklich vertrauen können.

Genießen Sie dennoch Ihre Verliebtheit

Donna erzählte: »Anfangs hatten wir viel Spaß miteinander. Abendessen in Restaurants, romantische Abende, Spaziergänge am Strand ... Ich kann mich noch gut daran erinnern.« Zu Beginn einer Liebesbeziehung schwebt man im siebten Himmel und ist über beide Ohren verliebt. Außerhalb des Büros sollten Sie Ihre Romanze daher in vollen Zügen genießen, vor allem, wenn Sie damit am Arbeitsplatz ein gewisses Risiko eingegangen sind. Das ist ja auch der Hauptgrund, weshalb Sie zueinander gefunden haben.

Eine Freund von mir, der seit Jahren verheiratet ist, erzählte mir folgende Anekdote über sich und seine Frau: »Als wir miteinander auszugehen begannen, war Susan immer die Erste, die vorschlug: ›Lass uns doch an den Strand fahren und den Sonnenuntergang anschauen.‹ Wir nahmen einen Picknickkorb und eine gekühlte Flasche Wein mit und gingen einen schmalen Pfad zu einer einsamen Höhle hinunter. Wenn wir alles aufgegessen hatten, begann die Sonne unterzugehen, und dieser Anblick war phantastisch und romantisch. Wir hielten uns immer in den Armen, während die Sonne im Meer versank. Danach liebten wir uns wild und leidenschaftlich. Kurze Zeit später heirateten wir, bekamen unser erstes Kind und wurden ein braves Ehepaar. Wenn ich Susan jetzt frage, was sie von einem Abendessen am Strand hält, sagt sie: ›Stevie, du weißt doch, wie meine Haare dann aussehen. Den Sand bekomme ich nie wieder ganz heraus.‹ Und dann beginnt sie, sich imaginären Sand aus den Haaren zu schütteln.«

Denken Sie nur an eine romantische Beziehung aus Ihrer eigenen Vergangenheit und Ihre Versuche, das anfängliche Gefühl der Verliebtheit zu erhalten. Man sollte die schönen Dinge im Leben genießen, am besten mit einem Partner, den man liebt – aber außerhalb des Büros und in der Freizeit.

Die weitere Zusammenarbeit

Der Umfang Ihrer weiteren Zusammenarbeit hängt natürlich vom »Klima« Ihres Unternehmens und der Einstellung Ihres Chefs oder Ihrer Chefin ab. Die offizielle und die tatsächliche Politik können sich im Laufe der Zeit ändern, vor allem, wenn sie restriktiv sind. Beispielsweise begannen zwei Wirtschaftsprüfer in der gleichen Firma sich heimlich miteinander zu verabreden. In ihrem Unternehmen waren Liebesbeziehungen am Arbeitsplatz nicht gern gesehen, da die Unternehmensleitung viel von potenziellen Interessenkonflikten und Störungen der Arbeitsabläufe gehört hatte. Liebespaare trafen sich in diesem Unternehmen einfach heimlich und erzählten niemandem, was sich da zwischen ihnen abspielte.

Ein Mann und eine Frau verbargen ihre Beziehung im Büro, so gut sie nur konnten, und hielten die Fassade einer freundlichen, aber distanzierten Arbeitsbeziehung aufrecht. Als sie heiraten wollten, beschlossen sie, dass sich der Mann eine bessere Position suchen sollte. Er fand diese auch bei einer anderen Wirtschaftsprüfungsgesellschaft und reichte daraufhin seine Kündigung ein. An seinem letzten Arbeitstag verteilte das Paar Hochzeitseinladungen an die sprachlosen Kolleginnen und Kollegen. Die Gesellschaft änderte schließlich ihre Strategie: Heute können sich Paare dort kennen lernen und heiraten und trotzdem weiter für die gleichen Bereiche im Unternehmen arbeiten (aber nicht für den gleichen Kunden oder in anderen Situationen, in denen Interessenkonflikte auftreten könnten).

Tommy und Nicki

Tommy lernte Nicki in der Bank kennen, für die beide noch heute arbeiten. Tommy erzählte: »Ich musste vorübergehend zu meinem Vater ziehen, da ich nach der Scheidung kein Geld mehr hatte und nicht wusste, an wen ich mich sonst wenden könnte. Obwohl ich 27 Jahre alt war, hatte ich Glück, dass meine Kinder und ich überhaupt ein Dach über dem Kopf hatten. Es dauerte seine Zeit, aber schließlich fand ich eine Stelle bei der örtlichen Bank. Dort lernte ich Nicki kennen. Wir arbeiteten zwar in der gleichen Abteilung, hatten aber unterschiedliche Vorgesetzte. Wir dachten, dass dies einen Unterschied machen würde.

Wir gingen einmal miteinander aus. Aber obwohl wir uns sympathisch waren, rief mich Nicki zurück und sagte unsere zweite Verabredung ab. Sie bezweifelte, dass es richtig war, Arbeit und Privatleben miteinander zu vermischen. Ich wartete eine Woche und sprach dann dieses Thema ihr gegenüber nach der Arbeit an. Wir hatten daraufhin doch unser zweites Rendezvous, und schon nach wenigen Wochen waren wir fest zusammen.

Anfangs erzählten wir niemandem von unserer Beziehung. Wir behielten die Sache für uns und bildeten uns ein, dass keiner davon Wind bekommen hätte. Eines Tages ließ ich sie direkt vor dem Büro des Geschäftsführers aus dem Wagen steigen. Die ganze Zeit dachte ich bei mir: ›... ob das eine so gute Idee ist?‹ Aber er sah uns nicht.

Nach einigen Monaten erzählten wir unseren engsten Freunden von unserer Beziehung. Tja, einige davon hatten sich das tatsächlich schon selbst zusammengereimt. Wir strahlten etwas aus, was uns gar nicht auffiel, obwohl wir uns nach besten Kräften bemühten, allen Kolleginnen und Kollegen gegenüber so professionell wie nur möglich zu wirken.

Es fiel uns schwer, miteinander zu telefonieren. Nicki hat ihr eigenes Büro, und ich habe einen Schreibtisch in einem Großraumbüro mit Stellwänden. Wenn wir telefonieren, muss ich also den Hörer ganz fest ans Ohr drücken und mit der Hand die Sprechmuschel abschirmen. Wir beschlossen, nicht per E-Mail zu kommunizieren, weil wir das System nicht für sicher hielten.

Als alle wussten, dass wir ein Paar waren, erleichterte das die kleinen Fragen des Alltags glücklicherweise. Ich hatte eine Fahrgemeinschaft mit einem Kollegen und konnte jetzt viel offener mit ihm sprechen. Ich konnte sagen: ›Ich gehe heute abend ins Kino. Kannst du mit jemand anderem mitfahren?‹ Vorher mussten wir uns einen Code ausdenken; jetzt können wir viel direkter und offener miteinander sprechen.

Die Regeln der Bank verbieten Liebesbeziehungen zwischen Vorgesetzten und Untergebenen und Mitarbeitern, die mit Bargeld zu tun haben. Es ist sinnvoll, dass die Geschäftsleitung nicht will, dass Menschen, die eine intime Beziehung miteinander haben, einfach durch ihre zwei Unterschriften eine Abhebung genehmigen können.

Meine Verlobte ist stellvertretende Produktmanagerin für Neuprodukte und Vertrieb. Ich bin inzwischen im Vertrieb als technischer Verkäufer tätig, nachdem ich in einer Stelle als DV-Techniker angefangen habe. Unser Problem ist, dass ich befördert worden bin und jetzt auf der gleichen Führungsebene bin wie Nicki und auch dem gleichen Vorgesetzten unterstehe wie sie. Es hilft, dass wir alle ziemlich gute Freunde sind.

Nickis Chef traf sich mit der Geschäftsführerin der Bank und informierte sie über die neuesten Entwicklungen – und ließ dabei einfließen, dass Nicki und ich bald heiraten und auf unserer Hochzeitsreise nach Griechenland fahren würden. Zum Glück mag die Geschäftsführerin uns beide. Beide Vorgesetzte gaben uns ihren Segen für unsere Hochzeit und sagten, wir könnten die derzeitigen Positionen behalten. Wir hatten wirklich Glück, weil beide sich darüber einig waren, dass kein Interessenkonflikt besteht. Es hilft auch, dass wir uns nach wie vor diskret verhalten, nicht Händchen halten und uns während der Arbeitszeit nur auf Berufliches konzentrieren.

Jetzt müssen wir andere Fragen beantworten. Werden meine Frau und ich unsere Eheringe im Büro tragen? Werden wir offiziell die gesamte Belegschaft von unserer Hochzeit in Kenntnis setzen oder nur die Kolleginnen und Kollegen, die uns persönlich kennen? Manche Mitarbeiter im Unternehmen wissen womöglich immer noch nicht, dass wir zusammen sind. Sollen wir Ihnen das also nach unserer Rückkehr mitteilen? Wir wollen niemanden beleidigen, indem wir es ihnen nicht persönlich sagen. Die Frage lautet: Wie können wir es allen am Arbeitsplatz recht machen, wenn wir heiraten?«

Tommy, seine Kinder und Nicki fanden vor der Hochzeit eine eigene Wohnung. Sie schickten Heiratsanzeigen an alle Kollegen und Kolleginnen, luden aber nur die engsten Verwandten zur Hochzeit und zur anschließenden Feier ein. Sie schwelgen immer noch in Erinnerungen an ihre Hochzeitsreise nach Griechenland.

Kapitel 9

Die lieben Kollegen

Wie zwei Liebende mit ihren Vorgesetzten und Kollegen umgehen müssen, hängt davon ab, inwieweit ihre Beziehung bereits bekannt ist. Führungskräfte im Personalwesen sind nahezu einhellig der Meinung, dass sie sich nicht als Mitarbeiterpolizei aufspielen sollten. »Wir gehen keinen Gerüchten nach, nur konkreten Beschwerden«, meinte ein Manager und sprach damit für viele. Die meisten Paare unternehmen alles Erdenkliche, um ihre Beziehung geheim zu halten – im krassen Gegensatz zu Paaren, die sich in ihrer Freizeit kennen gelernt haben. Ein Professor erzählte: »Bei meinen Vorlesungen saßen in den vorderen Reihen zwei Studenten Mitte Zwanzig, die beide ein Aufbaustudium absolvierten. Es waren zwei gepflegte Erwachsene. Er kam aus Alaska, sie aus Kalifornien. Sie saßen nebeneinander in gegenüberliegenden Reihen, vertraten jeweils ihre eigenen Meinungen, reagierten unterschiedlich auf die Diskussionen in der Gruppe. Der einzige gemeinsame Nenner war die Tatsache, dass sie sich ein Lehrbuch teilten, was eigentlich recht häufig vorkommt. Monatelang dachte ich mir dabei nichts, obwohl wir in diesem Kurs jede Woche stundenlang diskutierten. Eines Tages, als er sich zu ihr hinüberbeugte, um das Lehrbuch wieder auf ihre Seite zu schieben, streichelte sie ihn unbewusst zärtlich an der Schläfe. Diese Geste dauerte vielleicht zwei oder drei Sekunden, fiel mir aber sehr auf. Sie müssen ein Paar sein, dachte ich bei mir. Nach dem Kurs kamen die beiden wegen einer anderen Angelegenheit zu mir, und ich fragte, ob meine Einschätzung richtig war. ›Ja‹, antwortete sie. ›Wir sind seit drei Jahren zusammen und wollen heiraten. Wir haben das unseren Eltern verheimlicht. Mit den Dozenten wollten wir es ebenso halten, weil wir dachten, dass es einen Unterschied machen könnte.‹ Eine kleine Geste, dachte ich, nachdem sie ihr Geheimnis so viele Monate lang so gut gehütet hatten.«

Die Zeichen der Liebe

Am Arbeitsplatz gewöhnen wir uns an typische Verhaltensweisen und Routinen unserer Kolleginnen und Kollegen. »Eine meiner Kolleginnen macht immer um drei Uhr nachmittags Kaffeepause«, sagte Nancy, die langjährige Managerin bei Ford. »Ein anderer Kollege isst einen Schokoladenriegel an seinem Schreibtisch. Lucy, deren Büro sich am anderen Ende des Flurs befindet, macht um diese Zeit einen kleinen Spaziergangs ums Haus. Da draußen geht sie gerade … aber wer ist denn das neben ihr? Ist das nicht der neue Manager, der hierher versetzt wurde?« So einfach ist das.

Änderungen in den Gewohnheiten, geschlossene Türen, hinter denen man Mitarbeiter sprechen hört, und Komplimente zum Aussehen von Kollegen können verräterisch sein. Eine zärtliche Geste wie ein flüchtiges Streicheln oder ein längerer erotischer Blick genügen unter Umständen, um die Kolleginnen und Kollegen auf die richtige Fährte zu locken. Was sagte Tommy über sich und Nicki? »Wir strahlten etwas aus.«

Ein deutliches Indiz ist mehr Kontakt, als die jeweiligen Aufgabengebiete rechtfertigen würden. Donna verbrachte mehr Zeit mit George, sowohl beim Abendessen als auch bei der Arbeit an den abendlichen PR-Veranstaltungen. Obwohl letzten Endes eine Freundin die Sache ausplauderte, war die viele Zeit, die die beiden zusammen verbrachten, ein weiteres Indiz für ihre Liebesbeziehung. Vi und Lyle verzichteten auf ihre Kaffeepause am Vormittag, weil sie die Aufmerksamkeit von sich ablenken wollten – doch hätten die Kolleginnen und Kollegen schon allein aufgrund dieser Gewohnheit gewisse Schlüsse ziehen können.

»Wenn zwei mehr Zeit miteinander verbringen, obwohl es dafür arbeitsmäßig weniger Gründe gibt, ist das ein deutliches Zeichen«, meinte Jacqueline, die Personalmanagerin. Ein ebenso sicheres Indiz ist natürlich, wenn man, wie Lyle und Vi, auf frischer Tat ertappt wird. Ebenso verdächtig machte sich ein Paar, das fast jeden zweiten Tag immer zur gleichen Zeit verschwand. Einige Kollegen folgten den beiden zum Lieferwagen des Mannes. Dort warteten sie zwanzig Minuten, bis die zwei wieder auftauchten. Der Mann stopfte gerade sein Hemd in die Hose, und die Frau frischte ihr Make-up auf.

Lernen Sie, sich zu beherrschen

Die Gebote der Vernunft verstehen sich eigentlich von selbst. Sie müssen sich am Arbeitsplatz voll und ganz Ihren beruflichen Aufgaben widmen, Ihre Herzensangelegenheiten von der Arbeit trennen und sich genauso verhalten wie zuvor. Früher oder später wird Ihren Kollegen und Kolleginnen jede Änderung Ihrer Gewohnheiten auffallen.

Natürlich macht es einen Unterschied, ob Sie Tag für Tag eng zusammenarbeiten oder nicht. Um ein professionelles Image zu wahren, bedarf es mehr als der richtigen Worte. Sie müssen sich beherrschen lernen. Ein tiefer Seufzer, wenn Ihr Schatz vorbeigeht, ausgiebiges Zublinzeln bei einer Sitzung oder wissende Blicke sind sehr verräterisch. Geben Sie keinesfalls der Versuchung nach, in der Besenkammer zu knutschen. Wenn Sie jemand fragt, wie Sie das Wochenende verbracht haben, sagen Sie am besten: »Bei Freunden.«

Wie wir im letzten Kapitel gesehen haben, müssen Sie sich eine sichere Kommunikationsform ausdenken. Wählen Sie die vertraulichste Methode aus, ob das nun E-Mail, Telefon, Geheimsprache oder Brieftauben sind. Während der Bürozeiten sollte der Austausch von Zärtlichkeiten unter allen Umständen vermieden werden. Schmieden Sie Ihre Wochenendpläne lieber nach Feierabend. Achten Sie stets auf Diskretion, wahren Sie Ihr professionelles Image und trennen Sie Ihr Liebes- und Arbeitsleben voneinander.

Wann sollte man die Beziehung bekannt geben?

Wie wir gesehen haben, warten die meisten Paare eine Zeit lang, bis sie anderen von ihrer Liebesbeziehung erzählen. Zumindest müssen Sie sicher sein, dass Ihre Beziehung stabil und langfristig angelegt ist und auf Gegenseitigkeit beruht. Wie lange diese Zeit dauert, kommt auf die jeweiligen Umstände an: auf die Arbeitszeiten der Partner, das Betriebsklima und die Frage, wie schnell die Gerüchteküche zu brodeln beginnt. Allerdings kann keine Politik, die eine Offenlegung solcher Verbindungen zwischen Kollegen vorschreibt, Paare dazu zwingen, an die Öffentlichkeit zu treten, bevor sie dazu bereit sind.

»Öffentliche Bekanntgabe« ist nicht mit einer Anzeige in der Mitarbeiterzeitung oder einem Aushang am Schwarzen Brett gleichzusetzen. Sie gehen diesen Schritt, wenn Sie nur einen Kollegen oder eine Kollegin ins Vertrauen ziehen. Eine Person genügt, um die Neuigkeit im ganzen Unternehmen zu verbreiten. Diese leidvolle Erfahrung musste eine Büroangestellte machen: »Wie sich herausstellte, wusste meine beste Freundin mehr über meine Affäre als ich selbst. Sie machte sich an meinen Geliebten heran und entlockte ihm so viele Informationen wie nur möglich. Dann erzählte sie alles brühwarm ihrer besten Freundin. Man darf niemandem irgend etwas anvertrauen. In fünf Minuten weiß es das ganze Büro.«

Eine Entscheidung kann nur nach Abwägen aller Fakten getroffen werden. Sie müssen die Unternehmenspolitik, das Arbeitsklima und die Reaktion der Kollegen in Betracht ziehen und sich überlegen, ob Ihnen die beruflichen »Fluchtwege«, über die Sie zu Beginn der Beziehung nachgedacht haben, auch wirklich offen stehen. Wenn Sie eine verbotene Liaison mit einem Untergebenen oder Vorgesetzten eingegangen sind, müssen Sie sich für eine Neuordnung Ihres Aufgabenbereichs oder eine Versetzung wappnen oder ein oder beide Partner müssen eine Stelle bei einem anderen Unternehmen suchen, bevor Sie Ihre Beziehung bekannt geben. Probleme entstehen natürlich, wenn jemand hinter Ihr Geheimnis kommt, bevor Sie zu diesem Schritt bereit sind – zum Beispiel Ihr Chef oder Ihre Chefin.

Warten Sie nicht, bis es zu spät es

Ein leitender Redakteur einer führenden Technologiezeitschrift sagte: »Ich weiß von einer Affäre, die sich zur Zeit am Ende meines Gangs abspielt, obwohl die beiden sich bemüht haben, die Sache zu verheimlichen. Er ist Redaktionsassistent, sie Redakteurin. Ich muss zugeben, dass sie diskret vorgehen, aber ich glaube, dass mehr Kollegen von der Sache wissen, als den beiden bewusst ist. Meiner Ansicht nach respektieren wir ihre Versuche, die Sache für sich zu behalten.«

An diesen Worten ist etwas Wahres dran. Wenn Ihre Kollegen einen Verdacht hegen, fangen manche vielleicht zu klatschen an. Wenn sie sich aber nicht ganz sicher sind, gilt zumeist der Grundsatz: »Im Zweifel für den Angeklagten«. Zumindest dürften sich in diesem Fall die Beschwerden in Grenzen halten. »Es ist nicht nötig, unerwünschte Aufmerksamkeit auf sich zu lenken«, sagte Karen. »Das scheinen die Kollegen auch zu verstehen.« Vergessen Sie aber nicht, dass Sie sich dennoch vor Intriganten aus Leidenschaft und anderen unliebsamen Subjekten, die im Trüben fischen, hüten müssen.

Harry formulierte es so: »Wer treibt's mit wem? Das sind Neuigkeiten und Klatschgeschichten, die alle interessieren. Es gibt immer jemanden, der etwas mit einem Kollegen oder einer Kollegin hat. Es macht keinen Unterschied, ob Sie Sanitäter, Rettungsschwimmer, Versicherungsmathematiker oder irgend ein ›hohes Tier‹ im Management sind. Sie brauchen bloß eine Sekretärin zu fragen, die sich nur ein bisschen im Unternehmen auskennt. Meistens sind's die Frauen, die Bescheid wissen. Zumindest war das in meinem Unternehmen so. Es machte Spaß, darüber zu reden, vorausgesetzt, dass das keine weiteren Kreise zieht.«

Obwohl die Liebenden ihre Beziehung für sich zu behalten versuchen, kommen ihnen die Kolleginnen und Kollegen früher oder später auf die Schliche. Nancy meinte dazu: »Die Leute tauschen ihre Beobachtungen aus, und in Büros wird ungeheuer viel geklatscht. Man ist ja nicht blind. Bei uns ist ein lesbisches Paar seit einer Weile liiert. Ich sah die beiden im Gang und dachte bei mir:

›Die gehen miteinander um, als seien sie mehr als nur platonische Freundinnen.‹ Es lag an dem Blick, den sie sich zuwarfen. Ein Blick genügte, und ich wusste, was Sache ist. Zwei meiner Freundinnen bestätigten dann meine Vermutungen, obwohl dieses Paar sich sehr bemüht hatte, keine Aufmerksamkeit auf sich zu lenken. Dann war da diese Affäre zwischen einer Abteilungsleiterin und einem Fahrzeuggroßhändler. Das ist keine Vorgesetzten-Untergebenen-Beziehung. Eigentlich ist uns allen das Liebesleben unserer Kollegen gleichgültig, sofern es nicht mit der Professionalität und Pünktlichkeit ihrer Arbeitsleistung ins Gehege kommt.«

Jenny ist Rechtsanwältin bei einer Sozietät in Miami. Sie sagte: »Zwei Rechtsanwälte, die in anderen Stockwerken arbeiten als ich, haben derzeit eine Affäre, obwohl beide verheiratet sind. Sie bleiben wegen der Kinder und aus finanziellen Gründen bei ihren Ehepartnern. Die beiden lernten sich in unserem Raucherzimmer kennen. Diese Beziehung war leicht zu entdecken, weil mir auffiel, dass sie ihren Wagen jeden Morgen in dem Bereich seiner Abteilung parkte, nicht dort, wo ihre Kollegen stehen. Sie essen zusammen zu Mittag, oft außerhalb des Büros. Ganz sicher war ich mir, als ich eines Tages sah, wie er ihr im Raucherzimmer eine sehr erotische Rückenmassage verpasste. Dann bestätigte eine Kollegin meinen Verdacht. In den meisten Fällen genügen weitaus weniger Anhaltspunkte.«

Irgendwann kommt jedoch der Zeitpunkt, wo Sie nicht mehr länger warten können. Ihre Liebesbeziehung ist gefestigt und auf Dauer angelegt; Sie haben sogar schon über Heirat oder eine andere langfristige Form des Zusammenlebens gesprochen. Ein Geheimnis lässt sich nur schwer lange bewahren, zumal in einem Unternehmen, in dem fast jeder jeden kennt. Außerdem erwarten die meisten Arbeitgeber, dass bei Vorgesetzten-Untergebenen-Beziehungen unverzüglich eine Führungskraft informiert wird. Kolleginnen und Kollegen, die Ihnen eigentlich wohlgesinnt sind, könnten darüber hinaus verärgert reagieren, wenn ihnen die notorischen Klatschtanten oder Intriganten des Unternehmens diese Neuigkeit zutragen, bevor Sie ihnen persönlich davon erzählen können.

Mit diesem Problem war Donna konfrontiert, als ihre beste Freundin die Neuigkeiten im ganzen Unternehmen verbreitete. Im Gegensatz dazu hatten Lyle und Vi das Glück, dass sie mit ihren Vorgesetzten bereits gesprochen hatten, bevor eine Kollegin hinter ihr Geheimnis kam. Obwohl die Entscheidung natürlich von Ihren spezifischen Umständen abhängt, gibt es einige hilfreiche Faustregeln. Ein Paar sollte das Versteckspiel aufgeben, wenn erstens die Beziehung dauerhaft ist und auf Gegenseitigkeit beruht, zweitens die »Fluchtwege« abgestimmt wurden, drittens beide Liebenden sich bis dahin diskret und professionell verhalten haben und viertens kein zusätzlicher Grund für eine weitere Geheimhaltung spricht.

Die Entscheidung wird Ihnen vielleicht abgenommen

Den Kollegen fällt möglicherweise ein Blick auf, den Sie Ihrem Partner oder Ihrer Partnerin zuwerfen. Dann fangen sie unter Umständen zu klatschen an. Die meisten Unternehmen geben jedoch nichts auf Gerüchte. Randall, Jerry, Jacqueline und andere Führungskräfte waren sich in ihrer Einschätzung so gut wie einig: Ihre Firmen gehen irgendwelchen Gerüchten nicht nach. Sie respektieren das Recht und den Wunsch der Mitarbeiter auf Privatsphäre. Wenn den Unternehmen keine offizielle Beschwerde wegen ungerechtfertigter Bevorzugung oder ein anderer Vorwurf vorgelegt wird, ignorieren sie die Liebesbeziehungen in ihrer Belegschaft.

Dennoch hängt es in gewissem Maße von dem in Ihrer Firma herrschenden Klima und von Ihrem Verhalten ab. Christian, der leitende Chefkoch eines bekannten Hotels, sagte: »Ich hatte ein Problem mit einem meiner Ober. Er ging mit Kolleginnen aus dem Service, Assistenten und allen möglichen Hilfskräften aus. Erst ließ er sich mit einer Achtzehnjährigen ein, die gerade die Abschlussklasse der High-School besuchte und als Kellnerin arbeitete, um Geld fürs College zu verdienen. Die beiden trennten sich, aber sie beschwerte sich nicht. Hätte sie es getan, hätte er von mir wegen ihres Alters eine Verwarnung erhalten. Danach war er einige Monate lang mit einer anderen Kollegin liiert. Wieder kam es zur Trennung. Sie beschwerte sich, dass er sie nach Beendigung der Affäre bedrängt und zu küssen versucht habe. Dafür gab ich ihm dann eine schriftliche Abmahnung. Darin stand sinngemäß: ›Wenn so etwas noch ein einzigesmal vorkommt, sind Sie Ihren Job los.‹ Bei der nächsten Beschwerde werde ich ihm kündigen. Ich habe genug von seinen Fisimatenten.« Führungskräfte werden Gerüchte und konkrete Beschwerden zueinander in Bezug setzen. Das liegt in der Natur der Sache. Es sind die Beschwerden, die Ihnen Schwierigkeiten bereiten werden, nicht die Tatsache, dass Sie eine Beziehung mit einem Kollegen oder einer Kollegin haben. Wenn Sie sich die Zeit nehmen, Ihre Situation gründlich zu analysieren und die beste Vorgehensweise auszuwählen, und dann aktiv auf Ihre Vorgesetzten und Kollegen zugehen, wird sich das auszahlen.

Sind wir Seelenverwandte?

Wenn zwei Partner beschließen, ihre Liebesbeziehung öffentlich bekannt zu geben, unterstreichen sie damit, wie sehr sie bereit sind, füreinander einzustehen. Man verkündet nicht einfach, dass man mit jemandem eine Beziehung hat, wenn man nicht das Gefühl hat, es handle sich um den oder die Richtige. Bevor die Partner das Risiko einzugehen bereit sind, sich öffentlich zu ihrer Liebesbeziehung zu bekennen, müssen sie sich sicher sein, dass sie auch zusammenbleiben wollen.

Manchmal bekommen die lieben Kollegen aber schon Wind von der Sache, bevor die beiden Liebenden den Punkt erreicht haben. Das kann dann, gelinde gesagt, ungünstig sein. Sam, ein New Yorker Immobilienmakler, wurde vom Eigentümer der Firma, für die er arbeitet, in dessen Büro zitiert und über seine Beziehung zu einer der Managerinnen befragt. Sie war damals verheiratet, trug sich aber mit dem Gedanken an eine Scheidung. Sam war ledig und hatte keine feste Freundin. Die beiden hatten begonnen, sich regelmäßig zu treffen. Es war eine »rein körperliche« Beziehung. Sam saß in der Klemme, als ihn der Firmeneigentümer mit der Tatsache konfrontierte, dass ein anderer Mitarbeiter ihn und seine Kollegin gesehen hatte, als sie »eng umschlungen tanzten«. Sam erwiderte, er und diese Managerin seien nur Freunde und sie habe Probleme mit ihrem Ehemann und bräuchte jemandem, dem sie ihre Schwierigkeiten anvertrauen könne. Obwohl die beiden sich weiterhin trafen, war es für Sam peinlich, seine Beziehung verteidigen zu müssen, zumal er wusste, dass ihm der Firmenchef seine Geschichte nicht glaubte. Er ließ sich dennoch nicht in die Enge treiben.

Wie verkauft man die Beziehung dem Chef und dem Unternehmen?

Wenn Sie dem Unternehmen Ihre Liebesbeziehung verkaufen wollen, müssen Sie genauso vorgehen wie bei einer berufsbezogenen Kampagne, mit der Sie eine Gehaltserhöhung oder Beförderung erwirken wollen. In diesem Fall wollen Sie die Genehmigung, Ihren Seelenverwandten bzw. Ihre Seelenverwandte und zugleich Ihre Arbeitsstelle zu behalten. Zu diesem Zeitpunkt sind alle nicht ernst gemeinten Affären bereits aus dem Rennen (oder sollten es zumindest sein). Sie wissen, dass Sie eine möglichst hochrangige Person um Unterstützung bitten müssen, ob Sie nun in einem Großkonzern, einer Polizeidienststelle oder einer Anwaltskanzlei arbeiten.

Bevor Sie die große Neuigkeit bekannt geben, sollten Sie über Ihre Fluchtwege nachgedacht haben, besonders wenn es sich um eine Vorgesetzten-Untergebenen-Beziehung handelt. Wenn Ihr Arbeitgeber Liebesbeziehungen am Arbeitsplatz keinesfalls duldet, empfiehlt es sich, dass einer der Partner sich bereits vor der Bekanntgabe einen neuen Job sucht. Bevor Sie sich Ihrem besten Freund oder Ihrer besten Freundin anvertrauen, müssen Sie sich überlegen, ob Sie erst Ihren Vorgesetzten bzw. Ihre Vorgesetzte in Kenntnis setzen und die potenzielle Reaktion der Kollegen eruieren wollen.

Versuchen Sie, mit Ihrem Vorgesetzten zu sprechen, bevor Ihnen ein Kollege oder eine Kollegin zuvorkommt. Was für eine Art Mensch ist Ihr Chef oder Ihre Chefin: konservativ oder eher bereit, Sie zu unterstützen und dem Unternehmen einen guten Mitarbeiter bzw. eine gute Mitarbeiterin zu erhalten? Vertritt er oder sie eine andere Philosophie als das Unternehmen, und falls ja, in welcher Hinsicht? Unterscheidet sich sein oder ihr informeller Umgang mit derlei Situationen von den schriftlichen, förmlichen Regelungen des Unternehmens? Beispielsweise war Lyles Chefin seiner Liebesbeziehung zu Vi gegenüber negativer eingestellt als Vis Vorgesetzter.

Donna

Sehen wir uns Donnas Erfahrungen an. Sie berichtete: »Ich hatte zwei Jahre bei einer Firma gearbeitet und war ganz zufrieden dort. Allerdings muss ich zugeben, dass die Affäre mit George besser war. Wir aßen nach der Arbeit zusammen zu Abend, trafen aber niemals jemanden, den wir kannten. In der Firma hielten wir nicht Händchen und verhielten uns möglichst diskret. Sobald wir aber in seine Wohnung kamen, sprangen wir ins Bett und hatten phantastischen Sex – wir konnten es kaum abwarten. Oder wir hatten woanders Spaß miteinander. Probleme entstanden erst, als ich einer Freundin von der Sache erzählte. Sie weihte zwei andere Sekretärinnen in meiner Abteilung ein, die ihrerseits meinem Vorgesetzten brühwarm und in allen Einzelheiten von unserer Affäre berichteten.

Zu jener Zeit war ich befördert worden und arbeitete vor allem für ein Büro. Mein Chef war eigentlich ein anständiger Kerl, aber eben auch ein älterer Herr über Sechzig. George war Mitte Vierzig, zehn Jahre älter als ich. Obwohl wir nicht darüber sprachen, konnte ich mich des Gefühls nicht erwehren, dass mein Chef meine Verhaltensweise nicht billigte. Er erwähnte die Sache mir gegenüber mit keiner Silbe, doch überging er mich plötzlich bei einigen der spannenderen und interessanteren Projekte. Meine Arbeit wurde immer detailorientierter und langweiliger.

Ich fragte ihn mehrfach, ob eine Versetzung möglich sei, doch erwiderte er immer wieder, es seine keine Stelle frei. Ich ging der Sache nach und stellte fest, dass er Recht hatte. Obwohl ich nicht mehr so viel Arbeit von ihm bekam, war ich immer noch in Projekte anderer Abteilungen involviert, die mit meinen Leistungen zufrieden waren. Meine Affäre ging weiter, obwohl ich mich zu fragen begann, wo das alles enden sollte. Es gingen nach wie vor Gerüchte über uns um, aber abgesehen von der Reaktion meines Chefs beschwerte sich niemand, und das Leben ging seinen Gang.«

Christian und Amy

Andere Paare machen positivere Erfahrungen. Es kommt eben sehr auf das betreffende Unternehmen, sein Betriebsklima, die Situation und die Einstellung des oder der Vorgesetzten an. Christian, der Chefkoch eines Restaurants, hatte Amy, die das zugehörige Hotel leitete, zwei Jahre zuvor bei einer Party kennengelernt, die die Gesellschaft für ihre Mitarbeiterinnen und Mitarbeiter veranstaltete. Sie gingen miteinander aus und verliebten sich. Amy zog in Christians Haus. Es war hilfreich, dass Amy der »oberste Boss« jenes Hotels war. Das Gebäude, in dem es sich befand, war ein Wahrzeichen der Stadt und diente zugleich auch als operative Zentrale für das umfangreiche, landesweite Hotelnetz des Unternehmens.

Amy flog regelmäßig nach Texas, wo das Topmanagement der Kette seinen Sitz hatte. Sie informierte ihren Vorgesetzten zu gegebener Zeit über die Beziehung und sagte, dass Christian und sie heiraten wollten. Zudem erwähnte sie, dass sie sich diskret verhielten (und darüber hinaus in unterschiedlichen Abteilungen arbeiteten). »Damit habe ich keine Probleme«, erklärte der Chef ihr, und Amy und Christian begannen, Hochzeitspläne zu schmieden.

Versetzen Sie sich in die Lage Ihrer Vorgesetzten

Denken Sie daran, dass Ihr Chef oder Ihre Chefin die eigene Position nicht durch die Handlungen ihrer Mitarbeiterinnen und Mitarbeiter gefährdet sehen will. Sie sind verliebt und wollen für sich und Ihren Partner bzw. Ihre Partnerin Glück im Beruf wie in der Liebe. Dagegen möchten sich Ihre Vorgesetzten lediglich ihre eigenen Bosse vom Leib halten und ihre beruflichen Aufstiegsziele verwirklichen. Beide Partner in der Liebesbeziehung müssen ihre Vorgesetzten davon überzeugen, dass sie auch weiterhin gute Leistungen am Arbeitsplatz bringen werden. Zeigen Sie ihnen, dass sowohl Sie persönlich als auch das Unternehmen von Ihrer Beziehung profitieren werden und dass Sie beide sich gut ins Team einfügen können. Wenn Sie Ihren Vorgesetzten das verkaufen können, wird sich alles andere möglicherweise von selbst ergeben.

Allerdings ist diese Überzeugungsarbeit keine Garantie dafür, dass Sie beide beim Unternehmen bleiben und heiraten werden und dann bis ans Ende Ihrer Tage zwei erfolgreiche Blitzkarrieren beim gleichen Arbeitgeber durchziehen können, obwohl so etwas bei pro-interaktiven Unternehmen durchaus vorstellbar ist. Ihr Chef oder Ihre Chefin gibt Ihnen möglicherweise ausreichend Zeit, Ihre privaten Pläne auf die Unternehmenspolitik abzustimmen. Wenn es sich in Ihrem Fall um eine Vorgesetzten-Untergebenen-Beziehung handelt, werden unter Umständen die Berichts- (oder Beurteilungs-) Aufgaben an einen anderen gleichrangigen Kollegen übertragen. Sie müssen jedoch mit der Tatsache leben, dass Veränderungen unvermeidlich sein werden.

Paula und Chuck

Paula und Chuck arbeiteten beide für die Polizei, und Paula wollte nicht mit anderen Beamten ausgehen, obwohl sie oft genug von Kollegen um ein Rendezvous gebeten worden war. Nach den Regeln ihrer Dienststelle durften Liebes- und Ehepaare nicht im gleichen Bezirk tätig sein. Paula gefiel es in ihrer Stelle, und sie wollte sich nicht mit jemandem einlassen, der eine »Wild-West-Mentalität« hatte. Das Problem war, dass es den Männern, mit denen sie sonst ausging, schwer fiel, eine Beziehung zu einer Polizistin aufzubauen. Nach den Regeln ihrer Dienststelle trug sie eine Pistole in der Tasche, und allein diese Tatsache machte einige ihrer Verehrer nervös. Sie konnten weder Paulas Arbeit noch ihre Denkweise verstehen.

Sie lernte Chuck bei einer Abteilungsfeier kennen, und er schien ihr anders zu sein als die übrigen Polizisten. Chuck war »höflich, freundlich und an mir als Person interessiert«. Ihm gefiel »ihr Lächeln, ihre lockere Art und die Tatsache, dass sie so attraktiv war«. Sie hatten ähnliche Interessen wie Camping und Ausflüge in die Natur. Sie begannen sich regelmäßig zu treffen und bauten eine intensive Beziehung auf. Allerdings achteten sie sorgsam darauf, ihre privaten Angelegenheiten nicht in den Dienst hineinzutragen. Am Arbeitsplatz sprachen sie nur über berufliche Belange.

Am besten gefiel ihnen an ihrer Beziehung, dass jeder die Belastungen und den Stress verstand, die ihr Job mit sich brachte. Chuck und Paula wussten beide instinktiv, wann man den anderen nach einem harten Tag besser in Ruhe lassen sollte. Sie wussten, dass lange Arbeitszeiten und Stress einfach zu ihrem Beruf dazugehörten – ein zusätzlicher Vorteil ihrer Partnerschaft.

Sie suchten unermüdlich nach freien Stellen in einem anderen Bezirk. Als sich eine fand, war Paula aufgrund ihrer Berufserfahrung die geeignetere Kandidatin. Ihre Bewerbung wurde jedoch abgelehnt. Als die Gerüchte über ihre Liebesbeziehung zu Chuck nicht mehr verstummen wollten, fragte Paulas Vorgesetzter sie, was an der Sache dran sei. Sie bestätigte, dass sie mit Chuck zusammen war und erwähnte, dass sie sich um eine Versetzung bemühten. Ihr Chef willigte ein, die Gerüchte zu »überhören«, bis einer der beiden Partner eine akzeptable Alternative in einer anderen Abteilung gefunden hatte.

Chuck kam an die Reihe, und er bewarb sich um eine Stelle in einem anderen Bezirk. Als sein Versetzungsgesuch durchging (ein Jahr nach Beginn seiner Beziehung zu Paula), hängten die beiden ihre Liaison jedoch immer noch nicht an die große Glocke. Chuck setzte allerdings seinen Vorgesetzten davon in Kenntnis. An dem Tag, an dem er seine neue Stelle antrat, verteilten Paula und Chuck mit der wohlwollenden vorherigen Genehmigung ihrer beider Vorgesetzten ihre Heiratsanzeigen.

Zusammenarbeit mit anderen Kollegen

Es dürfte Ihnen nicht allzu schwer fallen, sich die Reaktion Ihrer Kolleginnen und Kollegen auszurechnen. Sie hängt zum einen vom Betriebsklima und zum anderen von den Charakterzügen der Menschen ab, mit denen Sie zusammenarbeiten. Steve und Alice hatten Glück: Ihre Vorgesetzten-Untergebenen-Beziehung wurde nicht nur toleriert, sondern von ganz oben unterstützt. Wenn es sich nicht um eine Beziehung entlang der Weisungskette handelt, werden die meisten Kolleginnen und Kollegen keine Schwierigkeiten machen, vorausgesetzt, die beiden Liebenden verhalten sich diskret.

Wie ernst meinen Sie es?

Alles kommt darauf an, wie wichtig Ihnen die Liebesbeziehung ist. Ein Angestellter Ende Zwanzig wurde gefragt, ob er mit einer Frau in seiner Abteilung liiert sei. Obwohl er dies hartnäckig leugnete, meinte ein Kollege: »Alle anderen dachten dann immer: ›Ja, ja, ist schon recht.‹ Schließlich sagte er zu einem Kollegen: ›Das ist eine rein sexuelle Geschichte. Keiner von uns hat derzeit viele Eisen im Feuer.‹« Das war keine sonderlich galante Bemerkung, und dieses Paar trennte sich auch kurze Zeit später.

Intriganten, Wichtigtuer und Rufmörder

Diese unliebsamen Subjekte gibt es in fast jeder großen oder kleinen Organisation, von Arztpraxen über Anwaltskanzleien und Universitäten bis hin zu Großkonzernen. Sie gehören nun einmal zum Berufsalltag aller Arbeitnehmer. Männer und Frauen stehen sich in diesen Kategorien in nichts nach. Solche Menschen haben offenbar nichts Besseres zu tun, als anderen Ärger zu bereiten. Sie wettern gegen Liebesbeziehungen, nicht etwa, weil sie direkt davon betroffen sind, sondern aus vagen, ganz allgemeinen Gründen: »So etwas gehört sich im Büro nicht« oder »Paare haben einen unfairen Vorteil«. Sie lassen sich nicht von wirtschaftlichen Überlegungen leiten, sondern haben ein persönliches Interesse daran, anderen eins auszuwischen.

Die potenziellen Gegner müssen Sie in Ihren Überlegungen berücksichtigen. Wenn sie aus dem Schatten hervortreten, sollten Sie Ruhe bewahren und nüchtern und sachlich handeln. Informiert Sie Ihr Chef oder Ihre Chefin beispielsweise darüber, dass eine Beschwerde eingegangen ist, sollten Sie zu den Vorwürfen Stellung nehmen. Dies ist ein weiterer Aspekt, den Sie in der Gratwanderung zwischen Bekanntgabe und Geheimhaltung Ihrer Beziehung in Erwägung ziehen müssen. Wenn Sie eine möglichst hochrangige, geeignete Führungskraft über Ihre Beziehung informiert haben, bevor andere davon Wind bekommen (oder die Klatschbase des Büros entsprechende Gerüchte in Umlauf bringen kann), befinden Sie sich in einer sehr guten Position. Probleme entstehen, wenn Ihnen die Intriganten zuvorkommen.

Wenn die Einwände gegen eine Liaison im Grunde gar nichts mit der Arbeit an sich zu tun haben, spiegeln sie vielleicht andere Faktoren wie Macht- oder Kontrollbedürfnisse oder gar politische Überlegungen wider. Möglicherweise soll mit dieser Beschwerde in Wahrheit etwas ganz anderes ausgedrückt werden: »*Meine* Erlaubnis haben diese Leute nicht«, oder »*Ich* bin mit dieser Politik des Unternehmens nicht einverstanden«. Das ist etwas völlig anderes als eine gerechtfertigte Beschwerde wegen Günstlingswirtschaft. Die Liebenden müssen – ebenso wie das Unternehmen – diese beiden Arten von Beschwerden voneinander unterscheiden lernen. Außerdem sollten Sie sich unbedingt über Ihre Fluchtwege im Klaren sein – für den Fall, dass doch die Intriganten in dieser Instanz vor dem Unternehmenskadi den Sieg davontragen.

Betrogene Ehefrauen und gehörnte Ehemänner

Auch Reaktionen anderer Personen, die nicht dem Unternehmen angehören, müssen in Betracht gezogen werden, vor allem, wenn einer der Partner noch verheiratet ist. Das soll nicht heißen, dass Sie sich unter keinen Umständen in einen verheirateten Mann oder eine verheiratete Frau verlieben dürfen. Sie dürfen allerdings Ihre Augen nicht vor den potenziellen Komplikationen verschließen.

Manchmal ist es ein Ehemann oder eine Ehefrau, die aus unterschiedlichen Gründen eine Beschwerde beim Arbeitgeber ihres untreuen Partners einreichen. Affären werden aufgedeckt, sei es durch eine Nummer auf der Mobiltelefonrechnung, eine in einer Jackentasche vergessene Notiz, Geständnisse gegenüber einer Freundin oder eines Freundes oder schlicht und einfach durch den Verdacht des Ehepartners.

Wie sich herausstellte, wurde Sam, der Immobilienmakler, vom Ehemann seiner Geliebten angezeigt. Selbst nachdem Sam ihr von seinem Gespräch mit seinem Vorgesetzten berichtete, beschlossen die beiden, sich weiterhin zu treffen. Irgendwann machten sie doch Schluss, woran teilweise auch das Gespräch zwischen Sam und seinem Chef schuld war. Die Frau ließ sich dennoch von ihrem Mann scheiden, als sie später erfuhr, dass er es war, der Sams Vorgesetzten angerufen hatten. Der Ex-Mann war ihr gefolgt und hatte sie schließlich zusammen mit Sam in einem Restaurant gesehen. Sie und Sam blieben Freunde, obwohl beide andere Partner kennenlernten und heirateten.

Fünfmal umsteigen

Carrie ist eine sehr lebenslustige Frau. Man könnte sie als weibliches Pendant zu meinem verstorbenen Freund Tucker, dem Wirtschaftsprüfer, sehen, von dem in einem früheren Kapitel die Rede war. Carrie begann mit Frederico, einem anderen Manager in ihrer Agentur, eine stürmische Affäre. Dann wurde sie versetzt, und Frederico heiratete eine andere Frau. Als es in dieser Ehe kriselte, schickte Frederico Carrie eine Weihnachtskarte. Sie antwortete ihm darauf. Dann telefonierten sie mehrere Male und beschlossen, gemeinsam ein Wochenende zu verbringen.

Carrie traf Frederico in einem Hotel. Die beiden waren gerade dabei, ihre alte Bekanntschaft wieder aufzuwärmen, als das Telefon läutete. Frederico nahm den Hörer ab. Alle Farbe wich aus seinem Gesicht. Nach einem kurzen Gespräch legte er auf. Ein Blick genügte, und Carrie wusste, dass die Anruferin seine Frau gewesen war. Frederico erklärte, dass seine Frau nur die Pferde in Pension geben und die Post abholen wolle und dann bei ihrem Reisebüro anrufen würde. Sie hatte beschlossen, ihn auf dieser »Konferenz«, die er als Grund für seine Reise angegeben hatte, zu besuchen.

Während Frederico das alles mitteilte, packte Carrie ihre Tasche, nahm sich ein anderes Zimmer und richtete sich dort häuslich ein. Als sie zurück in Fredericos Zimmer kam, saß dieser auf dem Bett und grinste wie eine Katze, die den Kanarienvogel verschluckt hatte. »Sie wird frühestens in 24 Stunden hier sein«, erklärte er. »Ich habe meinen Freund angerufen, der in dem Reisebüro arbeitet, in dem wir immer unsere Flüge buchen. Er hat sie auf fünf Flüge gesetzt und ihr erklärt, dies sei die einzige Verbindung, mit der sie um diese Zeit kommen kann. Mit der ganzen Umsteigerei wird sie erst eintreffen, wenn du schon auf dem Weg zum Flughafen bist.« Er nahm Carrie in die Arme und zog sie fest an sich.

Nach wundervollen 24 Stunden liefen die Motoren in Carries Flugzeug bereits, als die Maschine von Fredericos Frau landete und am Flugsteig andockte. Fünf Minuten später begrüßte Frederico seine Frau. Carrie war das einerlei, denn sie hatte »sehr viel Spaß« gehabt und dachte schon an ihre nächste Affäre.

Genießen Sie Ihre Romanze

Die Empfehlung, möglicherweise problematische Situationen, Ihre Kollegen oder Ehepartner im Auge zu behalten, soll nicht heißen, dass Sie und Ihr Partner die Beziehung nicht genießen dürfen – ganz im Gegenteil. Leisten Sie im Büro gute Arbeit und setzen Sie dort Ihre Arbeitsmaske auf. Vergessen Sie aber nicht, sie an an Ihrer Wohnungstür wieder abzunehmen. Privat sollten Sie Ihr Leben so genießen, als würden Sie in unterschiedlichen Firmen arbeiten.

Diese Situation könnte eines Tages eintreten. Warum nicht also gleich mit den schönen Seiten des Lebens beginnen?

Laura sagte: »Wir gingen zusammen spazieren und tranken Wein in einem Straßenkaffee. Es gab Umarmungen im Mondschein und Ausflüge aufs Land. Wir stellten eine Regel für uns auf: Wenn ein Problem auftrat, würden wir es lösen. Danach würden wir unser Leben genießen und jeden Augenblick auskosten.«

Trinken Sie an einem romantischen Ort nach der Arbeit einen Irish Coffee oder ein Glas Wein zusammen. Genießen Sie den wunderbaren Sonntagsbrunch, von dem die Leute immer so schwärmen, und verderben Sie sich nicht diese besonderen Augenblicke mit Gedanken an die Arbeit oder die Notwendigkeit der Geheimhaltung Ihrer Beziehung. Das Leben ist dazu da, es zu genießen, nicht, um sich ewig Sorgen zu machen. Legen Sie sich zu Hause ein schönes Steak auf den Grill, gehen Sie Rollschuh laufen, machen Sie zusammen ein Picknick in einem Park oder sehen Sie sich die neueste Ausstellung in Ihrem Lieblingsmuseum an.

Sally, eine Ärztin Ende Dreißig, sagte zu ihrem Geliebten, der ebenfalls Mediziner war, er solle sie zum Abendessen in einem preiswerten Café treffen. Sie hinterließ bei der Bedienung einen Zettel, den diese ihrem Geliebten bei seiner Ankunft überreichte. Darin stand zu seiner großen Verwunderung, er solle zu einem nahegelegenen Park am Strand fahren. Als er den Park fand, wartete Sally dort auf ihn mit einer eisgekühlten Flasche Champagner, zwei kalten Gläsern und Hors d'oeuvres. Sie gingen barfuß am Strand entlang zu einem beliebten Restaurant, wo sie frische Krebse aßen und weiter mit Champagner anstießen. Wie wir gesehen haben, sind solche romantischen Avancen so alt wie die Menschheit selbst.

Donald, ein Software-Engineer, kam vor seiner Partnerin in deren Wohnung. Er verteilte drei Blumensträuße im Wohnzimmer. Dann schrieb er drei Liebesbriefchen mit jeweils einem Satz. Als seine Geliebte nach Hause kam, setzte sie die Zettel zusammen. Der Text lautete: »Wir fliegen am Wochenende vom 12. bis 14. Februar zum Skifahren nach Lake Tahoe. Du bist zu allem eingeladen. Ich liebe dich sehr, Donald.«

Küsse und Umarmungen mögen zwar am Arbeitsplatz nichts verloren haben, aber das sollten Sie in Ihrer Freizeit wieder wettmachen. Diskretion im Büro heißt nicht, dass Sie Ihrem Partner keine romantischen Briefchen schreiben, keinen Blumenstrauß bestellen oder keinen heimlichen Blick zuwerfen dürfen, wenn sich die Gelegenheit dazu bietet. Genießen Sie Ihre Romanze und nutzen Sie diese kostbaren Stunden.

Kapitel 10

Wenn der Himmel voller Geigen hängt

Liebesbeziehungen in dieser Phase sollten auf Gegenseitigkeit beruhen und das Versprechen einer festen Bindung beinhalten. Ob sie für immer Bestand haben oder nicht, hängt, mit den Worten eines Eheberaters, »von den Einstellungen der Partner, den gelernten Verhaltensweisen, der Bindung, die jeder dem anderen gegenüber empfindet, und einer Portion Glück ab«. Wir Menschen fallen offenbar in zwei Grundtypen: diejenigen, die beim ersten oder zweiten Versuch den richtigen Partner finden und ganz instinktiv zu wissen scheinen, wie sie trotz aller Persönlichkeitsunterschiede eine glückliche Beziehung führen können, und solche, die eine ganze Reihe von »Lebensabschnittspartnern« durchlaufen, bis schließlich einer länger hängen bleibt als die anderen.

Nach einer gewissen »Reifezeit« bleiben die meisten der auf »unlauteren« Motiven beruhenden Affären auf der Strecke: Sie haben nicht so lange Bestand. Wenn mit Sex Macht erkauft werden soll, riecht der andere Partner irgendwann Lunte und die Beziehung gerät spätestens dann in Schwierigkeiten (vgl. Kapitel 7).

Die Affäre steht nun ganz im unbarmherzigen Licht der Realität. So hatte etwa ein Manager eines stahlverarbeitenden Unternehmens eine intensive sexuelle Beziehung mit einer jungen Dame, die dort als Trainee beschäftigt war. Sie war fünfzehn Jahre jünger als er, ging regelmäßig ins Fitnessstudio und liebte es, die Spielchen zu spielen, die die Geheimhaltung der Affäre gegenüber den Kolleginnen und Kollegen erforderte. Der ältere Mann litt jedoch sehr unter den Täuschungsmanövern. Irgendwann war er es leid, »im Sportclub zu duschen und mich umzuziehen und nach einem Stelldichein mit ihr mit kaltem Schweiß auf der Stirn nach Hause zu gehen«. Der Manager erkannte, dass er im Falle einer Scheidung seinen Kindern nicht mehr in die Augen sehen könnte. Seine jüngere Geliebte, die in einer anderen Abteilung arbeitete, wollte wissen, wohin ihre Beziehung führen sollte. Er entschied sich für Frau und Kind. Sie war »ein bisschen enttäuscht« über diese Nachricht, doch stellte sich heraus, dass sie zu jener Zeit nebenher ohnehin bereits mit jemand anderem ausgegangen war.

Eine Managerin und ihr Assistent hatten mehrere Monate lang eine Affäre. Sie machte mit ihm Schluss, da sie der Meinung war, dass er »in unseren intimen Stunden« zu viel über die Arbeit sprach. Zwei Feuerwehrleute trennten sich nach einer leidenschaftlichen Romanze, weil die Frau den Mann als »recht gefühllos« empfand und er ihr eröffnete, sie sei seiner Meinung nach »zu statusbewusst«. Ein Postbeamter war mit seiner Chefin liiert, beendete die Affäre jedoch, weil diese Dame ihn nicht heiraten wollte. Beziehungen kommen und gehen. Später finden die Beteiligten ihr Glück mit anderen Partnern. Manche Beziehungen sind von Dauer.

Es gibt Herausforderungen …

Sie haben versucht, Ihre Arbeitsleistung auf dem bisherigen Stand zu halten und die gleiche grundlegende Routine wie vor Beginn Ihrer Liebesbeziehung beizubehalten. Das Leben im Büro wurde durch Ihre Romanze vielleicht verkompliziert, vor allem wenn Sie aufgrund der Unternehmenspolitik oder Ihres Wunschs nach Privatsphäre Ihre Beziehung geheim halten müssen. Sie mögen es drehen oder wenden, wie Sie wollen, Kommunikation in verschlüsselten Botschaften, Identifizierung der Kollegen, die Ihnen wohl bzw. übel gesonnen sind, und die Überzeugungsarbeit, die Sie bei Vorgesetzten und gleichrangigen Kollegen leisten müssen, nehmen Zeit und Energie in Anspruch.

Viele Liebesbeziehungen verlaufen nicht so, aber Sie müssen sich über einige der potenziellen Fallstricke im Klaren sein. Ein Sieg fällt leichter, wenn Sie das Terrain kennen, das vor Ihnen liegt. Eine Rechtsanwältin verliebte sich zum Beispiel in einen Kollegen. Obwohl sich beide nach Kräften bemühten, Stillschweigen über ihre Verbindung zu wahren, blieb sie den Kollegen auf Dauer nicht verborgen. Leider endete ihre Affäre aufgrund »persönlicher Differenzen«. Ihr Ex-Liebhaber verließ die Kanzlei, nachdem er ein besseres Angebot einer größeren Sozietät erhalten hatte. Ungefähr zur gleichen Zeit wies einer der leitenden Partner der Frau einen Firmenkunden nicht zu, von dem sie glaubte, dass er ihr zustand. Die Anwältin ist immer noch bei der gleichen Kanzlei, denn sie wusste bereits im Voraus, dass sich im Falle einer Trennung Probleme ergeben könnten. Sie will die Sache aber einfach aussitzen und meint, nach einiger Zeit »wird's schon wieder leichter werden«. Sie ist sich auch nicht sicher, ob andere politische Faktoren dafür verantwortlich waren, dass sie diesen begehrten Kunden nicht bekam.

Selbst wenn eine Liaison gut läuft, können andere Probleme auftreten, die nichts mit möglichen beruflichen Auswirkungen zu tun haben – beispielsweise ein betrogener Ehemann bzw. eine hintergangene Ehefrau in einer außerehelichen Affäre. Ein verlassener Partner kann mit besonderer Bitterkeit reagieren: Steves Ex-Frau wollte ihre Rachegefühle ausleben. Sie legte nicht nur Einspruch gegen die Vermögensaufteilung ein, sondern übte auch scharfe Kritik an seinem Umgang mit den Kindern. Danny DeVito brachte es in dem Film *Der Rosenkrieg* auf den Punkt: »Eine zivilisierte Scheidung ist ein Widerspruch in sich.« Wenn eine Beziehung beendet wird, weil einer der beiden Partner jemand »Besseren« gefunden hat, kann der verschmähte Part leicht rachsüchtig werden. Wer denkt in einer solchen Situation nicht daran, einen »Club der Teufelinnen« (bzw. einen »Club der Teufel«) zu gründen?

Man kann diesen Verflossenen ihre Gefühle nicht vorwerfen. Kämpfe über die Aufteilung von Vermögenswerten oder Alimente für Kinder und Ehepartner sind heutzutage nicht selten. Mit dieser Komplikation müssen Sie geradezu rechnen, wenn Sie sich in jemanden verlieben, der verheiratet ist – ob am Arbeitsplatz oder nicht.

Diese Schlachten sind nicht unausweichlich. Manche Paare sind durchaus in der Lage, Einzelheiten ihrer Trennung auf »zivilisierte« Art und Weise auszuhandeln – aber Sie können sich nicht darauf verlassen.

... aber eben auch viele Vorteile

Wer noch niemals eine Liebesbeziehung im Büro hatte oder seit Jahren glücklich verheiratet ist, mag sich fragen, ob eine solche Affäre überhaupt Vorteile mit sich bringt. »Wenn ich Unsicherheit in Bezug auf die Reaktion meiner Abteilung spürte, sprach ich mit meinem Partner darüber. Dann trösteten wir einander und schmiedeten neue Pläne«, sagte eine Managerin. »Wenn ich daran denke, wie einsam und unglücklich ich war, bevor ich Karen kennen lernte«, meinte Frank, »dann verblassten die Arbeit und alle Probleme im Vergleich dazu völlig.« »Tagsüber war es manchmal problematisch, aber die Nächte waren himmlisch«, meinte ein anderer Mann.

Die Gesellschaft des Partners, gegenseitige Unterstützung und Liebe helfen Menschen, schwierige Zeiten am Arbeitsplatz zu überstehen. Sie erinnern sich daran, wie es ihnen erging, bevor sie den Geliebten oder die Geliebte trafen: Sie verbrachten ihre Nächte allein, wärmten sich ein Fertiggericht in der Mikrowelle und schliefen völlig erschöpft vor dem laufenden Fernseher ein, ohne eine Person, mit der sie ihre Gedanken und ihr Leben teilen konnten. Sie erinnern sich daran, dass die Arbeit auch nicht »das Gelbe vom Ei« war, vor allem, wenn man daneben keinerlei Privatleben hatte. Es gibt einen Grund, weshalb so viele Menschen ihren Beziehungen Vorrang vor der Arbeit geben: Liebe ist besser.

Nicht nur die starke positive Anziehungskraft zwischen den Geschlechtern führt dazu, dass Menschen einander näher kommen. Zweisamkeit ist besser als Einsamkeit; schließlich hat man dann jemanden, mit dem man Festtage verbringen und reden kann. »Freunde allein genügen da nicht«, sagte Roberta. »Es ist einfacher, zu zweit durchs Leben zu gehen, angefangen mit der Tatsache, dass die gleiche Miete aus zwei Einkommen bezahlt wird.« Das sind starke Motivationsfaktoren.

Mit Alex' Worten: »Die Beziehung mit meiner ersten Frau war so schlecht, dass ich es schon deprimierend fand, mich im gleichen Raum aufzuhalten wie sie. Ich hatte großes Glück, Samantha zu begegnen. Die Probleme, die sich daraus ergaben, nahm ich gerne in Kauf.« Karen sagte: »Ich würde es wieder tun, selbst wenn ich mit noch größeren Problemen zu kämpfen hätte, nur um das genießen zu können. Ich liebe ihn, und mein Leben ist wunderschön.« Sehen Sie sich alle Liebesbeziehungen an, von denen Sie wissen, dass sie am Arbeitsplatz ihren Anfang nahmen. Überlegen Sie sich, wo diese Liebenden heute stehen. Menschen entscheiden sich für Liebe und Gemeinschaft; sie glauben daran, dass »zwei Köpfe besser denken können als einer«, wenn es darum geht, etwaige Probleme zu lösen. Wenn sich das bewahrheitet, ist das eine schöne Sache.

Vor allem aber leiden viele am Arbeitsplatz begonnene Liebesbeziehungen nicht unter den Problemen, die wir in diesem Buch angesprochen haben. Ob Steve und Alice, Joanne und Tom, Bill und Vicki oder Ed und Beth (stellvertretend für viele andere) – es gibt zahllose Paare, die diese Klippen umschifft haben. Daraus lässt sich schließen, dass nicht alle Liebesbeziehungen im Büro mit Problemen zu kämpfen haben. Sollte dies doch der Fall sein, stehen viele Paare zueinander, anstatt zuzulassen, dass sich ihr Arbeitgeber in ihre Angelegenheiten einmischt. Vergessen Sie nicht, dass mindestens die Hälfte aller Liebesbeziehungen am Arbeitsplatz zu langfristigen Partnerschaften oder Ehen führen.

Nicht immer eitel Sonnenschein

Jede Beziehung hat ihre Höhen und Tiefen, ob Sie Ihren Partner am Arbeitsplatz kennen gelernt haben oder nicht. Ein Mann zankte sich auf dem Weg zur Arbeit mit seiner Freundin und ließ sie wie üblich eine Querstraße vor dem Büro aussteigen, um den Schein zu wahren. Als er immer noch wutschnaubend in sein Büro stürmte, überreichte ihm ein Gerichtsbote die Scheidungsklage seiner Ehefrau. Eine Woche später schien ihm das Glück wieder hold zu sein: Seine Freundin willigte ein, zu ihm zu ziehen, und er hatte eine versprochene Gehaltserhöhung bekommen.

Allein schon die Tatsache, dass Sie eine Liebesbeziehung mit einem Kollegen oder einer Kollegin eingegangen sind, kann zu einem emotionalen Auf und Ab führen. Die Beteiligten empfinden Liebe, Leidenschaft und allgemeine Hochstimmung. Zugleich werden sie aber von Schuldgefühlen, Sorgen und Ängsten geplagt, sei es, weil sie sich vor der Reaktion des oder der Vorgesetzten oder intriganter Kollegen fürchten, sei es, weil dieser Sprung in unbekannte Gewässer bei ihnen Unsicherheit hervorruft. Sie müssen diese Gefühle mit Ihrem Partner oder Ihrer Partnerin teilen. Seien Sie ehrlich, aber geben Sie Ihrem Geliebten oder Ihrer Geliebten dennoch das Gefühl der Nähe.

Es kann lästig werden, mit einem anderen Erwachsenen verschlüsselte Botschaften auszutauschen, vor allem, wenn man ansonsten als hochbezahlte Führungskraft stets geschäftliche Entscheidungen von großer Tragweite trifft. Ein Paar griff auf Briefchen und Telefongespräche in Geheimsprache und bedeutsame Blicke zurück. Da das Unternehmen, für das sie arbeiteten, Verabredungen zwischen Kollegen nicht guthieß, verließen Kate und Howard das Büro getrennt, um sich später auf Parkplätzen oder an verabredeten Orten zu treffen und dann wie jedes andere »normale« Paar miteinander auszugehen. Auch außerhalb der Arbeit gingen sie niemals Hand in Hand und planten sogar ihre Urlaube so, dass ihnen niemand aus dem Büro über den Weg laufen konnte. Ihre Wochenenden verbrachten sie »mit Freunden«, niemals »zusammen«. Eine typische Lebensweise, zumal in Unternehmen mit restriktiver Politik! Ab und zu waren sie deswegen deprimiert (obwohl andere Paare dieses Spiel geradezu genießen). Ihre Liebe füreinander machte jedoch all diese Mühen wieder wett.

Da ihr Arbeitgeber Liebesbeziehungen zwischen Kollegen nicht gerne sah, begannen beide, sich nach einer anderen Stelle umzusehen. Als Howard eine besser dotierte Position fand, informierten sie ihre Vorgesetzten. Howard erklärte unverblümt, dass er ein neues Stellenangebot annehmen werde, damit Kates Position nicht gefährdet werde. In einer Abkehr von der bisherigen Politik entschieden die Topmanager, dass sie diese beiden hochqualifizierten Mitarbeiter halten wollten. Daher erlaubten sie Kate und Howard, in ihren derzeitigen Positionen zu bleiben. Howard lehnte das Jobangebot ab, und sowohl er als auch Kate arbeiten noch heute für die gleiche Firma, sind aber inzwischen verheiratet.

Erfolgsrezepte

Was ist das Geheimnis erfolgreicher Paare? Warum haben manche Liebesbeziehungen am Arbeitsplatz ein Happy End? Hierzu die Gedanken einiger Menschen, die eine solche Situation aus eigener Anschauung kennen.

Wer viel arbeitet, muss auch feiern können

Selbst wenn Sie Beruf und Privatleben getrennt halten, müssen Sie sich unter Umständen Arbeit mit nach Hause nehmen – und das kann dem Partner irgendwann auf die Nerven gehen. Harry bemerkte dazu: »Nehmen Sie sich bewusst Zeit und genießen Sie Ihr Zusammensein. Das ist ja der eigentliche Grund, weshalb Sie überhaupt so hart arbeiten.« Eine andere Führungskraft meinte: »Man kann sehr egoistisch werden, wenn man Tag und Nacht nur noch an die Arbeit denkt. Dann bleibt nicht mehr viel Platz für andere Menschen in Ihrem Leben.«

Ob die unterschiedlichen Arbeitsbelastungen gerechtfertigt sind oder nicht, der Partner mit mehr Freizeit kann unruhig werden. Zu viel Arbeit kann des Guten zu viel sein.

Jennifer war als Sekretariatsleiterin bei einem kleinen Architekturbüro tätig; John war dort der geschäftsführende Architekt. Die wichtigste Regel, die sie zu Beginn ihrer Beziehung aufstellten, lautete: Keine Arbeit mit nach Hause nehmen. Jennifer berichtete: »Wir erkannten, dass es für uns am wichtigsten war, genug Zeit zu haben, um ›Jennifer und John‹ und sonst nichts zu sein. Wir einigten uns zu Beginn, keine Probleme aus dem Büro in unser Privatleben mitzunehmen. Wenn die Geschäfte schlecht gingen oder sich Mitarbeiter nicht verstanden, ließen wir das in dem Moment hinter uns, in dem die Bürotür ins Schloss fiel.«

Gehen Sie mit Ihrer Freizeit ebenso streng um wie mit der Arbeit. Es ist schön, die beruflichen Erfahrungen mit einer Person zu teilen, die das Umfeld kennt, aber Sie müssen sich auch die nötige Zeit nehmen, um Ihre Verliebtheit auszuleben. Arbeiten Sie hart im Büro, damit Sie dann zusammen Ihre Freizeit genießen können. Stehlen Sie, wenn nötig, diese Zeit für Ihre Romanze.

Machen Sie die Liebe zu einer Priorität – so wie die Arbeit

Wenn Sie am Arbeitsplatz besonders lange unter großem Druck standen, sollten Sie romantische Pläne für Ihre bessere Hälfte schmieden und dann mit ihm oder ihr ein Wochenende lang alles hinter sich lassen. Überlegen Sie sich, ob die Arbeit, die Sie nach Hause bringen, wirklich so wichtig ist. Kann denn nicht wenigstens *ein Teil* davon bis morgen warten? Es spielt keine Rolle, ob der Partner im gleichen Büro arbeitet wie Sie oder nicht, der Schlüssel zum langfristigen Erfolg einer Beziehung besteht darin, dem Partner das Gefühl zu geben, dass er ebenso wichtig ist wie alles andere in Ihrem Leben.

Romantik ist das richtige Gegengewicht für die Belastung, die berufliche Anforderungen für Ihre Beziehung darstellen können. Zweisamkeit, Liebe und Nähe helfen, alle Zukunftsängste oder Unsicherheiten zu überwinden. Sie sind diese Beziehung ja eingegangen, weil Sie mit einem geliebten Menschen Erfahrungen teilen wollten – also zeigen Sie, wie wichtig Ihnen das ist.

»Betrachten Sie Ihre Liebe nicht als selbstverständlich«, sagte Laurel. »Arbeiten Sie an Ihrer Beziehung genauso wie an allem anderen. Setzen Sie sich das Ziel, eine phantastische Beziehung zu Ihrem Partner aufzubauen.« Christian bringt zum Beispiel Amy ab und zu einen Blumenstrauß mit Liebesbriefchen. Amy kauft ihm kleine Geschenke, wenn sie für sich Kleidung und Kleinigkeiten einkauft. Herb überrascht Mona mit Karten für ein Theaterstück, das sie sich gerne eines Tages ansehen wollte – und Mona scheut keine Mühe, um für ihn bei seinen Besuchen seine Lieblingsgerichte zu kochen.

Überraschen Sie den Partner!

Romantik ist, für den anderen etwas Unerwartetes zu tun, um dessen Tag zu verschönen. Legen Sie ihm oder ihr ein Geschenk hin, wenn sich die Gelegenheit ergibt – selbst am Arbeitsplatz. Wagen Sie einen heimlichen Kuss im Aufzug, wenn niemand sonst mitfährt. Ein Rechtsanwalt schlich sich ins Büro seiner Geliebten und legte ein Geschenk in ihre Schreibtischschublade. Dann rief er sie an und sagte, sie solle ihren Schreibtisch durchsuchen. Sie entdeckte das Päckchen und wickelte einen kleinen Teddybären aus.

Ein Paar hatte aufgrund beruflicher Belastungen besonders große Schwierigkeiten, sich zu verabreden. Der Mann bereitete einen Salat zu, kochte ein Nudelgericht und trug die komplette Mahlzeit zum Haus seiner Freundin. Als sie müde und hungrig nach Hause kam, wartete er schon auf sie. Er wärmte die Nudeln auf, schenkte ein Glas Wein ein, zündete die Kerzen an und überreichte ihr ein Geschenk, mit dem sie nicht gerechnet hatte.

Solche Gesten werden besonders geschätzt, wenn ein Paar schon einige Zeit zusammen oder verheiratet ist. Unerwartete Geschenke beschränken sich nicht nur auf ein romantisches Wochenende auf dem Land. Es können Schlittenfahrten durch einen winterlich verschneiten Park, eine Radtour zum Strand oder durch einen Park, ein Anruf beim Heimservice eines chinesischen Restaurants sein – was immer Ihrem Partner gefällt. Eine Frau wartete, dass ihr Mann von der Arbeit nach Hause kam. Sie legte romantische Musik auf, stellte eine Flasche Wein kalt und zog sich ein hinreißendes Kleid an. Als er zur Tür hereinkam, strippte sie nicht etwa für ihn und zerrte ihn auch nicht ins Bett. Vielmehr ließ sie ihm ein heißes Bad ein und reichte ihm ein Glas gekühlten Wein und die Zeitung. Im Bett landeten die beiden später. Mit solchen Gesten können Sie die Leidenschaft in Ihrer Beziehung auf Trab halten.

Kleinigkeiten zählen doch

Gerade wenn Sie beruflich besonders im Stress sind, machen kleine, unerwartete Aufmerksamkeiten einen besonders großen Unterschied. »Wenn Sie den Müll hinuntertragen, das Geschirr spülen, den Fußboden saugen, bei der Wäsche helfen oder einfach nur hilfreich zur Seite stehen, wenn die Arbeit ein wenig zu viel wird«, meinte Trudy, »wird der Partner das wirklich zu schätzen wissen. Diese kleinen Aufmerksamkeiten verschönen einem den Tag.«

So hatte Chuck einmal einen harten Streifengang hinter sich, und es graute ihm davor, nach Hause zu gehen und den Rasen mähen zu müssen, wie er es Paula am Morgen versprochen hatte. Als er heimkam, hatte sie ihm diese Arbeit bereits abgenommen. Betty sagte: »Ich erlebte einen dieser Tage, von denen man nur einer engen Freundin erzählen kann. Alles war schief gegangen, und ich war furchtbar schlecht gelaunt. Ich konnte es kaum fassen, aber als ich nach Hause kam, schien Bob das schon geahnt zu haben. Im Backofen stand ein fertiger Auflauf und auf dem Küchentisch mein Lieblingskuchen aus der Bäckerei. Auf den Kühlschrank hatte er einen Zettel geklebt: ›Ich liebe dich. Bob‹. Danach hatte er einen großen Stein bei mir im Brett.«

Ob Ölwechsel, Autowäsche, den Hund baden, das Abendessen kochen – die kleinen Dinge zählen. Versuchen Sie, den Partner jeden Tag mit einer einfachen Aufmerksamkeit zu erfreuen. Es wird sich auszahlen.

»Dieser Tag gehört dir«

Reservieren Sie sich einen Tag, an dem Ihr Geliebter oder Ihre Geliebte bestimmen kann, was Sie beide tun. Schalten Sie den Anrufbeantworter ein (Sie sind an diesem Tag nicht erreichbar) und erfüllen Sie die Wünsche des Partners. Eine Frau wollte beispielsweise den ganzen Vormittag im Bett verbringen, dort frühstücken, später in einem Café einen Espresso trinken, dann ins Kino gehen und als krönenden Abschluss einen Spaziergang durch einen nahegelegenen botanischen Garten machen. Als ihr Freund den Tagesablauf bestimmen durfte, wollte er sie am Morgen lieben, in einem Restaurant zu Mittag essen und sie dann am Nachmittag nochmals lieben. Eine Verlobte bat ihren Freund, ihr am Vormittag beim Wohnungsputz zu helfen und am Nachmittag eine Theatervorstellung mit ihr zu besuchen. Ihr Freund wollte ausschlafen, einen späten Brunch genießen und dann den ganzen Nachmittag zum Fischen gehen, als er mit seinen Wünschen an die Reihe kam. Sie sollten sich bei diesem Spiel abwechseln, aber Ihre Wünsche innerhalb eines vernünftigen Rahmens halten. Ein Freund rief mich an und wollte wissen: »Wie um Himmels willen macht man Tortoni?« Ich musste das Wort im Lexikon nachschlagen. Tortoni ist eine Art Eiscreme.

Beide zählen

Es ist geradezu eine Selbstverständlichkeit, dass beide Partner zählen, ganz gleich, was sie jeweils tun. In einem Haushalt ist die Frau Chefredakteurin einer führenden Computerzeitschrift, während er von zu Hause aus ein Unternehmen für Maler- und Renovierungsarbeiten betreibt. Er ist zugleich auch für den Haushalt und die Kinderbetreuung zuständig. Sie unterstützt seine Karriere ebenso sehr wie ihre eigene. Ein Mann, der Betriebswirtschaft in Harvard studiert hatte, hat schon für einige der größten Konzerne gearbeitet und verschiedene interessante Karrierewege ausprobiert. Er ist aber stolz auf die Tätigkeit seiner Frau als Postbeamtin, weil er ihr Leistungsniveau, ihre Arbeitsethik und Lebensanschauung bewundert.

Den Spaß nicht vergessen

Mona und Herb arbeiten beide als Softwareprogrammierer. Mona ist etwas über Vierzig, klein und gelenkig. Eine ihrer Freundinnen sagte über sie: »Auf ihrem Körper könnte man einen Diamanten schneiden.« Herb ist gut Fünfzig und übergewichtig. Die beiden lernten sich in der gleichen Abteilung kennen und begannen, regelmäßig miteinander auszugehen. Sie unternahmen große Anstrengungen, um ihre Beziehung vor den Kollegen geheim zu halten. Ihre Regeln lauteten: keine heimlichen Blicke oder persönlichen Gespräche im Büro, Fernziele bei allen Urlauben. Als die beiden ihren Urlaub auf St. Marten, einer der britischen westindischen Inseln, verbrachten, erzählten sie ihren Kollegen, dass sie ganz woanders hinflögen. Nach einer Woche Sonne und Meer an diesem paradiesischen Ort kehrten sie nach Washington zurück.

Sicherheitshalber kaufte sich Mona am Flughafen von Miami ein T-Shirt mit der Aufschrift »I Love Puerto Rico«. Herb kaufte sich gar nichts, sondern erzählte allen einfach: »Ich bin die ganze Zeit über am Strand von St. Marten gelegen.« Sie nannten ihren Kollegen auch unterschiedliche Reisedaten für ihre »getrennten« Urlaube. Alles klappte wie am Schnürchen, selbst nach der zweiten Reise, als Mona wieder ihre Puerto-Rico-T-Shirts verteilte.

Eines Tages bekam Herb eine Nebenhöhlenentzündung und ging zum Arzt. Nach seiner Rückkehr nach Hause legte er sich ins Bett. Als das Telefon läutete, nahm Mona ab in dem Glauben, es sei der Arzt, der noch ein Medikament verschreiben wolle. Statt dessen wollte sich ein Kollege nach Herbs Befinden erkundigen (was häufig genug vorkommt).

Nach diesem Vorfall beschlossen die beiden Programmierer, ihre Heiratspläne bekanntzugeben. Mona wurde später befördert und in eine andere Abteilung versetzt. Sie und Herb heirateten kurze Zeit später.

Aneinander denken

Wenn Sie darüber nachdenken, was Ihren Partner glücklich macht, haben Sie das Geheimnis einer erfolgreichen Beziehung entdeckt. Ihre Liebe wird Bestand haben, solange beide Partner das nicht vergessen. Erfolgreiche Beziehungen haben im Grunde einen gemeinsamen Nenner: Die Partner denken aneinander, verwöhnen sich mit kleinen Aufmerksamkeiten und erleben gemeinsam größere romantische Abenteuer und Urlaube. Ein solches Paar wird in nahezu allen Fällen der Beziehung Vorrang vor der Karriere geben. Wenn Unternehmen heute Liebenden Steine in den Weg legen, müssen sie sich darüber im Klaren sein, dass dies nur darauf hinauslaufen kann, wertvolle Mitarbeiter und Mitarbeiterinnen an einen anderen Arbeitgeber zu verlieren.

Dauerhafte Beziehungen

»Damit aus einer Romanze eine langfristige Beziehung wird, müssen die beiden Partner die gleichen Grundwerte besitzen: Ehrlichkeit, Freundlichkeit, Treue und dazu möglichst noch ein gewisses Quentchen Selbstlosigkeit«, sagte Robin, die bald ihren dreißigsten Hochzeitstag feiert. Hinzu kommen noch berufsbezogene Regeln: Diskretion, Trennung von Berufs- und Privatleben und andere vernünftige Überlegungen, die in diesem Buch erörtert wurden. Ähnliche Wertvorstellungen, Arbeitsmoral, Erfahrungen im Unternehmen und Einkommenserwartungen können offenbar den Stress ausgleichen, der durch Zusammenarbeit im gleichen Büro entsteht – Belastungen, die bei außerhalb des Arbeitsplatzes begonnenen Partnerschaften nicht zu beobachten sind. Das bedeutet nicht, dass die Partner auf lange Sicht bei dem gleichen Unternehmen bleiben werden. Die Wahrscheinlichkeit ist sogar groß, dass dies nicht der Fall sein wird.

Weitere Faktoren sind Vorbedingungen für eine dauerhafte Beziehung. Wichtig ist, dass die Beteiligten »zwischen Wunschträumen und realistischen Möglichkeiten« unterscheiden können, um mit Harry zu sprechen, und dazu muss man sich sich und den Partner gut kennen.

Was wollen Sie wirklich?

Sie müssen wissen, welche Eigenschaften Ihr Partner haben soll. Daher müssen Sie sich über Ihre Prioritäten klar werden. »Liebende finden anscheinend so schnell zueinander, dass sie über solche Dinge gar nicht nachdenken. Wer denkt schon über Unterschiede in der Persönlichkeit nach, wenn der Himmel voller Geigen hängt? Erst später kommen die beiden dann zu dem Schluss, dass sie nicht zusammenbleiben können, weil sie zu unterschiedlich sind«, sagte Betty, eine Topmanagerin bei einer Großbank.

Sie fuhr fort: »Ich wünsche mir, dass mein Mann fürs Leben mir geistig ebenbürtig ist, sich sehr gut ausdrücken kann, Humor hat und ein wenig mehr Geld als ich besitzt, damit ich weiß, dass er es nicht auf meines abgesehen hat.« Keine leicht zu erfüllenden Forderungen, vor allem die Sache mit der richtigen Ausdrucksweise! Wichtig ist aber, dass Betty sich dies nun einmal von einem geliebten Mann wünscht. Mary, eine dynamische Dame mittleren Alters, die Treuhandkonten verwaltet, verlangt von ihrem Mann, er solle »finanziell unabhängig, aktiv und gut aussehend sein und gerne joggen«. Auf das Joggen könnte sie zur Not verzichten, doch im Hinblick auf Aktivität und finanzielle Unabhängigkeit ist sie zu keinerlei Zugeständnissen bereit. Judy wünscht sich, dass ihr Partner »sensibel und intelligenter ist als ich und Sinn für Humor hat«.

Pierre wünschte sich eine Frau »mit einem festen Körper, die wie ein Model aussieht und keine Verwandten hat«. Ich weiß, dass dies sexistisch klingt, doch so hat er seine Wünsche nun einmal formuliert. Andererseits meinte Sabina, 42 Jahre alt: »Ich bin immer noch in der Lebensphase, in der ich an einem Tag Spiegelei und Speck und am nächsten Eggs Benedict zum Frühstück essen möchte. Bei meinen Männern will ich die gleiche Vielfalt haben wie beim

Essen.« Sie fügte hinzu: »Männer, die nicht gut aussehen und denen das nötige Kleingeld fehlt, brauchen sich gar nicht erst bei mir zu melden.« Louie, ein älterer Manager auf der mittleren Führungsebene eines Finanzdienstleistungsunternehmens, wünschte sich eine Frau, die »freundlich und gütig ist, Tiere liebt und mit Geld gut wirtschaften kann«. Tony hätte gerne ein »Mädel, das attraktiv ist, mir meine Freiheit lässt und Pep hat«. All diese Typen existieren, ebenso wie die Typen, nach denen sie suchen. Ob sie aber den Mann oder die Frau finden, der/die am besten zu ihnen passt, ist eine ganz andere Frage.

Wie ist der Partner wirklich?

»Den perfekten Mann oder die perfekte Frau gibt es nicht. Wenn Sie danach suchen, werden Sie viele Nächte alleine zu Hause verbringen«, sagte Harry. »Ihre Arbeit wird Ihnen nicht viel nützen, wenn Sie alleine sind, ganz gleich, wie wichtig Ihre Position in der Organisation ist. Ich kenne Führungskräfte, die so viel Zeit im Büro verbringen, dass ihr Hund unter Einsamkeit leidet. Und in ihrem Privatleben sieht es nicht viel besser aus.«

Die Eigenschaften, die Sie sich in einem Partner wünschen, können ein absolutes Kriterium sein oder einfach beschreiben, was Ihnen an einer Person gefällt. Sie können sich wünschen, dass der oder die Richtige humorvoll, von ansprechendem Äußeren, künstlerisch, gebildet, dünn, dick, stark, klug, vergeistigt oder gesellig ist und Geld liebt – oder was Ihnen sonst noch wichtig erscheint. Wie immer Ihre Liste ausfallen mag, vergleichen Sie die Person, mit der Sie liiert sind, zu Beginn der Beziehung mit Ihren Wünschen. Ihr Freund oder Ihre Freundin sollte dann das Gleiche mit Ihnen tun.

Niemand bekommt all seine Wünsche erfüllt. Vielleicht stellt sich heraus, dass Sensibilität und Intelligenz für Sie doch wichtigere Eigenschaften sind als ein Sinn für Humor. »Perfekte Ausdrucksweise« ist möglicherweise weniger wichtig als Liebenswürdigkeit. Im Wirtschaftsjargon spricht man hier von der »Festlegung von Prioritäten«. Sich zu fragen, was einem wirklich wichtig ist, ist eine weitere Möglichkeit, um sicherzustellen, dass die eigenen Bedürfnisse erfüllt werden.

Diese grundlegenden Eigenschaften gehen über das hinaus, was man bei der Zusammenarbeit im Büro an anderen beobachten kann. Was immer Ihnen wichtig ist, vergewissern Sie sich, dass Ihr Partner die Eigenschaften mitbringt, die Sie am meisten schätzen. Ansonsten sollten Sie vielleicht vorsichtiger an Ihre derzeitige Beziehung herangehen.

Was lange währt …

Gary, ein Psychiater, sagte: »Eine Beziehung braucht ›Tempo‹, Qualität und Tiefe, um stabil zu sein. Unter ›Tempo‹ verstehe ich die Chemie oder körperliche Anziehung zwischen den beiden Liebenden. Qualität ist die Fähigkeit, gemeinsam positive Erfahrungen zu genießen, und Tiefe beschreibt den Prozeß, durch gemeinsame Erfahrungen enger zusammenzuwachsen. Im Laufe der Zeit nimmt das Tempo einer Beziehung ab, wenn die beiden Partner mehr gemeinsam erlebt haben und der ›Reiz des Neuen‹ verblasst. Dies wird hoffentlich durch mehr Qualität und Tiefe in der Beziehung ausgeglichen.«

Neben diesen Eigenschaften ist es ebenso wichtig, dass die beiden Partner emotional in der Lage sind, sich etwas zu geben und eine Beziehung einzugehen. Wie wir gesehen haben, konnte sich Mike, der Manager der Rechtsassistenten in einer großen Anwaltssozietät, nicht fest binden. Obwohl er dies den Frauen, mit denen er ausging, ganz offen sagte, ändert das nichts an der Tatsache, dass er für eine langfristige Beziehung nicht geeignet war. Seien Sie sich bewusst, dass viele von uns ihre »Wunden« mit sich herumtragen – auch Ihre Kolleginnen und Kollegen.

Kapitel 11

Auf immer Dein

Viele Liebesbeziehungen mit Kolleginnen oder Kollegen werden zu langfristigen Bindungen oder münden in einer Ehe. Wie bereits berichtet, ist dies allem Anschein nach in mindestens 50 Prozent aller Fälle so – mit steigender Tendenz. Eine Ärztin heiratet einen Patienten. Ein Bauunternehmer schließt mit einer Kundin den Bund der Ehe. Rechtsanwältinnen verloben sich mit anderen Anwälten oder Rechtsassistenten. Ein Spitzenmanager verlässt seine Frau, um eine Vorstandskollegin zu heiraten, mit der er eng zusammenarbeitet.

Es kommt nicht selten vor, dass ein Partner seine Stelle aufgibt, um zu einem anderen Unternehmen zu wechseln, die Beziehung fortsetzt und schließlich heiratet. Kollegen lernen sich kennen, suchen sich neue Jobs und tauschen Ringe aus, weil Beziehungen mehr Bestand haben als Arbeitsstellen. In kleinen Zahnarztpraxen und Krankenhäusern verhält es sich hier ebenso wie in Großkonzernen.

Ehepaare bewerben sich um Stellen im gleichen Unternehmen. Wenn sie Glück haben, werden auch beide Partner genommen. Zwei Universitätsprofessoren, die miteinander verheiratet waren, beschlossen, von der amerikanischen Ostküste an die Westküste zu ziehen. Sie wollten diesen Sprung wagen, sobald einer von ihnen eine annehmbare Position gefunden hatte. Die Frau bekam als erste ein Stellenangebot als Psychologieprofessorin an einer Universität. Ihr Mann konnte sich zu diesem Zeitpunkt noch keine Stelle sichern; statt dessen gründete er in der gleichen Stadt sein eigenes

Beratungsunternehmen. Ein neuer Dekan willigte ein, an der gleichen Universität eine Stelle anzunehmen, vorausgesetzt, seine Frau würde als Dozentin eingestellt. Diesem Wunsch wurde Folge geleistet.

Ehepaare am Arbeitsplatz

Bevor ein Kreditinstitut vor einigen Jahren sein Verbot der Zusammenarbeit von Ehepaaren aufhob, war in einem Fall der Mann gezwungen, in eine Zweigstelle in einem anderen Teil des Bundesstaates zu wechseln. Dieses Paar ist immer noch verheiratet, obwohl die Wochenendbeziehung eine Belastung für sie darstellte. Tommy und seine Frau Nicki dagegen profitierten vom heutigen Trend: Sie lernten sich nicht nur in einer Bank kennen, sondern durften auch beide weiterhin in der gleichen Abteilung arbeiten.

Wohin geht der Trend?

In einer 1992 durchgeführten Untersuchung kam heraus, dass Menschen, die ihren Partner vor Aufnahme sexueller Beziehungen länger kannten, den oder die Betreffende eher heirateten als die, bei denen dies nicht der Fall war. Das leuchtet ein, denn wenn man sich die Zeit nimmt, erst eine Freundschaft aufzubauen, wird eine spätere intime Bindung um so stärker. Überraschend ist jedoch, wie häufig dies vorkommt: 50 Prozent der Paare, die erst über ein Jahr nach ihrer ersten Begegnung intim wurden, heirateten später, verglichen mit nur 10 Prozent der Paare, die innerhalb der ersten Monate nach ihrem Kennenlernen miteinander ins Bett gingen.

Das Fazit der Untersuchung lautete, dass Menschen in der Regel sexuelle Beziehungen zu Partnern aufnehmen, die den gleichen Bildungsstand haben, der gleichen ethnischen Gruppe angehören und altersmäßig ähnlich sind, ob sie eine Heirat im Auge haben oder nicht. 90 Prozent aller verheirateten und unverheirateten Paare hatten die gleiche Hautfarbe, gehörten zur gleichen ethnischen Gruppe, und über 80 Prozent hatten ungefähr das gleiche Bildungsniveau.

Andere Untersuchungen kamen zum gleichen Schluss: Beziehungen zu Kolleginnen und Kollegen ruhen auf einem starken Fundament, das sie stabiler machen kann. Die Gründe liegen auf der Hand: Kollegen haben Zeit, vor Beginn einer sexuellen Beziehung eine Freundschaft aufzubauen; Mitarbeiter mit ähnlichen Interessen und Werten finden oft zueinander; um im Unternehmen Erfolg zu haben, müssen die Beschäftigten in Projekten und Allianzen Bindungen zu anderen aufbauen.

Durch die vermehrte Berufstätigkeit der Frauen und die Zunahme der Doppelverdiener hat sich in den letzten 20 Jahren das Familienleben drastisch verändert. Wie Liebesbeziehungen am Arbeitsplatz, sind auch Ehen daher gleichberechtigter als früher.

Der wirtschaftliche Beitrag der Frauen in Partnerschaften ist bemerkenswert und trägt weiter zur deutlichen Tendenz zu langfristigen Beziehungen mit Kollegen bei. Wir sprechen hier von gleichberechtigten Partnerschaften, bei denen beide gleich viel zu sagen haben, insbesondere in Liebesbeziehungen, die im Büro begannen. Gleichberechtigung in der Ehe setzt sich ebenfalls durch. Die Zahl der langfristigen Beziehungen am Arbeitsplatz wird mit Sicherheit weiter steigen, und Unternehmen müssen sich auf diese grundlegende Tatsache einstellen. Firmen mit einer überholten Politik müssen sich eine progressivere Einstellung angewöhnen und unter anderem Kinderbetreuungsmöglichkeiten vermitteln sowie Gleitzeit und soziale Flexibilität anbieten.

Die Ironie des Trauscheins

Ironischerweise haben bereits verheiratete Paare bei vielen Unternehmen eine bessere Anstellungschance als Paare, die sich in der Firma kennen lernen, heiraten und dann versuchen, dort ihre weitere berufliche Laufbahn aufeinander abzustimmen. Warum ist das so? Diese Unternehmen sorgen sich wegen potenzieller Beschwerden wegen sexueller Belästigung (bis das Paar endlich heiratet; dann atmen sie erleichtert auf), einer möglichen Machtkonzentration in den Händen der Ehepartner oder wegen des Risikos von Interessenkonflikten der beiden Partner. Bei der Einstellung attraktiver Neubewerber (entweder gemeinsam oder als Teil eines Arbeitsteams) verhalten sich diese Unternehmen anscheinend flexibler als bei einer plötzlichen Konfrontation mit einer »störenderen« Liebesbeziehung im Büro, die dann in eine Ehe mündet. In vielen Firmen darf ein Paar, das seine intime Verbindung geheimhält, weiter im Unternehmen arbeiten (wenn es keine schwerwiegenden Klagen gibt und die beiden einander nicht direkt unterstellt sind). Sobald das Paar jedoch seine bevorstehende Heirat ankündigt, gelten andere Regeln.

Kein Wunder, dass so viele Paare sehr große Anstrengungen unternehmen, ihre Liebesbeziehung geheim zu halten, bis ihre Pläne weit genug gediehen sind. Überraschend ist vielmehr, dass Unternehmen sich darüber wundern, vor allem wenn es ja gerade ihre Reglementierungen sind, die diese Heimlichtuerei nötig machen. Da viele Organisationen unterschiedliche offizielle Regelungen und implizite Interpretationen haben, wenn sich ihre Mitarbeiter und Mitarbeiterinnen kennen lernen und heiraten, müssen Sie überprüfen, wie es denn bei Ihrem Arbeitgeber in dieser Hinsicht aussieht, bevor Sie Ihre Beziehung bekannt geben, und sich dann entsprechend auf diese Situation einstellen.

Einige Beispiele

Der Übergang von einer Liebesbeziehung zur Ehe hat interessante Konsequenzen. Sie müssen zunächst nach dem Klima fragen, das im Unternehmen herrscht: Ist es pro-interaktiv oder nicht? Dann müssen Sie sich überlegen, welcher Partner wohl die besseren Aufstiegschancen hat und ob es sinnvoll ist, dass einer oder beide bleiben. Im weiteren Verlauf müssen die Partner unter Umständen auch Entscheidungen zu ihrer Arbeit, ihrer Beziehung und getrennten Karrieren fällen. Wie werden Sie beispielsweise reagieren, wenn später einer der Partner in eine Position versetzt wird, in der er direkt oder indirekt an den anderen berichtet (was schon vorgekommen ist)? Oder wenn er in eine andere Niederlassung in einem anderem Teil des Landes versetzt wird? Wird das Unternehmen den Wünschen des anderen Partners entgegenkommen?

Ein reines Glücksspiel

Die Bandbreite der Unternehmen und Branchen ist so groß, dass das letztendliche Ergebnis ein reines Lotteriespiel sein kann. Wenn ein Unternehmen groß genug ist, können Mitarbeiterinnen und Mitarbeiter im Handumdrehen versetzt werden. Dies beweist die Geschichte von Don, der eine Topmanagementposition in einem Finanzdienstleistungsunternehmen innehat:

»Mir fällt gerade ein junger Mann Ende Zwanzig ein, der bei uns eine Affäre mit einer Frau Mitte Dreißig hatte. Die beiden zogen zusammen. Sie arbeiten beide für uns im gleichen Geschäftsbereich. Als die Geschäftsleitung von dieser Beziehung erfuhr – ich glaube, es lag an einer Beschwerde –, wurde er in eine andere Stadt versetzt. Für sie fand man dort ebenfalls eine Stelle, die aber einem Abstieg gleichkam, obwohl sie weiterhin dasselbe Gehalt bezog.

Die beiden zogen mitten im Winter um. Es gelang ihnen aber nicht, sich einzuleben. Sie hassten das Klima, den neuen Arbeitsplatz, einfach alles. Beide kündigten bei uns und kamen ohne Stelle zurück. Inzwischen hatten sie geheiratet, und er hatte eine Ausbildung als Versicherungsmakler absolviert. Schließlich fand sie eine Stelle im Vertrieb eines anderen Unternehmens. Beiden geht es heute gut.

Anfang der achtziger Jahre wurde Kollegen, die miteinander liiert waren, in unterschiedliche Niederlassungen versetzt. Heute hat sich das geändert. Ein Paar kann privat und beruflich zusammen sein, ohne dass das jemanden stört. Die beiden müssen sich aus Rücksicht auf ihre übrigen Kolleginnen und Kollegen diskret verhalten, aber in der heutigen Unternehmenskultur würde eine solche Situation keine Probleme mehr bereiten.«

Lyle und Vi

Nachdem Lyle sich mit seiner Chefin getroffen hatte, sprach er alles mit Vi durch. Sie mussten sich überlegen, was am besten für sie war. Vi hatte eine gute Stellung; ihr Vorgesetzter war mit ihrem Fortschritt zufrieden und unterstützte sie sehr. Lyle war sich bei seiner Managerin nicht so sicher. Er merkte, dass sie ihn mehr und mehr mit dem Inkasso kleinerer, schwerer zu beschaffender Beträge beauftragte. Lyle beschloss, dass es Zeit war, sich nach einem anderen Arbeitgeber umzusehen.

Es dauerte einige Monate, bis er eine ebenso gute Stellung gefunden hatte. Lyle unterschrieb den neuen Arbeitsvertrag, und im nächsten Monat heirateten Vi und er. Im ersten Jahr waren beide mit ihrer Arbeit und ihrer Ehe zufrieden. Dann geriet Lyles neue Position wegen eines Wechsels im Management und eines unangenehmen Vorgesetzten in Gefahr. Vi fragte bei Lyles alter Chefin nach: Sie war nicht zufrieden mit dem Ersatz, den sie für ihn gefunden hatte, sagte diese, und würde Lyle mit offenen Armen und zu einem höheren Gehalt wieder nehmen. So kam es dann auch. Die Moral der Geschichte: Setzen Sie nicht zu schnell zum Absprung an, wenn Sie nicht wissen, wo Sie landen werden.

Kapitel 12

Das bittere Ende

»Wir arbeiteten so gut zusammen. Ihm gefielen meine Ideen und mein Ansatz. Wenn ich am Morgen aufwachte, fühlte ich mich so lebendig, zog mich schick an und fand mich so gut, wie ich war und mich fühlte. Ich blühte richtig auf«, erzählte Demi, eine 56-jährige Projektmanagerin. »Ich konnte es nicht fassen, wie deprimiert und wütend ich ein paar Monate später war, als unsere Beziehung in die Brüche ging.« Ruth, eine 25-jährige Marketingkoordinatorin, meinte: »Wir kamen uns im Büro näher, wo wir zusammen Kaffee tranken, uns PR-Slogans wie Bälle zuwarfen und bis spät in die Nacht hinein schufteten. Eine leidenschaftliche Affäre war praktisch vorprogrammiert. Nach der Trennung hätte ich mich am liebsten für immer in meinem Büro verkrochen.«

»Ich konnte es kaum glauben, dass ich eine Kollegin hatte, die so sexy war und andere Menschen so gut durchschaute. Sie wusste einfach, wenn jemand nicht die Wahrheit sagte«, sagte Robert, ein 34-jähriger Polizist. »Nach ein paar Monaten eröffnete sie mir, dass sie zu ihrem Mann zurückkehren würde. Damit wurde ich nicht fertig. Ich bat um eine Versetzung.«

Carl, ein Managementtrainee Ende Zwanzig, meinte: »Was für ein phantastischer Ort, um Mädels kennen zu lernen, dachte ich, als ich all die attraktiven weiblichen Trainees sah. Man kann sie beobachten, kennen lernen und herausfinden, ob sie die gleichen Interessen haben wie man selbst. Das einzige Problem war, dass ich mich in eine Frau verliebte, die mehr Wert auf die beruflichen Aufstiegschancen ihres Partners legte als auf sein Wesen. Sie ließ mich fallen wie eine heiße Kartoffel, als sie jemanden traf, der die Karriereleiter schneller erklomm als ich. Es war schrecklich. Wenn ich sie sah, hätte ich mich am liebsten ins nächste Eck verkrochen, aber das tat ich natürlich nicht. Ich biss einfach die Zähne zusammen und dachte an die Freundin, die ich ihretwegen verlassen hatte. Das half mir, und meine Ex-Freundin und ich sind heute wieder zusammen. Es war ein herber Schlag für mein Ego, aber ich hab's überlebt.«

Man kann sich nicht verstecken

Trennungen von Arbeitskollegen und -kolleginnen bringen all die Probleme mit sich, die am Ende einer Beziehung auftreten – mit einer weiteren Komplikation: Man kann sich nicht aus dem Weg gehen, es sei denn, man arbeitet in verschiedenen Abteilungen, und darauf kann man sich nicht immer verlassen.

Sue

Sue, 42 Jahre alt und Finanzmanagerin, erzählte: »Am ersten Tag nach Beendigung unserer Affäre blieb ich in meinem Büro und überließ alles meiner Assistentin, sogar Kaffee holen, kopieren und die Suche nach fehlenden Berichten. Ich kommunizierte nur per Telefon und verkroch mich richtig. Hundeelend fühlte ich mich, und ich wünschte, ich wäre diejenige gewesen, die Schluss gemacht hatte, dann wäre ich tief in meinem Inneren nicht so verletzt gewesen. Mein Selbstwertgefühl war auf dem Nullpunkt.

Wenn ich mich auf den Gang hinauswagte, hielt ich nach meinem Ex-Liebhaber Ausschau. Wenn ich ihn sah, wandte ich mich ab. So wie wir uns bemüht hatten, unsere Affäre vor allen zu verbergen, versuchte ich mich jetzt vor ihm zu verstecken. Ich tat mein Bestes, mich vor allen Sitzungen zu drücken, bei denen ich wusste, dass er teilnehmen würde. Ich bemühte mich, meine Arbeit so rasch wie möglich zu erledigen und das Büro dann möglichst bald zu verlassen.

Nachdem ich mich eine Woche lange bei Freunden ausgeheult hatte, ihm aus dem Weg gegangen war und mich verkrochen hatte, rief er an und sagte mir, dass auch er sich schlecht fühle. Ich schöpfte Hoffnung, dass er wieder zu mir zurückkehren wollte, aber er machte das mit einem Satz zunichte: ›Zu schade, dass es mit uns nicht geklappt hat.‹ Er schlug vor, dass wir uns gegen Ende der Woche zum Essen treffen und uns aussprechen sollten.

Dieses Treffen half nicht viel, da ich versuchte, ihn zu einer Versöhnung zu überreden, was sich aber änderte, als er gestand, dass er jemand Neuen kennengelernt hatte. Ich war dermaßen wütend, dass ich aufsprang und aus dem Lokal stürmte. Danach trafen wir uns nie wieder auf privater Ebene. Meine Liebe hatte sich in Hass verwandelt. Es dauerte einige Wochen, bis ich meine Wut verdaut hatte.

Marianne

Marianne, 31 Jahre alt und Assistentin der Geschäftsleitung, hatte eine Affäre mit einem Produktmanager. Sie erzählte: »Ich fühlte mich zu Hause einsam und hatte in meinem Leben nichts außer meiner Arbeit. Randy lernte ich im firmeneigenen Fitnessstudio kennen. Wir freundeten uns an. Randy war Produktmanager, und mir gefiel, dass wir so gut miteinander reden konnten. Wir tauschten Informationen über unsere Arbeit und unsere Meinung zur zukünftigen Entwicklung des Unternehmens aus. Wir schlitterten in eine Affäre hinein. Nach unserer ersten gemeinsamen Nacht wachte ich am Samstagmorgen auf und dachte: ›Mein Gott, ich habe mit einem Kollegen geschlafen.‹ Ich war beunruhigt, weil mir meine Karriere wichtig ist.

Aber ich war auch gern in seiner Gesellschaft. Wir konnten zusammen abends in ein Restaurant gehen, lachen und miteinander ins Bett steigen. Ohne Bindung oder Verpflichtung. Ich dachte mir: ›Warum eigentlich nicht?‹ So könnte ich beides haben: meine berufliche Karriere und keine einsamen Nächte oder Abendessen alleine zu Hause um 9 Uhr abends. Dann rief mich der Vorstandssprecher zu sich und sagte, er habe gehört, dass ich mit Randy liiert sei. Jemand hatte uns beim Mittagessen gesehen und daraus den Schluss gezogen, dass wir wohl mehr als nur Arbeitskollegen waren.

Ich belog ihn nicht und bestätigte, dass Randy und ich ein Paar waren. Der Vorstandssprecher sagte, es sei natürlich meine Entscheidung, doch könne sich diese Sache negativ auf meine berufliche Zukunft im Unternehmen auswirken. Er erklärte, dass einige Mitarbeiter das nicht akzeptieren und meine Affäre als unprofessionell betrachten würden. Er bat mich einfach, darüber nachzudenken.

Es war eine schwere Entscheidung. Randy wollte eine feste Beziehung mit mir aufbauen, und ich hatte gehört, dass dies meiner Karriere schaden würde. Nach einer schlaflosen Nacht und einer Diskussion mit Randy am Wochenende entschied ich widerstrebend, dass ich nicht beides haben konnte. Also wählte ich meine Karriere. Randy versuchte, unsere Beziehung zu retten, aber ich blieb hart. An jenem Abend stritt er sich mit mir am Telefon, bis ich ihm erklärte, dass er dadurch alles nur noch schlimmer mache. Randy fiel es einfach schwer, ein Nein zu akzeptieren.

Am nächsten Tag marschierte er in mein Büro und erklärte, dass wir miteinander reden müssten. Ich weigerte mich, und er stapfte wütend hinaus. Ich wusste nicht, was ich tun sollte. Also ging ich zum Vorstandssprecher, teilte ihm mit, dass ich zu dem Schluss gekommen sei, dass mir meine Karriere wichtiger sei, dass Randy sich aber nicht von mir trennen wolle. Er sagte, ich hätte eine kluge Entscheidung getroffen, und sprach dann persönlich mit Randy. Ich weiß nicht, was er ihm sagte, aber es half. Randy versuchte nie wieder, Kontakt mit mir aufzunehmen. Er kündigte ein paar Monate später, und ich wurde zwei Jahre nach dieser Sache zur Bereichsleiterin befördert.«

Es geht um mehr als nur die Arbeit

Trennungen werfen neben emotionalen auch finanzielle Probleme auf. Denken Sie an Bekannte, die sich scheiden ließen. Faktisch werden Menschen jeden Tag geschieden. Unverheiratete Paare müssen mit den gleichen Komplikationen kämpfen wie Ehepaare, die sich scheiden lassen, nur müssen sie zur Beendigung ihrer Beziehung nicht vor eine gerichtliche Instanz. Aber auch sie erwerben gemeinsam Vermögen, unterschreiben Hypothekenverträge für gemeinsame Wohnungen oder Leasingverträge für Autos, kaufen sich Fernseher und Möbel, die sie zusammen auf Raten zahlen, und eröffnen gemeinsame Bankkonten. Die Auflösung dieser finanziellen Verbindungen ist bei jeder Trennung unangenehm.

Bob

Einige Jahre bevor er Betty kennenlernte war Bob lange mit Delores zusammen gewesen. Sie hatte für eine Hypothekenbank gearbeitet, und Bob hatte sie kennengelernt, als ihr Institut eines seiner Bauprojekte finanzierte. Bob und Delores wurden ein Paar und kauften sich schließlich zusammen ein Haus. »Als wir uns trennten«, erzählte er, »mussten wir ausrechnen, wie viel meine Hälfte wert war. Ich steckte damals in finanziellen Schwierigkeiten, und das war auch der Grund, weshalb sie mit mir Schluss machte. Sie wollte unbedingt unser Image erhalten, und ich konnte das nicht mehr finanzieren. Ich konnte sie nicht auszahlen, weil ich pleite war. Wir mussten ausrechnen, wie viel sie mir für meine Hälfte geben konnte. Sie sprach mit einem Anwalt. Schließlich gelangten wir zu einer Einigung, doch ich bekam unter dem Strich nicht viel. Es war eine schwierige Zeit, sowohl in persönlicher als auch in finanzieller Hinsicht.« Zur Scheidung einer Ehe besteht da kein großer Unterschied.

Die Beendigung einer Beziehung ist immer mit einem Verlust verbunden, insbesondere für den Partner, der verlassen wird. Es dauert seine Zeit, bis diese Wunden heilen.

Donna

Donna begann daran zu zweifeln, ob ihre Beziehung zu George eine Zukunft hatte. Sie erzählte: »Eines Tages ging ich zu seinem Haus, um auf ihn zu warten, bis er von der Arbeit zurückkam. Ich spulte seinen Anrufbeantworter zurück, weil ich dachte, er könnte eine Nachricht für mich hinterlassen haben. Statt dessen hörte ich aber eine Frauenstimme, die aufs Band säuselte. Sie sagte, das Mittagessen mit ihm sei so wunderbar gewesen und sie wolle ihn gern wiedersehen. Ich begann über unsere Beziehung nachzudenken und kam zu dem Schluss, dass von Liebe nicht viel zu spüren war. Im Bett hatten wir zwar viel Spaß miteinander gehabt, aber darüber hinaus gab's nicht viele Gemeinsamkeiten.

Ich machte mit ihm Schluss, aber er wollte nicht. Leichter wurde die Sache für mich dadurch, dass ich fest entschlossen war und wir in ganz unterschiedlichen Bereichen arbeiteten. Ich stellte die PR-Arbeit in meiner Freizeit ein, so dass es kaum noch Gründe für ein Zusammentreffen mit George gab. Obwohl wir unterschiedlichen Abteilungen angehörten, befanden sich unsere Büros im gleichen Gebäude. Die Sache wurde für mich eher zu einem ›PR-Problem‹: Wie sollten wir uns verhalten, wenn wir uns im Gang begegneten?

Meine Lösung bestand darin, meiner redelustigen ›Freundin‹ von unserer Trennung zu erzählen. Die Einzelheiten behielt ich aus Gründen des Anstands für mich. Die Neuigkeit verbreitete sich genauso schnell wie die ersten Gerüchte, dass wir ein Paar seien. George und ich versuchten, hinterher taktvoll miteinander umzugehen, und trafen uns sogar zum Mittagessen, um unsere begrenzte Arbeitsbeziehung aufrecht zu erhalten. Beim Mittagessen waren wir höflich, aber recht distanziert. Danach grüßten wir uns mit ›Hallo, wie geht's?‹ und ›Danke, gut, und dir?‹, fühlten uns aber in der Gesellschaft des anderen unwohl. Ich hatte ein unbehagliches Gefühl wegen der Nachricht auf seinem Anrufbeantworter, und ihm war nicht wohl in seiner Haut, weil ich mit ihm Schluss gemacht hatte.

Ich hatte es satt, immer die uninteressanteren Projekte zugewiesen zu bekommen, obwohl ich ein monatliches Festgehalt erhielt. Nach meiner Trennung von George blieb ich noch sechs Monate bei diesem Unternehmen und wechselte dann in eine bessere Führungsposition bei einer anderen Firma. George heiratete die Frau, deren Stimme ich auf dem Anrufbeantworter gehört hatte. Wie sich herausstellte, war sie Moderatorin bei einem Lokalfernsehsender. Er hatte sie bei der PR-Arbeit für das Unternehmen kennengelernt. George hatte letztendlich also zwei Liebesbeziehungen am Arbeitsplatz – eine mit mir und eine mit seiner späteren Ehefrau.«

Trennungen müssen kein Weltuntergang sein

Carrie

Carrie als Konformistin zu bezeichnen wäre so, als würde man behaupten, Picasso hätte »Malen nach Zahlen« betrieben. Einmal arbeitete Carrie für eine Agentur in Atlanta. Hal, ein großer Mann Mitte Dreißig, arbeitete im Büro neben ihr. Carrie sagte: »Hal war unglücklich verheiratet. Er erzählte mir von seinem Leben und sagte dann, dass er so deprimiert sei. Seine Frau und er hatten schon monatelang nicht miteinander geschlafen. Ich weiß nicht, was mich an Hal anzog. Ich glaube, es war die Tatsache, dass er sexuell so ausgehungert war. Ich hatte gerade eine Beziehung mit einem Mann beendet, der mir ein Ultimatum gestellt hatte: Heirat oder Trennung – ein Fehler seinerseits. Obwohl ich diesen Mann liebte, entschied ich mich für die Trennung.

Hal und ich waren schon einige Monate lang befreundet, und daneben spürte ich, dass ich ihn auch sexuell anziehend zu finden begann. Wir schliefen miteinander, und schließlich verließ er seine Frau. Hals Körperhaltung änderte sich; er trug schickere Kleidung und ein phantastisches Aftershave, das ich ihm geschenkt hatte. Ich konnte es nicht fassen, dass seine Frau das alles nicht merkte, aber ihr war wahrscheinlich ohnehin alles egal.

Wir konnten unsere Affäre geheim halten. Das gelang uns so gut, dass die Frau, die in der Agentur an seiner Seite arbeitete, sich nach dem Imagewandel für ihn zu interessieren begann. Sie begann Annäherungsversuche zu machen und mit ihm zu flirten. Sie lief ihm im Büro hinterher und versuchte, ihn zu verführen. Dann kam sie zu mir und erklärte, sie werde ihn schon noch zu einem Rendezvous überreden. Das gelang ihr aber nie, denn Hal war die ganze Zeit über mit mir zusammen.

Der Sex mit ihm war super, obwohl er bei weitem nicht so erfahren war wie ich. Ich konnte ihn aber beim besten Willen nicht davon überzeugen, dass er im Bett mehr als ›Durchschnitt‹ war. Das setzte sich in seinem Kopf fest, und auf einmal suchte er nach Ausflüchten, um nicht mit mir schlafen zu müssen. Wir hatten immer weniger Sex; er baute eine immer größere Distanz zwischen uns auf. Trotzdem beklagte er sich dauernd, dass uns nicht genug Zeit füreinander blieb. Richtig war allerdings, dass ich in der Agentur an einem schnellen Aufstieg bastelte und viele Überstunden machen musste.

Also bat ich einige Leute, die mir etwas schuldeten, mich zu vertreten, und nahm mir ein verlängertes Wochenende frei. Hal war begeistert. Ich kochte und füllte den Kühlschrank mit Quiche, kaltem Hummer, Leberpastete und dem besten Champagner. Obwohl ich mich so sexy anzog, dass es schon fast lächerlich wirkte, ein romantisches Kaminfeuer anzündete, dauernd sexuelle Anspielungen machte und ihn bat, doch bitte nicht die Hecken zu schneiden, verbrachte er die ganze Zeit damit, mein Auto zu reparieren, Arbeiten im Haus zu erledigen und sogar meine Reifen auszuwuchten. Erst am letzten Abend war er bereit für mich – sieben Stunden, bevor ich wieder in die Arbeit musste. Dabei war mein Projekt in der Agentur damals sehr anstrengend. Ich trennte mich kurze Zeit später von Hal.

Vincent

Vincent ist ein schwer arbeitender Betriebswirt, der einen sehr geradlinigen Weg geht. Er hat schon für mehrere Unternehmen gearbeitet und ist jetzt bei einer Softwarefirma angestellt. Er berichtete: »Ich war Vizepräsident für Finanzen bei einem verarbeitenden Unternehmen. Eine attraktive Frau namens Kyle arbeitete eng mit mir zusammen. Sie fühlte sich damals einsam. Ein Jahr hatten wir eng zusammengearbeitet, und so lud ich sie zum Abendessen ein, damit sie mir ihr Herz ausschütten könne. Sie hatte sich gerade von einem Mann getrennt und war ein bisschen deprimiert. Der Abend endete damit, dass wir uns bei ihr zu Hause betranken und bis in die frühen Morgenstunden liebten.

Als wir am nächsten Morgen zur Arbeit kamen, erwähnten wir den vorherigen Abend mit keiner Silbe. Es war, als wäre nichts geschehen. Am Abend besuchten wir eine Firmenparty und sprachen nicht einmal miteinander – uns kam es so vor, als hätten wir irgendwie unsere Freundschaft verraten. Damals war ich verheiratet, doch meine Ehe ging später auseinander.

Einige Jahre später verbrachte ich einen Urlaub mit einer alten Flamme von mir und sah Kyle im Fernsehen. Inzwischen war sie verheiratet, und ihr Haus war bei einem Brand zerstört worden. Ein Fernsehreporter befragte sie. Nach meiner Rückkehr kundschaftete ich ihre Telefonnummer aus und rief sie an. Wir trafen uns und begannen eine Affäre, die mehrere Monate dauerte, bevor wir wieder Schluss machten – wir begannen uns zu streiten, und es war einfach nicht mehr so wie früher.

Einige Jahre später trafen wir uns abermals wieder. Ich war nach Norden gezogen; sie war auf der Durchreise und schaute bei mir vorbei. Wieder begannen wir eine Affäre, bis Kyle mir eines Tages mitteilte, dass sie einen vermögenden Wirtschaftsprüfer kennen gelernt hatte. Ich gratulierte ihr und veranstaltete für sie eine Verlobungsparty, so war unsere Beziehung. Später zogen die beiden fort, und ich habe sie nie wieder gesehen. Ich denke immer noch an Kyle und frage mich, wie es ihr wohl so geht. Wir hatten gute Zeiten miteinander, und sie war eine nette Frau.«

Warum kam es zur Trennung?

Wenn Sie vor kurzem eine Beziehung beendet haben, ist die Frage nach den Gründen wahrscheinlich müßig. Donna sagte einfach, dass ihre Beziehung »keine Zukunft hatte, und die Nachricht auf dem Anrufbeantworter gab den Ausschlag«. Experten und Analysen weisen darauf hin, dass die Dauer einer Beziehung und die Ereignisse nach der Trennung stark von den Motiven der beiden Partner abhängen. Professor Pierce formulierte es so:

> Es gibt drei grundlegende Motive für eine Liebesbeziehung zwischen Kollegen: Liebe, Ego oder berufliche Ziele. Was später passiert, hängt davon ab, welcher dieser drei Gründe hinter der Beziehung steht. Es kommt auch sehr darauf an, ob die Gefühle auf Gegenseitigkeit beruhen. Wenn ich beispielsweise eine Frau um eine Verabredung bitte, weil ich sie mag, ist das eine Sache – aber wenn sie meine Zuneigung erwidert, ist das die beste Voraussetzung für eine gute Beziehung. Bei karrierebezogenen Gründen (der Wunsch nach einer besseren Beurteilung oder einer Beförderung etc.) wird die Situation problematisch. Möchte jemand sein Ego befriedigen – beispielsweise indem er sich an seinem Ehepartner rächt – steht eine neue Beziehung ebenfalls nicht unter einem guten Stern. Unlautere Motive werden eher zu Problemen führen als echte Zuneigung. Eine Beziehung kann auf Dauer nur funktionieren, wenn sie auf wechselseitiger, aufrichtiger Liebe beruht.

Das Thema *Liebe* fasziniert Romanschriftsteller schon seit vielen hundert Jahren: das Gefühl der tiefen Zuneigung, persönlichen Bindung oder der sexuellen Leidenschaft und des Begehrens, das man einem anderen Menschen entgegenbringt. Romanzen, die auf Liebe gründen, dauern länger und verfestigen sich in der Regel zu dauerhaften Bindungen. Mit dem Begriff *Ego* verbindet man gemeinhin Lust, sexuelle Befriedigung, »One-Night-Stands« und flüchtige Abenteuer. Das *Ego* ist der Grund, warum sich Menschen mit einer neuen Verabredung über einen Ex-Freund oder eine Ex-Freundin hinwegtrösten oder ihre sexuellen Eroberungen zählen wie Angler ihre Forellen. Hinter *beruflichen Motiven* steckt reine Berechnung: Man verführt einen Kollegen oder eine Kollegin, weil man sich am Arbeitsplatz einen Vorteil verspricht, zum Beispiel eine Gehaltserhöhung, eine Beförderung, Verringerung der Arbeitslast, mehr Urlaub, Arbeitsplatzsicherheit etc. Dazu gehört auch der übliche Vorwurf der sexuellen Belästigung, wenn Sex als Gegenleistung für weitere (oder bestehende) berufliche Vergünstigungen verlangt wird, sowie die Versuch, den Chef oder die Chefin ins Bett zu locken, um sich irgendeinen beruflichen Vorteil zu erschleichen.

Wenn sich zwei Menschen ineinander verlieben, sind sie höchstwahrscheinlich Freunde. Freundschaft ist eine stärkere Bindung als eine Affäre, die allein der Befriedigung sexueller Lust oder des Egos dient oder auf Machtansprüchen beruht. Es leuchtet ein, dass Liebe länger Bestand hat. Wenn einer der Partner die Beziehung aus anderen Motiven heraus eingeht als der andere, kann das Probleme aufwerfen. Falls einer der beiden sich eine lange, befriedigende und feste Bindung wünscht und der andere nur mit einer außerehelichen Affäre seinem Ego schmeicheln will, kann die Beziehung auf Dauer natürlich nicht gut gehen. Wenn einer verliebt ist und der andere nicht, sind Probleme vorprogrammiert.

Jack, der für eine dynamische Unternehmensberatungsfirma arbeitete, verführte seine Chefin. Diese Affäre endete bald, und er wechselte zu einem anderen Unternehmen. Carrie und Tucker waren nur an »Spaß und Sonnenschein ohne Bindung« interessiert – und das bekamen sie auch ohne langfristige Liebesbeziehungen. Wir hörten von Casanovas wie Mike (dem Rechtsassistenten) und Herzensbrecherinnen wie Debbie (der Postangestellten) und »Mitgiftjägerinnen« wie Mindy. Wir haben aber auch von aufrichtigen Liebesbeziehungen gehört.

Hinter jeder Liebe stehen eigene Gründe, aber in Bezug auf Romanzen und Bindungen zählen die »reinen« Motive. Dennoch genügen sie allen nicht immer, wie beispielsweise Donnas Geschichte zeigt, deren Liebesbeziehung trotz der anfänglichen Verliebtheit zu Ende ging. Harry, der ehemalige Justiziar, beschrieb es so: »Bei manchen Liebesbeziehungen am Arbeitsplatz ist irgendwann einfach die Luft raus – wie es ja auch außerhalb des Büros vorkommen kann. Manche Menschen springen ihr Leben lang von einer Beziehung zur nächsten; andere sind jahrelang mit der gleichen Person zusammen. Die können sich glücklich schätzen.«

Wir dürfen hier nicht vergessen, welchen Anteil Frauen an diesen Entwicklungen (Änderungen in der Zusammensetzung der erwerbstätigen Bevölkerung, der Unternehmenspolitik und der Gleichberechtigung bei Liebesbeziehungen zwischen Kollegen) hatten. Eine Karrierefrau meinte: »Frauen haben ihre Rolle verändert. Manche sind heute so aggressiv, dass es selbst ihren Geschlechtsgenossinnen zu viel wird. Einige sagen einfach ›Lass uns miteinander ins Bett steigen‹ – und mehr wollen sie dann auch nicht. Die meisten Menschen wünschen sich aber irgendwann eine feste, langfristige Beziehung. Heute lassen sich Frauen nicht nur auf Affären ein, sondern beenden sie auch. Und ein größerer Prozentsatz der am Arbeitsplatz begonnen Beziehungen hält auf lange Sicht.«

Wenn Sie selbst davon betroffen sind

Gefühle sind unberechenbar und mächtig. Wenn alles gut geht, schweben Sie möglicherweise im siebten Himmel. Wenn aber Ihr Geliebter oder Ihre Geliebte Sie verlässt, sind Sie auf einmal zu Tode betrübt. Ganz gleich, von wem der Anstoß zur Trennung ausgeht – Sie müssen Ihre Gefühle zulassen und sich überlegen, wie Sie über die Trennung hinwegkommen können. »Versuchen Sie herauszufinden, wo Sie stehen und was Sie tun müssen, ohne voreilige Entscheidungen zu treffen«, riet Harry, der selbst eine Zeitlang mit einer Kollegin liiert war.

Der erste Schock

Es dauert seine Zeit, bis man über eine gescheiterte Beziehung hinwegkommt. Wenn Sie selbst Schluss gemacht haben, sind Sie in der Regel weniger tief verletzt. Dennoch müssen Sie über ein gewisses Maß an Schadensbegrenzung nachdenken. Wenn Sie Ihrem Ex-Freund oder Ihrer Ex-Freundin am Faxgerät oder im Aufzug über den Weg laufen, sollten Sie sich bemühen, höflich zu sein. Eine hochrangige Finanzanalystin meinte dazu: »Als die Affäre vorbei war, versteckte ich mich zunächst in meinem Büro. Obwohl ich sie beendet hatte, machte ich mir Gedanken darüber, was er tun würde, wenn er mir über den Weg lief. Er arbeitete in der Marketingabteilung, also hatte ich das Glück, nicht direkt beruflich mit ihm zu tun zu haben. Am Nachmittag begegneten wir uns auf dem Gang, und er ging an mir vorbei, als sei ich Luft für ihn. ›Damit kann ich leben‹, dachte ich bei mir, als er hinter der nächsten Ecke verschwunden war.«

Wenn Sie die »sitzen gelassene« Partei sind, wird Ihnen die Trennung schwerer fallen. »Anfangs war es furchtbar schwer für mich«, meinte Demi. »Früher warfen wir uns heimlich Blicke zu, und jetzt ignorierten wir uns plötzlich. Ich hätte schreien mögen: ›Was soll dieser Wahnsinn eigentlich?‹ Aber man hält seine Gefühle natürlich unter Kontrolle. Zumindest tat ich das, aber innerlich fühlte ich mich schrecklich. Dann geht man zurück in sein Büro und denkt darüber nach, was man damals zu seinem Ex-Freund hätte sagen oder wie man sich hätte verhalten sollen.«

Erst einmal Abstand halten

»Anfangs ist es besser, wenn man sich voneinander fernhält oder eine gewisse Distanz wahrt, bis sich die Dinge beruhigen«, meinte Ruth, die so etwas am eigenen Leib erlebt hatte. »Wenn der Partner Sie verlassen hat, sollten Sie ihm am besten aus dem Weg gehen und nicht versuchen, ihn zu bewegen, seine Entscheidung rückgängig zu machen. Sie werden einige Zeit brauchen, bis Sie den anfänglichen Schock, Zorn oder Schmerz überwunden haben. Versuchen Sie die Trennung einigermaßen nüchtern und sachlich zu sehen. Machen Sie Ihre Arbeit so gut Sie nur können.«

»Wenn man nicht dauernd in Kontakt ist, kann man nur versuchen, ein tapferes Lächeln aufzusetzen und einen Schritt nach dem anderen zu gehen«, sagte Carl. »Problematisch wird es, wenn man eng zusammenarbeiten muss. Am nächsten Tag saß sie da im gleichen Raum wie ich. Es war schier unerträglich. Ich dachte, dass ich ihr beweisen würde, wie sehr sie sich irrte, und dass ich es im Unternehmen schaffen würde. Ich biss meine Zähne zusammen und konzentrierte mich darauf, professionell zu wirken. Man versucht, sich so gut wie möglich auf seine Arbeit, etwas anderes, den Vorgesetzten zu konzentrieren – alles, was einen von einer gewissen Person ablenken kann. Ich dachte bei mir, dass ich erst mal nur diesen einen Tag überstehen wollte. Und dann den nächsten … Dann wurden aus Tagen Wochen. Man tut, was man kann, um zu überleben.«

Manchen gelingt das, anderen nicht. »Wenn man nicht damit umgehen kann, muss man die Konsequenzen ziehen«, sagte Robert, dessen Affäre nicht von Dauer war. »Ich erklärte ihr am nächsten Tag, dass ich nicht mehr mit ihr zusammenarbeiten könne, und sie verstand das. Ich glaube, sie ›verstand‹ es, weil ja sie diejenige war, die diesen Stein ins Rollen gebracht hatte. Ich wurde wütend und schrie sie an, sie solle mich bloß in Ruhe lassen. Sie ging zu unserem Chef und erklärte, dass wir uns gestritten hätten und etwas Abstand voneinander bräuchten. Er wies uns anderen Gruppen zu, und ich sorgte dafür, dass ich so bald wie möglich versetzt wurde. Ich konnte den anderen nicht ins Gesicht sehen, da einige Kollegen wussten, was sich zwischen uns abgespielt hatte. Es war besser zu gehen.«

Freundschaft statt Liebe?

Wenn Sie etwas Distanz gewonnen und Ihre erste starke Reaktion überwunden haben, sollten Sie sich gut überlegen, ob Sie sich mit Ihrem ehemaligen Partner wirklich wieder versöhnen wollen. Theoretisch mag es sich ja ganz gut anhören, wenn man sagt: »Wir wollen Freunde bleiben.« In der Realität ist das aber oft ungemein schwer. Den ersten Vorstoß macht in der Regel der Partner, der die Beziehung beendet hat. Nehmen Sie in einem solchen Fall aber Rücksicht auf die Gefühle Ihres Ex-Freunds oder Ihrer Ex-Freundin. Ruth hat das selbst erlebt: »Ich hielt es für eine Dreistigkeit, mir seine Freundschaft anzubieten. ›Wie nett‹, antwortete ich mit beißendem Hohn. Er überzeugte mich, dass wir es zum ›Wohle des Unternehmens‹ versuchen sollten, und ich ließ mich auf ein Mittagessen mit ihm ein. Es brachte überhaupt nichts, aber zumindest hatte er es versucht, und allein schon deswegen fühlte ich mich etwas besser.«

Selbstverständlich bringt es nichts, sich zu »verabreden«, um die Sache zu klären, denn damit gießt man oft nur Öl ins Feuer. Wenn sich der ehemalige Partner nicht mit Ihnen treffen will, sollten Sie das einfach akzeptieren und einen anderen Weg finden. Beth gelang es, mit ihrem Ex-Freund (den sie hinterher »Dumpfbacke« nannte) eine gewisse Übereinkunft auszuarbeiten. Ihr Mittagessen mit ihm half, obwohl sie sich fragte, wie in aller Welt sie sich jemals auf eine Beziehung mit ihm hatte einlassen können. Es hängt natürlich von der jeweiligen Person ab, aber manchmal scheint die Trennung weniger schlimm, wenn man erkennt, dass man von vornherein kein gutes Gespann war.

Wenn die Arbeit darunter leidet

Wie Roberts Erfahrungen zeigen, hilft es, einen Kollegen oder eine Kollegin, dem/der Sie vertrauen können, um Rat zu fragen, wenn Sie mit dem ehemaligen Partner so eng zusammenarbeiten, dass Sie einfach keine Lösungen finden oder es »durchstehen« können. Halten Sie sich an die Regeln Ihres Unternehmens, vor allem bei pro-interaktiven Arbeitgebern. Vielleicht hilft es Ihnen ja auch, einen Vermittler einzuschalten, einen Therapeuten aufzusuchen, den Chef zu bitten einzugreifen oder um eine Versetzung zu ersuchen. Sie haben viele Möglichkeiten.

Ted, der als Arzt in einem Krankenhaus arbeitet, war wie am Boden zerstört, als seine Liebesbeziehung in die Brüche ging. In seinem Beruf kann man es sich nicht leisten, sich nicht auf die Arbeit zu konzentrieren. »Am ersten Tag meldete ich mich krank, da ich nicht aufstehen konnte und mich so elend fühlte. Als ich zurückkam, machte ich meine Visite auf den Stationen. Ich konzentrierte mich auf meine Patienten, die meine uneingeschränkte Leistungsfähigkeit verdienten. Das funktionierte, bis ich zufällig auf Jamie stieß, die gerade einen Patienten behandelte. Ich floh in den Pausenraum und trank zwei Tassen Kaffee, um wieder einen klaren

Kopf zu bekommen. Irgendwie gelang es mir, diesen Tag zu überstehen. Ein Freund fragte mich, wie es mir ginge, und ich antwortete: ›Schlecht.‹ Plötzlich fand ich mich auf dem Weg zu unserem Sozialarbeiter wieder. Ich erklärte ihm, dass ich ein Problem hätte und seine Hilfe bräuchte. Er sah mir direkt in die Augen und fragte: ›Es hat mit Jamie zu tun, nicht wahr?‹ Ich wusste nicht, wie er davon erfahren hatte, aber solche Dinge sprechen sich schnell herum. Erst sprach er mit mir, und dann rief er Jamie zu sich. Er arbeitete einen Weg aus, wie wir unsere Patienten behandeln konnten, ohne uns zufällig über den Weg zu laufen. Dank seiner Unterstützung konnte ich mich um meine Patienten kümmern. An den Abenden zu Hause sah es jedoch ganz anders aus. Immer wieder ließ ich jede zufällige Begegnung mit Jamie vor meinem geistigen Auge ablaufen.«

So wie Menschen am Arbeitsplatz und anderswo ein Recht auf Privatsphäre haben, so haben Unternehmen das Recht, von ihren Beschäftigten professionelle und effiziente Arbeit zu erwarten. Wenn Sie beim besten Willen nicht zusammenarbeiten können, bleibt nur noch eine Alternative: Versetzung oder Kündigung eines Beteiligten.

Dorothy leitete eine kleine Bankfiliale im ländlichen Raum. Mark war ihr Assistent. Sie arbeiteten in allen Fragen der Betriebsführung eng zusammen, und Dorothy machte damals gerade eine schlimme Scheidung durch. Kurz danach hatten die beiden eine leidenschaftliche Affäre. Als die Scheidung dann endlich hinter ihr lag, begann sie über ihre Beziehung zu Max nachzudenken. Er schien sich von ihr zu distanzieren, und eines Abends fragte sie ihn nach dem Grund. Er sagte, dass es ihm schwer falle, tagsüber ihr Mitarbeiter zu sein und abends in die Rolle des gleichberechtigten Geliebten zu schlüpfen.

Gemeinsam beschlossen sie, ihre Beziehung zu beenden. Obwohl die Entscheidung »in beiderseitigem Einvernehmen« fiel, empfand Dorothy zwei gescheiterte Beziehungen als schmerzlich. Sie musste sich jedoch zusammenreißen. Anfangs gab es einige Spannungen, und die Versuchung war groß, die Affäre wieder aufleben zu lassen. Max bat sie um eine Versetzung, und sie gab ihm das gute Arbeitszeugnis, das er verdiente. Es dauerte einen Monat, bis ein Platz für ihn gefunden war. Diese Zeit war für beide schwierig, aber sie standen sie ohne Schaden für ihre berufliche Laufbahn durch.

Den Experten und Interviews zufolge versuchen die meisten ehemaligen Paare glücklicherweise, trotz ihrer Wut und ihrer verletzten Gefühle ihre Arbeitsbeziehung fortzuführen – vorausgesetzt, sie haben sich aus den richtigen Gründen auf die Beziehung eingelassen.

Während der Job in der Zeit der ersten Verliebtheit in den Hintergrund tritt, kann er danach eine um so wichtigere Rolle spielen. Demi meinte: »Meine Gefühle waren so sehr verletzt, dass ich kaum wusste, wie ich das überstehen sollte. Ich wollte zwar meinem Ex-Freund nicht gerne gegenübertreten, aber dennoch war die Arbeit immer noch besser als die Tränen in der Nacht. Dort hatte ich zumindest etwas zu tun. Letzten Endes war ich froh, dass ich wenigstens einen Job hatte, und daher musste ich alles tun, um ihn auch zu behalten.«

Schadensbegrenzung

Schadensbegrenzung ist für beide Beteiligten wichtig, nicht nur für den Partner, der die Beziehung beendet hat. Es ist ein großer Vorteil, wenn die beiden ihre Differenzen klären und professionell miteinander umgehen können. Wenn ihre Trennung bekannt wird, müssen sie ihre Kollegen und Vorgesetzten davon überzeugen, dass sie auch weiterhin so gute Leistungen bringen werden wie bisher. Das ist ein weiterer Grund, weshalb die meisten Paare versuchen, Liebesbeziehungen mit Kollegen oder Kolleginnen so lange wie möglich geheim zu halten: Sie wollen sichergehen, dass sie den richtigen Partner gefunden haben.

Wenn die übrigen Kollegen nur den Verdacht hatten, dass Sie liiert waren, ist es vielleicht besser, keine schlafenden Hunde zu wecken. Wenn Sie aber in einem heftigen Streit auseinander gegangen sind und einer von Ihnen überreagiert, ist ein Gespräch mit einem Vorgesetzten oder anderen Funktionsträgern im Unternehmen, der eingreifen kann, sinnvoll. Wenn Ihr Chef oder Ihre Chefin über Ihre Beziehung Bescheid weiß, müssen Sie ihn oder sie auch von der Trennung in Kenntnis setzen. Zuvor sollten Sie aber darüber nachdenken (und vielleicht proben), wie Sie das formulieren wollen. Wenn Sie keine besonders enge Beziehung zu Ihrem oder Ihrer Vorgesetzten haben, ist er oder sie höchstwahrscheinlich nicht an weiteren Problemen interessiert, die nicht rein geschäftlicher Natur sind.

In größeren Unternehmen besteht die Alternative einfach darin, sich an die Personalabteilung zu wenden. Auch Kündigung ist eine Alternative, wenn Sie sich mit Ihrem Arbeitgeber nicht auf eine akzeptable Lösung einigen können. Das ist auch nicht das Ende der Welt. »Als wir uns trennten, arbeiteten wir so eng zusammen, dass sich keiner von uns verstecken konnte«, erzählte Kelly, die als Führungskraft im Leistungsbereich einer Versicherung tätig war. »Versetzung war nicht möglich, und unser Chef war nicht gerade hilfsbereit. Faktisch sah das Unternehmen die Trennung als einen ›Fehltritt‹ an. Ich suchte mir so bald wie möglich eine andere Stelle. Bald fühlte ich mich viel besser.«

Versöhnung um jeden Preis

Probleme entstehen, wenn einer der beiden Partner versucht, die Beziehung gegen den Willen des anderen wiederzubeleben. Diese Situation ist so schwierig, weil es in jeder Liebesbeziehung ganz normale Höhen und Tiefen gibt. Paare erleben immer gute und schlechte Zeiten, trennen sich sogar und versöhnen sich wieder (manche sogar mehr als einmal, unabhängig davon, ob die Partner zusammenarbeiten oder nicht). Wir alle kennen Paare, die sich trennen, dann ihre Schwierigkeiten überwinden und wieder ein Herz und eine Seele sind. Versöhnungsversuche können Erfolg haben, selbst wenn einer der beiden Zweifel hegt. In diesem Fall wird sich niemand beschweren. Brenzlig wird es jedoch, wenn ein Partner weiß, dass die Beziehung nicht mehr zu kitten ist, der andere dies aber nicht sehen will. Manche geben die Hoffnung niemals auf.

Der Partner, der die Beziehung beendet hat, ist auch derjenige, der die Entscheidung durchsetzt. Wenn Sie »ohne Revisionsrecht« Schluss gemacht haben, sollten Sie dennoch etwas Mitgefühl und

Verständnis aufbringen: Versetzen Sie sich in die Lage Ihres oder Ihrer »Verflossenen«. Fragen Sie ihn oder sie nach einer angemessenen Wartezeit freundlich, was Sie tun können, um die Bürde leichter zu machen. Wenn das nichts hilft, könnten Sie einen gemeinsamen Freund um Unterstützung bitten. Hat auch das keinen Erfolg, sollten Sie Ihrem Ex-Freund oder Ihrer Ex-Freundin einen Brief schreiben, in dem Sie betonen, wie sehr Sie das alles bedauern, dass Ihre Beziehung aber keine Zukunft hat.

Außerberufliche Überlegungen

Unterdrücken Sie auf keinen Fall Ihre Trauer um das Scheitern der Beziehung. Sprechen Sie in Ihrer Freizeit mit Freunden über Ihre Gefühle, anstatt Ihren Schmerz »in sich hineinzufressen«, so dass Sie sich elend fühlen. Die Zeit nach einer Trennung ist schwierig, daran führt kein Weg vorbei. Sorgen Sie dafür, dass Sie sich etwas ausruhen können, selbst wenn Sie sich am Arbeitsplatz jetzt um so mehr ins Zeug legen. Sprechen Sie mit einem Freund, machen Sie Spaziergänge, suchen Sie sich zu Hause eine Beschäftigung und arbeiten Sie daran, den Schmerz der Trennung zu überwinden.

Es ist ganz natürlich, dass Sie jetzt das Gefühl haben, »die Liebe Ihres Lebens« verloren zu haben. Wenn Ihre schlaflosen Nächte jedoch Ihre Leistungsfähigkeit am Arbeitsplatz oder Ihre Routine beeinträchtigen oder Sie an sich andere Zeichen beobachten (fortgesetzte Lethargie, Appetitlosigkeit oder plötzliche Stimmungsumschwünge), sollten Sie einen Arzt oder Therapeuten aufsuchen. Gehen Sie behutsam mit sich um und vermeiden Sie, sofern möglich, radikale Entscheidungen wie einen Wechsel des Arbeitsgebers oder einen Umzug in einen anderen Teil des Landes. Das ist jetzt auch nicht der richtige Zeitpunkt, sich aus »Rache« ins Nachtleben zu stürzen oder ein teures neues Auto zu kaufen. Sie müssen die Probleme und Belastungen des Alltags auf ein Minimum reduzieren. Wenn Sie nicht zu einer kleinen Gruppe besonderer Glückskinder gehören, müssen Sie eine Trauerzeit durchlaufen.

Eventuell können Sie in Ihrem Glauben Trost finden. Therapeuten betonen, welch positive Wirkung eine solche stabile Basis haben kann. Und halten Sie sich von Medikamenten und Alkohol fern. Ersetzen Sie das durch positivere »Suchtmittel« wie Joggen oder andere Sportarten oder sogar Gartenarbeit – was immer Sie entspannt. Der Heilungsprozess braucht seine Zeit, zumal Sie sich zugleich auch am Arbeitsplatz an die neue Situation gewöhnen müssen.

Manche Menschen scheinen die glückliche Fähigkeit zu besitzen, zu trauern und dann ihr Leben weiterleben zu können. Offenbar besitzen sie eine innere Stärke, die ihnen ermöglicht, ihr Leben nach kurzer Zeit mit neuer Tatkraft und Energie neu aufzubauen. Sprechen Sie mit anderen, die eine Trennung erlebt haben, und finden Sie heraus, wie sie sich an diese Situation gewöhnt haben. Jemand, der wusste, wovon er sprach, formulierte es so: »Hinterher konnte ich sagen, dass ich aus dieser Erfahrung etwas gelernt hatte. Während dieser Zeit war es einfach nur die reine Qual.«

Wie reagiert der Arbeitgeber?

In der Regel werden Trennungen in Unternehmen ignoriert – es sei denn, es kommt zu einer Beschwerde. Die Probleme, die Katherine und Eric hatten, als ihre Beziehung in die Brüche ging, wären völlig übersehen worden, wenn der Arbeitgeber keine Beschwerde wegen ihrer Versöhnungsversuche erhalten hätte (auch wenn diese wahrscheinlich von Eric selbst stammte).

Unternehmen wählen ganz unterschiedliche Ansätze, je nachdem, welche Politik sie verfolgen. Es hilft, wenn Sie für ein »pro-interaktives« Unternehmen arbeiten, das vernünftige Regelungen verabschiedet hat. Eine Firma verlangt zum Beispiel, dass *alle* beendeten Beziehungen einem oder einer Vorgesetzten gemeldet werden müssen und beide beteiligten Parteien sich bei hartnäckigen Problemen mit einem Vermittler zusammensetzen. Was die Beteiligten tatsächlich tun werden, weicht natürlich unter Umständen von den Empfehlungen des Unternehmens ab. In der oben genannten Organisation ließen zwei Mitarbeiter nichts über das Ende ihrer Liebesbeziehung verlauten; das Unternehmen erfuhr erst durch die Beschwerde eines Kollegen von den Problemen. Das Unternehmen vermittelte den beiden dennoch einen professionellen Berater, und die Probleme wurden gelöst.

Pro-interaktive Unternehmen werden ebenso einschreiten wie restriktive, wenn sie Beschwerden wegen sexueller Belästigung befürchten. Sie erkennen allerdings auch, dass Verwarnungen und Disziplinarmaßnahmen nicht der optimale Weg sind, um ein im Grunde zwischenmenschliches Problem zu lösen. Organisationen, die ihren Beschäftigten vertrauen, aber wissen, dass sich auch im effizientesten Arbeitsumfeld Probleme nicht ganz vermeiden lassen, werden aktivere, wirksamere Regelungen, aber keine Strafmaßnahmen durchsetzen. Versuchen Sie, einen solchen Arbeitgeber zu finden.

Pete und Peggy

Pete und Peggy lernten sich in einem Hotel kennen, wo sie als Kellner und Kellnerin arbeiteten. Sie verabredeten sich und verliebten sich ineinander. Als sie sich besser kennen gelernt hatten, begann Peggy sich wegen Petes Wutanfällen zurückzuziehen, bis sie schließlich die Beziehung beendete. Sie arbeiteten beide im Hauptspeisesaal eines exlusiven Fischrestaurants am Strand und blieben dort, obwohl es ihnen schwer fiel.

Eines Tages waren beide für die Samstagvormittagsschicht eingeteilt, in der das Restaurant meist bis auf den letzten Platz gefüllt war. Pete wollte sich mit Peggy verabreden, was er schon öfter versucht hatte, aber sie lehnte höflich ab. Er ging an ihr vorbei und zischte: »Schlampe!« Peggy berichtete dem Geschäftsführer von diesem Vorfall. Sie sagte, dass sie keine Beschwerde einreichen wolle, ihn aber bitte, mit Pete zu sprechen, was dieser auch tat. Danach sprach Pete sie nie wieder an. Wenn sie beide gleichzeitig arbeiteten, ignorierten sie einander, aber es gab keine weiteren Probleme am Arbeitsplatz.

Versetzung, Kündigung, Herabstufung oder Beförderung?

Wir haben in diesem Buch gesehen, wie Arbeitgeber Mitarbeitern nach einer Trennung mit Sanktionen drohen. Ob ein Unternehmen sich nach der Beendigung einer Liaison für Zusammenarbeit (Vermittlung), Versetzungen, Herabstufungen oder Kündigungen entscheidet, hängt ausschließlich von seiner Politik ab. Ironischerweise werden die gleichen Maßnahmen in weniger progressiven Firmen ergriffen, wenn Liebesbeziehungen zwischen Kollegen einfach nur aufgedeckt werden und sonst nichts passiert ist. Mehr dazu in Kapitel 13.

Wer verliert mehr?

Ältere akademische Untersuchungen kamen meist zu dem Schluss, dass bei der Beendigung einer Liebesbeziehung zwischen Kollegen der weibliche Partner mehr »verlor« als der männliche (durch Übergehen bei Beförderungen, Versetzung oder Kündigung). Die Folgen einer Trennung werden jetzt für jeden einzelnen Fall neu entschieden. Frauen auf der beruflichen Überholspur werden im Falle der Beendigung einer Liebesbeziehung ebenso behandelt wie ihre männlichen Partner – schlimmstenfalls. Wenn Sie das Glück haben, für ein »pro-interaktives« Unternehmen zu arbeiten, wird diese Frage gar nicht erst aufkommen. Wichtig ist: Ungeachtet Ihrer Geschlechtszugehörigkeit fahren Sie besser, wenn Sie sich überlegen, wie Sie mit Ihrer speziellen Situation umgehen wollen, als wenn Sie sich in theoretischen Diskussionen über das bei Trennungen benachteiligte Geschlecht verlieren, vor allem angesichts der Tatsache, dass sich jetzt für beide Alternativen genügend Argumente finden lassen.

Kapitel 13

Auch Unternehmen sind nur Menschen

Pro-interaktive Firmen müssen sich nicht mit der schlechteren Arbeitsmoral, höherer Mitarbeiterfluktuation und geringeren Produktivität herumschlagen, die in restriktiven Unternehmen gang und gäbe sind. »In einem von Angst geprägten Klima wird einfach nicht so gut gearbeitet«, sagte Randall und sprach damit für viele andere Personalmanager. »Es ist sinnvoller, ein angemessenes Gefühl der Loyalität dem Unternehmen gegenüber zu vermitteln. Das Arbeitsumfeld sollte angenehm sein, selbst wenn viele Überstunden verlangt werden und der Stress groß ist. Mitarbeiter und Mitarbeiterinnen sollten sich trotz aller Probleme ungehindert austauschen und Beziehungen knüpfen können, ohne befürchten zu müssen, dass sie dafür bestraft werden. Ein Unternehmen hat die Pflicht, seine Beschäftigten mit einem progressiven Ansatz zu unterstützen, der ihr Leben bereichert. Dann setzen sich die Beschäftigten auch voll und ganz für das Unternehmen und seine Ziele ein«, meinte ein anderer Personalmanager.

Das ist eine wirksame Präventivmaßnahme. Dennoch bedeutet eine solche Philosophie nicht, dass der Schwerpunkt eines Unternehmens auf Verabredungen, persönlichen Kontakten und wilden Parties liegt. Lockere Sozialkontakte sind lediglich ein Nebenprodukt der zugrunde liegenden Einstellung den Mitarbeitern und Mitarbeiterinnen gegenüber. Pro-interaktive Unternehmen stellen fest, dass ein angenehmes Umfeld, in dem man auch manchmal Spaß miteinander hat, produktiver ist. Eine Kette von Eiscafés sorgt dafür, dass die Beschäftigten ihr Vergnügen haben, indem sie in den einzelnen Läden Kostümparties und Feiern unter einem bestimmten Motto organisiert (wie Romantik, Disco, Pyjamaparty, Science Fiction etc.). Eine Bank hat mehrere Tage eingeführt, an denen alle Mitarbeiterinnen und Mitarbeiter auf formelle Kleidung verzichten können (was die Betroffenen sehr zu schätzen wissen). Eine Feuerwehr veranstaltet alle drei Monate eine Party für ihre Beschäftigten, deren Familien und Partner/innen.

Das ist beileibe nicht alles. Manche Firmen sind der Ansicht, dass Mitarbeiter der wertvollste Aktivposten eines Unternehmens sind und ihnen Vertrauen entgegengebracht werden muss. Daher hat Johnson arbeitnehmerfreundliche Programme eingeführt. Der Gründer von Quad/Graphics nimmt sich das Konzept des »Vertrauens in die Mitarbeiter« sogar so sehr zu Herzen, dass er jedes Jahr eine sogenannte »Quad University« einrichtet, in deren Rahmen Führungskräfte die Werke bis zu drei Tage lang ihren Arbeitern überlassen. Spezielle Feriencamps für die Kinder von allein erziehenden und berufstätigen Eltern werden gesponsert, so dass niemand während der Ferien alleine zu Hause herumsitzen muss.

Eine angesehene Unternehmensberatungsfirma erwartet von ihren Mitarbeiterinnen und Mitarbeitern für die Spitzengehälter, die sie beziehen, auch einen außergewöhnlich hohen zeitlichen Einsatz. Dafür organisiert sie verschiedene gesellschaftliche Veranstaltungen für die Beschäftigten, akzeptiert Liebesbeziehungen zwischen Kollegen und versetzt Mitarbeiter und Mitarbeiterinnen sogar, damit diese mit ihrem Partner zusammen sein können.

Robert De Mallie, der eine Abteilung für externe Kommunikation leitet, berichtete:

> Als immer mehr Frauen berufstätig wurden, war eine Reihe von neuen Ansätzen im Unternehmen nötig, von erweiterten Sozialleistungen mit Betreuungsmöglichkeiten für Kinder und pflegebedürftige Angehörige über Gleitzeitangebote bis hin zum flexibleren Umgang mit intimen Beziehungen zwischen Kollegen. Partnersuche ist eine ganz natürliche Sache, vor allem bei Menschen, die sich so stark für ihren Job engagieren. In unserer Konzernzentrale arbeiten 6 000 Mitarbeiter und Mitarbeiterinnen – in einer Stadt mit insgesamt nur 15 000 Einwohnern, einschließlich

> denjenigen von uns, die hier wohnen. Aus diesem Grund hat unser Chairman und CEO Roger G. Ackerman ein offizielles Programm zur Verbesserung der Zusammenarbeit für unsere Beschäftigten lanciert, das in erster Linie den Bedürfnissen des einzelnen Arbeitnehmers gerecht werden soll.

Eine andere Firma fördert Sozialkontakte am Arbeitsplatz und die Kooperation von Ehepaaren in ihren Betrieben. Sie unterstützt »Veranstaltungskomitees« für die Beschäftigten und bietet in diesem Zusammenhang unter anderem Fitnessprogramme und persönliche Trainer.

Viele mittelständische Unternehmen spiegeln die Philosophie und Weltanschauung der Firmengründer wider. Ein 1970 von Tom und Kate Chappell ins Leben gerufenes Unternehmen hat sich nicht nur Umsatzwachstum und Gewinne auf seine Fahnen geschrieben, sondern sieht auch eine weitergehende Mission. Mit einem Kredit von 5 000 Dollar und der Überzeugung, dass auch umweltfreundliche Produkte profitabel vermarktet werden können, entwickelten die beiden unter anderem Zahnpastas und Deodorants, die rein aus Naturstoffen bestehen. Aus diesen bescheidenen Anfängen wurde inzwischen ein Unternehmen mit über 75 Mitarbeitern und einem Umsatzvolumen von über 20 Millionen Dollar (mit rasch steigender Tendenz). Das ökologische Engagement wurde in der Presse ebenso gelobt wie die Überzeugung der beiden Firmengründer, dass man Gewinne erwirtschaften und die Welt zugleich lebenswerter machen könne. »Man muss seine Seele nicht verkaufen, um rote Zahlen zu schreiben«, lautet das Motto. Das Unternehmen führt 10 Prozent seines Vorsteuerergebnisses an gemeinnützige Organisationen ab, bietet seinen Beschäftigten drei Monate bezahlten Erziehungsurlaub, zahlt Subventionen für die Kinderbetreuung und ermutigt seine Mitarbeiterinnen und Mitarbeiter, 5 Prozent ihrer bezahlten Arbeitszeit für freiwillige Hilfsdienste zu verwenden (was auch 80 Prozent der Belegschaft tun).

Wichtig ist, dass diese Organisationen ihren Mitarbeitern und Mitarbeiterinnen vertrauen und es im Arbeitsumfeld dort nicht die Unsicherheiten gibt, die bei weniger progressiven Firmen häufig zu beobachten sind. Die Erkenntnis, dass Liebe im Büro zu den positiven Gegebenheiten des Lebens gehört, ist hier ein zentrales Führungsprinzip und trägt zum angenehmen Arbeitsklima bei. Diese Unternehmen wissen, dass der hohe zeitliche Aufwand, der den Beschäftigten abverlangt wird, einen starken Wunsch nach Sozialkontakten und Beziehungen hervorruft. Diejenigen Organisationen, die die Augen vor dieser Realität verschließen, zwingen ihre Mitarbeiter und Mitarbeiterinnen, sich nach einem anderen, liberaleren Arbeitgeber umzusehen, und zwar ungeachtet des konjunkturellen Umfelds und der Lage auf dem Arbeitsmarkt. Unzufriedene Mitarbeiter werden einfach so lange warten, bis sich eine entsprechende Chance ergibt. Eine pro-interaktive Politik hilft, ein Abwandern hoch qualifizierter Mitarbeiter zur Konkurrenz zu verhindern.

Vernünftige Regelungen für Liebesbeziehungen am Arbeitsplatz

Im *Romac Report* stellte Strategic Outsourcing (vgl. Kapitel 3) im Februar 1997 die Ergebnisse seiner umfassenden Umfrage zum Thema Liebesbeziehungen am Arbeitsplatz vor. Nur 9 Prozent der 592 befragten Unternehmen gaben an, Richtlinien zu Verabredungen zwischen Kolleginnen und Kollegen verabschiedet zu haben. Weiter hieß es in dem Bericht: »Die meisten der befragten Firmen waren der Ansicht, dass man solche Regeln unmöglich einführen und durchsetzen könne, ohne dass sich die Beschäftigten in ihren Freiheiten eingeschränkt fühlten. Für viele Menschen ist der Arbeitsplatz zudem der einzige Ort, an dem sie bedenkenlos Sozialkontakte aufbauen können.«

Überraschenderweise erlaubten zwei Drittel der Unternehmen Vorgesetzten in ihrem Hause, mit Untergebenen eine Beziehung einzugehen. Trotz aller in Kapitel 3 beschriebener Vorbehalte gegen Verabredungen zwischen Kollegen hatten 75 Prozent der Befragten *kein* »nennenswertes Problem« mit in beiderseitigem Einvernehmen eingegangenen Liebesbeziehungen im Büro, die im Streit endeten (70 Prozent der Gesellschaften mit über 500 Mitarbeitern gaben die gleiche Antwort). Die Angst vor solchen Problemen ist offenbar größer als die tatsächlich beobachteten Schwierigkeiten.

Eine bessere Alternative als der Verweis auf Richtlinien zu sexuellen Belästigungen wäre ein positiver Ansatz, nämlich der Versuch, aus Liebesbeziehungen zwischen Kollegen resultierende Probleme zu lösen, aber zugleich anzuerkennen, dass Mitarbeiter und Mitarbeiterinnen ein Recht auf intime Beziehungen haben, vorausgesetzt, ihr Privatleben stört den Betriebsablauf nicht. Teil einer solchen Politik müsste eine Erklärung sein, dass die betreffende Organisation die Tatsache anerkennt, dass es am Arbeitsplatz zu Liebesbeziehungen kommen kann, aber von den Beteiligten Diskretion und die Vermeidung eines übermäßigen Austauschs von Zärtlichkeiten in der Öffentlichkeit erwartet. Die Beschäftigten sollten immer nach professionellem Auftreten streben und die Höhen und Tiefen ihrer Liebesbeziehungen zu Hause lassen.

Eine bestimmte Person (bei mittelständischen Unternehmen meist der Firmeneigentümer; bei größeren der Personalleiter) würde zum »Beziehungsbeauftragten« ernannt, dem Problemfälle gemeldet werden könnten. Diese Person müsste über folgende Situationen informiert werden:

1. Eine Partei möchte eine Beziehung eingehen, die andere nicht.
2. Eine Partei möchte eine Beziehung beenden, die andere nicht.
3. Alle Beziehungen zwischen Vorgesetzten und Untergebenen sowie Situationen, in denen es zu Interessenkonflikten kommen könnte (beispielsweise in Bezug auf einen wichtigen Kunden).
4. Situationen, in denen die Liebesbeziehung zu Beschwerden von Kollegen oder Problemen im Arbeitsumfeld führt.

Dieser Beziehungsbeauftragte oder »Schlichter« wäre befugt, die Probleme vertraulich und kreativ zu lösen.

Bedenken Sie, dass solche Verfahren nicht nur für unverheiratete Mitarbeiter und Mitarbeiterinnen gelten sollten. Auch Ehepaare, die im gleichen Unternehmen arbeiten, könnten eventuelle Beziehungskrisen in das Arbeitsumfeld hineintragen. Solche Regelungen würden analog für verheiratete Paare gelten, die Beziehungsprobleme erleben oder vor einer Scheidung stehen. Alle Mitarbeiter und Mitarbeiterinnen, ob verheiratet, ledig, hetero- oder homosexuell, würden bei Liebesbeziehungen mit Kolleginnen und Kollegen gleich behandelt.

Vorgesetzten-Untergebenen-Beziehungen bereiten Unternehmen die größten Sorgen. Auch dies belegen Umfragen wie die im *Romac Report* dokumentierte. 75 Prozent der in der AMA-Studie aus dem Jahr 1994 befragten Unternehmen meinten, Verabredungen zwischen gleichrangigen Kollegen seien in Ordnung. Bei Liebesbeziehungen »entlang der Weisungskette« verhielt es sich gerade umgekehrt: Drei Viertel der Befragten waren davon nicht begeistert. Nach der gegenwärtigen Rechtslage können Unternehmen in den USA solche Beziehungen direkt verbieten, vor allem, wenn sie zu einer ungerechtfertigten Bevorzugung führen. Wie wir gesehen haben, führen solche Verbote aber lediglich dazu, dass die Liebenden »untertauchen«, was weitere Probleme aufwerfen kann. So kann eine Beziehung erst nach der Trennung bekannt werden, wenn die »sitzen gelassene« Partei eine Beschwerde wegen sexueller Belästigungen einreicht. Hoch qualifizierte Mitarbeiterinnen und Mitarbeiter könnten dann zu progressiveren Arbeitgebern abwandern.

Besser wäre es, in einem solchen Fall die vertrauliche Meldung einer Vorgesetzten-Untergebenen-Beziehung an die Führungskräfte des Paars zu verlangen. Falls möglich, sollte das Unternehmen danach streben, beide Mitarbeiter zu halten. Verantwortungsbereiche und Beurteilungsfunktionen müssten neu verteilt oder Versetzungen organisiert werden. Sollte es in einer anderen Abteilung keine geeignete Stelle geben, könnten die Partner ihre Beziehung fortsetzen, bis sich eine solche Möglichkeit ergibt (vorausgesetzt, es fand keine Bevorzugung des nachrangigen Partners statt). Allerdings würden alle Beurteilungen einer anderen neutralen Führungskraft übertragen. Bedenken hinsichtlich der Mitarbeiterführung könnte begegnet werden, indem der Mitarbeiter bzw. die Mitarbeiterin auf das Recht hingewiesen wird, sich jederzeit direkt und vertraulich an die höchstrangige Führungskraft wenden zu dürfen, falls am Arbeitsplatz oder in der persönlichen Beziehung Probleme auftreten. Selbstverständlich hat ein Unternehmen stets das Recht, bei einer Verschlechterung der Arbeitsleistung, Störungen im Betriebsablauf und einer deutlichen Veränderung der Arbeitsmoral und der Produktivität der übrigen Kollegen einem Partner – oder beiden – zu kündigen.

Ein Unternehmen kann seinen Ansatz auch auf spezifische Gegebenheiten zuschneiden. Da größere Organisationen hier flexibler agieren können als Kleinunternehmen, könnte die Politik eines mittelständischen Betriebs einfach lauten: »Die Geschäftsleitung entscheidet über die Anpassungsmaßnahmen, die im Interesse des Unternehmens liegen, einschließlich Kündigung, falls keine Versetzungsmöglichkeit existiert, die Leistung der betreffenden Partei/en gelitten hat oder Kollegen sich mehrfach glaubwürdig über die Folgen der Beziehung beschwert haben.« Durch einen pro-interaktiven Ansatz beschneiden sich Firmen nicht etwa in ihren Möglichkeiten, in gerechtfertigten Fällen drastische Maßnahmen zu ergreifen.

Wie können Mitarbeiter aber dazu gezwungen werden, ihre Vorgesetzten über etwaige Liebesbeziehungen zu informieren, wenn sie das heute faktisch nicht tun? Zwingen kann man sie nicht, aber man kann ein Klima schaffen, das diese Meldung und Lösung von Problemen ohne Rückgriff auf den Rechtsweg fördert. Man kann ein positives Verfahren konzipieren, um Probleme in Arbeitsbeziehungen zu lösen, ob die Betreffenden nun ein Paar sind oder nicht. Einige Firmen verteufeln statt dessen alle Verhaltensweisen, über die sich irgend jemand beschwert, warten geradezu darauf, dass der Vorwurf der sexuellen Belästigung erhoben wird, und setzen dann mit eiserner Hand entsprechende Disziplinarmaßnahmen durch. Das ist lächerlich.

Vernünftige Fragen zu Liebesbeziehungen am Arbeitsplatz sollten statt dessen als Beziehungsprobleme betrachtet werden, obwohl gegen klare Fälle tatsächlicher sexueller Belästigung immer unverzüglich vorgegangen werden muss. Es ist wenig sinnvoll, Richtlinien zur Verhinderung sexueller Belästigungen am Arbeitsplatz auf alle gemeldeten Probleme anzuwenden. Was geschieht wohl, wenn ein Unternehmen lange genug wartet, ohne einen ausgewogenen Problemlösungsansatz umzusetzen? Es sieht sich mit einem komplexen, teuren Rechtsstreit konfrontiert.

Das bedeutet nicht, dass anzügliche und herabsetzende Bemerkungen geduldet werden. Ebensowenig wird verkannt, dass manche Annäherungsversuche unzumutbar sind. Es heißt nur, dass Beziehungsprobleme von Anfang an als solche erkannt werden. Die Richtlinien zur Verhinderung sexueller Belästigungen behalten ihre Gültigkeit. Unangemessenes Verhalten bleibt nach wie vor tabu, doch haben die Mitarbeiterinnen und Mitarbeiter zu Beginn, während problematischer Phasen und bei Beendigung einer Liebesbeziehung am Arbeitsplatz die Möglichkeit, sich an einen Vermittler zu wenden, ohne ein Ermittlungsverfahren loszutreten. Der Schwerpunkt liegt auf der Problemlösung, nicht auf der Bestrafung. Dieser Prozess beruht ferner auf einem Schlichtungsansatz und stellt kein internes Gerichtsverfahren dar. Klare, unzulässige Fälle von sexueller Belästigung könnten natürlich nach wie vor bestraft werden.

Es wäre töricht, Disziplinarmaßnahmen als »Allheilmittel« für Probleme zu betrachten, anstatt einen positiveren Ansatz zur Problemlösung zu wählen und die Unruhe in der Belegschaft möglichst gering zu halten. In einer ganzen Reihe von Firmen werden Liebesbeziehungen am Arbeitsplatz behandelt wie früher einmal Scheidungen: Suche nach einem (oder mehreren) Schuldigen, Nachweis des Fehlverhaltens und anschließende Bestrafung (im Falle der Scheidung durch Aufteilung des Vermögens). Heute wird die Scheidung als das Beziehungsproblem betrachtet, das sie schon immer war – mit der Erkenntnis, dass so etwas geschehen kann, ohne dass jemand daran schuld ist. Bei einer Scheidung ohne Schuldfrage liegt der Schwerpunkt auf der Lösung der durch die Trennung entstehenden Probleme und nicht auf der einst so beliebten Suche nach zu bestrafenden früheren Verfehlungen. Mit Liebesbeziehungen zwischen Kollegen wird in Zukunft ebenso umgegangen werden. Vermittlungs- und Versöhnungsverfahren werden häufiger (wie auch in modernen Scheidungsverfahren) zur Pflicht gemacht und ersetzen unzeitgemäße Bestrafungsaktionen. Es ist nur eine Frage der Zeit.

Im Wesentlichen sollten schriftliche Richtlinien zum Thema Liebesbeziehungen am Arbeitsplatz folgende Punkte abdecken:

1. Bestätigung der Tatsache, dass Liebesbeziehungen am Arbeitsplatz vorkommen
2. Einführung eines Verfahrens zur vertraulichen Meldung von Beziehungen und Problemen
3. Lösung von Beziehungsproblemen zwischen Vorgesetzten und Untergebenen in einer auf die Situation des Unternehmens zugeschnitten Art und Weise, mit der die betreffenden Mitarbeiter und Mitarbeiterinnen möglichst gehalten werden können
4. Einsatz von Vermittlungsverfahren zur Lösung von Beziehungsproblemen ohne Einschränkung der Möglichkeiten, Mitarbeiter zu verwarnen oder extreme Disziplinarmaßnahmen (wie zeitweilige Suspendierung oder Kündigung) zu ergreifen
5. Unterscheidung zwischen Liebesbeziehungen und sexueller Belästigung bei gleichzeitiger Beibehaltung von Disziplinarmaßnahmen bei unzumutbarem Verhalten oder schweren Verstößen
6. Durchführung von Seminaren zur Aufklärung der Beschäftigten über die Vor- und Nachteile von Liebesbeziehungen zwischen Kollegen einschließlich Darstellung des Klimas und der Vorgehensweise des Unternehmens
7. Schaffung eines Umfelds, das generell auf Vertrauen und Unterstützung der Beschäftigten beruht

In Anhang 1 finden Sie ein Formulierungsbeispiel für solche Richtlinien zu Liebesbeziehungen am Arbeitsplatz. Bitte beachten Sie, dass die Anwendbarkeit dieser Regelungen und Verfahren vom jeweiligen Unternehmen, seiner Größe und Geschäftsphilosophie, der Branche und anderen Faktoren abhängt. Obwohl Rechtsanwälte Richtlinien gerne schriftlich fixieren, ist der Geist, der in einem Unternehmen herrscht, stets der ausschlaggebende Faktor. Eine Organisation kann ein informelles Verfahren konzipieren, in dem ein Schlichter Mitarbeitern und Mitarbeiterinnen hilft, wenn sie nicht miteinander klarkommen, und dabei als ersten Schritt ein Vermittlungsverfahren vorschreiben, aber ansonsten nichts schriftlich festlegen. Die Beschäftigten müssten dann auf eine solche Regelung hingewiesen werden. Auf jeden Fall sollte die Geschäftsleitung ihre Vorstellungen mit ihren Rechtsberatern diskutieren, das Für und Wider abwägen und ihre Entscheidung dann auf der Basis dieser Informationen fällen.

Jay Waks ist Partner und stellvertretender Vorsitzender der auf Arbeitsrecht spezialisierten Abteilung einer Anwaltssozietät. Er vertritt Firmenkunden in arbeitsrechtlichen Verfahren:

> Vor zehn bis fünfzehn Jahren war in einer Vorgesetzten-Untergebenen-Beziehung die Frau in der Regel dem Mann unterstellt und musste bei einer Liebesbeziehung am Arbeitsplatz mit einer Kündigung rechnen. Heute hat sich das geändert. Beide Parteien werden beraten, wie sie die Führungsaspekte ihrer Beziehung am besten ausschalten können. Dabei werden die legitimen Geschäftsinteressen des Unternehmens und der beteiligten Parteien berücksichtigt, und es kann dann auch der oder die Vorgesetzte versetzt werden. Wichtig ist, hoch qualifizierte Mitarbeiter nicht kategorisch zu entlassen und die Beziehung zu steuern, anstatt sie einfach zu verbieten.
>
> Die offizielle Firmenpolitik für Liebesbeziehungen am Arbeitsplatz sollte normalerweise davon ausgehen, dass es strenge Richtlinien zur Verhinderung sexueller Belästigungen gibt. Drei Punkte sollte diese Politik auf alle Fälle beinhalten. Erstens sollte sie unterstreichen, dass Mitarbeiter und Mitarbeiterinnen, die eine Liebesbeziehung eingegangen sind, im Falle einer Trennung mit einer Situation konfrontiert sein können, die sich negativ auf sie selbst und andere Kollegen auswirkt. Zweitens sollten sie den beteiligten Parteien als »Bringschuld« zuweisen, im Falle einer Vorgesetzten-Untergebenen-Beziehung ihre Führungskräfte in Kenntnis zu setzen. Dann muss einer von beiden eine Versetzung beantragen oder die Führungsaspekte dieser Arbeitsbeziehung müssen auf eine andere Führungskraft übertragen werden. Drittens müssen sich die Beteiligten verpflichten, im Falle einer Trennung oder beim Auftreten von Problemen ihre Differenzen so zu lösen, dass sie negative Auswirkungen auf ihr Arbeitsumfeld ver-

meiden. Falls dies nicht möglich ist, müssen sie unter Umständen entscheiden, wem andere Aufgaben zugewiesen bzw. wer die Abteilung oder das Unternehmen verlassen soll.

Unternehmen mit klar formulierten Arbeitsgrundsätzen, die auf legitime private Beziehungen ihrer Mitarbeiter und Mitarbeiterinnen sensibel reagieren, werden seltener mit gravierenden, unüberwindlichen Problemen aufgrund von intimen Beziehungen zwischen Kollegen oder Beschwerden konfrontiert sein. Die kreativen Ansätze, die progressive Unternehmen in dieser Hinsicht wählen, legen den Schwerpunkt auf flexiblen, prompten Umgang mit Liebesbeziehungen im Büro und auf die Lösung der bei solchen Beziehungen sowie im Falle einer Trennung unvermeidlichen Probleme. So sichern sie den gegenseitigen Respekt zwischen dem Unternehmen, den beiden Liebenden und ihren Kolleginnen und Kollegen.

Anwendung der Richtlinien

Der optimale Weg für die Anwendung solcher Regelungen in einer spezifischen Situation hängt von den jeweiligen Umständen ab. Die grundsätzlichen Fragen lauten: Wie ist das tatsächliche Betriebsklima des Unternehmens (pro-interaktiv/restriktiv)? Stört die Liebesbeziehung den Betriebsablauf? Gab es im Unternehmen bereits ähnliche Situationen, und wie wurde damit umgegangen? Kann das Unternehmen dem Paar entgegenkommen, beide Partner in ihrer derzeitigen Position belassen und die Bedürfnisse des Unternehmens mit den Wünschen der Liebenden und ihrer Kollegen in Einklang bringen? Fühlt sich das Paar isoliert, so dass ein Dialog zu ihren Kollegen hergestellt werden muss?

Wenn über zwei Kollegen beispielsweise das Gerücht umgeht, dass sie eine Affäre miteinander haben, aber keine Beschwerde vorgebracht wird, liegt eine Intervention nicht im Interesse des Unternehmens. Selbst wenn ein Ehe- oder Liebespartner (der nicht zur Belegschaft des Unternehmens gehört) sich beschwert, reicht das noch nicht als Begründung für ein Einschreiten aus, es sei denn, es handelt sich um einen eindeutigen Interessenkonflikt (wie etwa bei einer Beziehung zwischen Arzt und Patient). Nur im Falle einer von Kollegen ausgehenden Beschwerde oder bei Vorgesetzten-Untergebenen-Beziehungen kommen die Regelungen zu Liebesbeziehungen am Arbeitsplatz zum Tragen.

Bei Vorgesetzten-Untergebenen-Beziehungen müssen Firmen darauf achten, dass sie keinen Ansatz wählen, in dem es stets der Untergebene ist, der zur Versetzung oder zum Verlassen des Unternehmens gezwungen wird. Eine solche Politik könnte zur Ungleichbehandlung führen und systematisch mehr Frauen als Männer treffen (oder umgekehrt, je nach Zusammensetzung der Belegschaft).

Natürlich sollten Unternehmen ihre Beschäftigten nicht bespitzeln. Allerdings können sie durchaus verlangen, dass eine im Voraus ausgewählte Person unverzüglich über etwaige Probleme informiert wird. Ob sich die Mitarbeiter an diese Regelungen halten oder nicht, ist weniger wichtig als die Tatsache, dass das Unternehmen klare Kommunikationskanäle eingerichtet hat und dadurch eventuellen Beschwerden wegen sexueller Belästigung oder anderen personalbezogenen Problemen vorbeugen kann.

Stephen Sheinfeld leitet die Abteilung Arbeitsrecht bei einer anderen Kanzlei. Er beschreibt die heutige Situation in den Vereinigten Staaten:

> In diesem Bereich gab es in den letzten 15 Jahren enorme Pendelausschläge. Nach den Anhörungen im Rahmen der Nominierung von Clarence Thomas wandelten sich die Rechtslage und die Einstellung zur sexuellen Belästigung von »wenn der Chef was mit der Sekretärin anfängt, schaut man besser weg« zu »wir müssen diesem Mann kündigen«. Erst in den letzten Jahren begann das Pendel vom kategorischen Verbot solcher Beziehungen zu einem Ansatz umzuschlagen, den man mit »Steuerung statt Verbot« umschreiben könnte.
>
> Jetzt wird akzeptiert, dass Menschen, die viele Stunden am Tag arbeiten, Liebesbeziehungen zu Kollegen oder Kolleginnen eingehen können. Die Einhaltung der Gesetze zur sexuellen Belästigung wird jetzt weitaus strenger durchgesetzt als vorher, obwohl es viele Grauzonen gibt. Die Arbeitnehmer sind im Allgemeinen

darüber informiert, was sich gehört und was nicht. Obwohl die Gerichte immer wieder versuchen, die Grauzonen zu definieren und festzulegen, wo die Grenzlinie auf der Skala von »Berührungen« bis »schlüpfriger Witz« zu ziehen ist, bleiben Vorgesetzten-Untergebenen-Beziehungen ein besonders heikles Thema. Da gescheiterte Romanzen eine Schlammschlacht vor Gericht nach sich ziehen können, stellt sich die Frage, wie sich ein Unternehmen schützen kann. Und wie kann es dabei auch Rücksicht auf das Recht auf Privatsphäre nehmen, das allen Beschäftigten zusteht?

Ein erster Grundsatz lautet, dass es niemanden etwas angeht, was Arbeitnehmer in ihrer Freizeit tun. Was im Büro geschieht, ist dagegen durchaus Sache des Arbeitgebers. Wenn niemand etwas von einer Romanze nach Feierabend sieht oder weiß, hat das Unternehmen im Allgemeinen auch nicht das Recht, sich einzumischen. Wenn jedoch einer der Beteiligten dem anderen unterstellt ist, wenn sich das Paar besonders lange Mittagspausen gönnt, Privates während der Arbeitszeit regelt oder sich im Büro streitet, ist eine Intervention des Unternehmens zulässig.

Unternehmen sollten Richtlinien zu Liebesbeziehungen am Arbeitsplatz schriftlich fixieren, und sei es auch nur, um sie den Beschäftigten schwarz auf weiß präsentieren zu können und ihnen zu zeigen, dass sie fair und gerecht behandelt werden. In der Regel sind Beziehungen nicht zulässig, wenn ein Partner dem anderen unterstellt ist, wenn es Grund zur Annahme eines Interessenkonflikts gibt oder andere negative Auswirkungen im Arbeitsumfeld zu beobachten sind. Sobald die Richtlinien in Kraft sind, müssen sie den Beschäftigten wirksam vermittelt werden.

Konsequente Anwendung wirksamer Richtlinien zur sexuellen Belästigung

Solche Regelungen sind schon fast eine Selbstverständlichkeit. Wie mehrfach in diesem Buch betont, kann eine vernünftige Politik gegenüber Liebesbeziehungen zwischen Kollegen nur funktionieren, wenn einer ihrer Stützpfeiler strenge Regelungen zur Verhinderung sexueller Belästigungen sind. Obwohl eine Trennung allein noch kein Beweis für sexuelle Belästigung ist (nicht einmal, wenn es Komplikationen gibt), dürfen echte Belästigungen keinesfalls toleriert werden. Falls Mitarbeiter das Vertrauen ihres Arbeitgebers missbrauchen, indem sie das Betriebsklima durch unzumutbares, unwillkommenes Verhalten stören, muss die Firma gegen sie vorgehen. Wenn das Unternehmen über gut durchdachte Regelungen zur Verhinderung sexueller Belästigung verfügt, sollten Displizinarmaßnahmen auf dieser Grundlage ergriffen werden. Die Richtlinien zur sexuellen Belästigung sollten mindestens folgende Punkte abdecken:

- Erklärung, dass ein Arbeitsumfeld geschaffen werden soll, in dem niemand sexuellen Belästigungen ausgesetzt ist
- Definition des Begriffs »sexuelle Belästigung« (leider wird dies relativ vage ausfallen; versuchen Sie, zur Klärung Beispiele anzuführen)
- Richtlinien, die Vergeltungsmaßnahmen gegen Mitarbeiter und Mitarbeiterinnen verbietet, die eine Beschwerde vorbringen
- Konkrete Maßnahmen zur Verhinderung sexueller Belästigungen (zum Beispiel Schulungsprogramme und Seminare zur »Bewusstseinsbildung« im Management)
- Klare und gründliche Ermittlungs- und Abhilfeverfahren
- Berichtswege zur Durchsetzung dieser Richtlinien
- Fristen für die Einreichung von Beschwerden
- Definition des Umfangs der Ermittlungen (wie breit angelegt bzw. selektiv)
- Auswahlverfahren für den »richtigen« Ermittler (Vermeidung von Interessenkonflikten)
- Richtlinien, die eine faire Behandlung des/der Beklagten sicherstellen (um spätere Zivilklagen wegen rechtswidriger Kündigung oder Verleumdung zu vermeiden)
- Unvoreingenommene Prüfung aller Dokumente, Umstände und Fakten
- Effiziente und faire Befragungen, in denen die Rechte der Beschwerdeführer und der Beklagten gleichermaßen gewahrt werden

- Angemessener Zeitrahmen für den Abschluss der Ermittlungen
- Angemessene Disziplinarmaßnahmen, je nach der nachgewiesenen Schwere des Verstoßes
- Ablage schriftlicher Zusammenfassungen der Ergebnisse und gewählten Disziplinarmaßnahmen in geeigneten Unternehmens- und Personalakten

Es muss jedoch klar zwischen sexuellen Belästigungen und zulässigem Verhalten innerhalb der Grenzen einvernehmlicher Beziehungen unterschieden werden. Unternehmen sollten bedenken, dass der verstärkte Einsatz von Vermittlungsverfahren und raschere Intervention ihre eigenen Probleme minimieren kann. Wenn ein Unternehmen noch keine Richtlinien zur Verhinderung sexueller Belästigungen verabschiedet hat, sollte es dies schleunigst tun. Wenden Sie sich dazu gegebenenfalls an Ihre Handelskammer, Ihren Branchenverband oder einen erfahrenen Rechtsanwalt.

Kommunikation ist alles

Ganz gleich, welcher Branche ein Unternehmen angehört und wie groß es ist, es kommt nicht umhin, seine Richtlinien – auch diejenigen zu Liebesbeziehungen am Arbeitsplatz – all seinen Beschäftigten zu vermitteln. Unternehmen müssen förmliche Regelungen, ihre offizielle Politik, das Unternehmensklima, Ansprechpartner für vertrauliche Ratschläge und Vorgehensweisen bei Vorgesetzten-Untergebenen-Beziehungen sowie Situationen mit potenziellen Interessenkonflikten genau beschreiben.

Die Kommunikation sollte sich nicht auf die förmlichen und inoffiziellen Richtlinien des Unternehmens beschränken. Sie sollte auch ihre praktische Umsetzung in Paarbeziehungen zwischen Kollegen, die Vor- und Nachteile solcher Verbindungen sowie die Dynamik der Arbeitsbeziehungen zu anderen Kollegen umreißen – also praktische Ratschläge für die zu erwartenden Verwicklungen bieten. »Eine zentraler Punkt sollte angesprochen werden: daß intime Beziehungen zwischen gleichrangigen oder ungleichrangigen Kollegen auch die Arbeitsbeziehungen ändern werden. Das müssen Sie offen auf den Tisch bringen«, empfiehlt Tom Davidow, Principal einer Beratungsfirma.

Diskussionsgruppen sollten erörtern, was geschehen könnte, wenn die Beziehung schlecht ausgeht oder langfristig gut geht und wie das Paar sich untereinander und den anderen Kollegen gegenüber verhalten sollte. Das Unternehmen sollte seinen Beschäftigten versichern, dass es Liebesbeziehungen nicht verhindern will (selbst wenn es dies könnte), sondern einfach nur Gelegenheit bekommen möchte, potenzielle Schwierigkeiten abzuwenden, darunter auch solche, die sich aus Vorgesetzten-Untergebenen-Beziehungen ergeben könnten.

Um es kurz zu machen: Unternehmen müssen Liebesbeziehungen am Arbeitsplatz aus der Dunkelzone hervorlocken, in der die Beteiligten sie instinktiv verstecken wollen. Sie haben die Pflicht, solche Beziehungen menschlich und flexibel zu managen, wie jeden anderen Aspekt des Beschäftigungsverhältnisses auch. »Unternehmen mit offenen Kommunikationskanälen und einem entspannten Umfeld fahren allem Anschein nach besser in dieser Hinsicht und haben somit auch seltener mit dem Problem der sexuellen Belästigung zu kämpfen«, zog Tom Davidow Bilanz.

Harley King, Leiter der Personalentwicklung eines Unternehmens, das mit insgesamt 20 000 Beschäftigten Pflegeheime betreibt und eine breite Palette von Leistungen im Gesundheitswesen anbietet, lancierte 1988 ein Programm namens »Circle of Care«. Diese elf Stunden umfassende Schulung wurde konzipiert, damit die Mitarbeiter und Mitarbeiterinnen lernen, Patienten, deren Angehörigen und ihren eigenen Kollegen gegenüber hilfsbereit, liebevoll und entgegenkommend zu sein. Alle Beschäftigten, von Topmanagern bis zu Hilfspflegern, lernen, wie man sich gegenseitig lobt, freundlich ist und richtig auf aufgebrachte Kollegen und Kunden reagiert. Unter anderem wird ihnen die Kunst beigebracht, andere Menschen richtig zu umarmen. Das Unternehmen spricht sich sehr für freundliche Umarmungen als Teil der für alle geltenden Firmenpolitik aus. Um den unvermeidlichen Bedenken zuvorzukommen, dass dies als sexuelle Belästigung ausgelegt werden könnte, verlangen die Unternehmensregeln, dass der Umarmende erst die Zustimmung seines »Umarmungsziels« einholen muss.

Wichtig ist dabei nicht nur die Ermutigung zu Umarmungen und Freundlichkeit (die Mitarbeiterinnen und Mitarbeiter des Unternehmens auch motiviert, die älteren, pflegebedürftigen Patienten liebevoll zu behandeln), sondern das Schulungskonzept und seine Umsetzung. Im Rahmen dieses Programms werden aus den Reihen der Beschäftigten Moderatoren geschult, die dann ihrerseits in einzelnen Standorten das Training für neue Kollegen und Kolleginnen durchführen. Das Programm umfasst sieben Bausteine:

- Wer sind die »Gäste« unseres Unternehmens?
- Sie allein sind für Ihr eigenes Verhalten verantwortlich
- Familien: Was geht in Angehörigen vor?
- Die Kunst des aktiven Zuhörens
- Das Richtige zur richtigen Zeit sagen
- Körpersprache lesen lernen
- Wie geht man mit verärgerten Gästen oder Kunden um?

Harley King beschrieb den Ansatz so:

> Dieses Programm können Sie mit einigen Modifikationen auf jede beliebige Branche übertragen. Wir sprechen hier von grundlegender Unternehmenskommunikation einschließlich der Vermittlung der Firmenkultur. Diesen Ansatz haben wir unter anderem deswegen gewählt, weil es in unserem Unternehmen Ende der achtziger Jahre nach zahlreichen Akquisitionen unterschiedliche Unternehmenskulturen gab. Unser »Circle of Care« bekräftigt die Vision, die wir für uns beanspruchen. Er lehrt, wie wir miteinander umgehen wollen, wie wir uns unseren Kunden gegenüber verhalten und wie wir als Unternehmen zusammenarbeiten sollen.

Ausschlaggebend für den Erfolg ist, dass ein Unternehmen seine Kultur und Politik den Mitarbeitern und Mitarbeiterinnen auf positive, optimistische Weise vermittelt. Jedes Unternehmen kann diesen Ansatz wählen, um seinen Beschäftigten die Botschaft eines »freundlicheren, wärmeren« Arbeitsumfeldes zu vermitteln. Unter anderem wissen die Beschäftigten dann auch, was sie im Hinblick auf Liebesbeziehungen am Arbeitsplatz und den pro-interaktiven Ansatz des Unternehmens zu erwarten haben. Das ist schlicht und einfach gute Personalführung.

Vermittlung ist alles

Die Zahl der zwischen Kollegen eingegangenen Liebesbeziehungen ist riesig. Hier geht es aber um die gescheiterten Beziehungen, die nach der Trennung Probleme bereiten, nicht um die vielen problemlosen Verbindungen, die von Dauer sind oder ohne Animositäten auseinander gehen. Wie wir gesehen haben, führt nur ein kleiner Prozentsatz der beendeten Liebesbeziehungen zu hartnäckigen Problemen, mit denen sich das Unternehmen auseinander setzen muss. In noch weniger Fällen wird ein Rechtsanwalt eingeschaltet.

Vermittlung ist ein äußerst wirksames Instrument für den Umgang mit Beziehungsproblemen. In einem Gerichtssaal oder während offizieller Nachforschungen gibt es nicht viel Raum für eine Entschuldigung. Wenn die beteiligten Parteien sich aber mit einem Vermittler zusammensetzen, kann dieser mit seinem Einfühlungsvermögen einen Konflikt einer Lösung zuführen. Arbeitsbezogene Fragen können von privaten Differenzen getrennt werden.

Vermittlungen sind besonders nützlich in Fällen, in denen Trennungsprobleme auf den Arbeitsplatz übergreifen. Wenn das ehemalige Paar seine Schwierigkeiten nicht überwinden kann, können sie eine beliebige Person, der beide vertrauen, um Unterstützung bitten – vielleicht einen von beiden respektierten Kollegen oder einen Freund, der sie gut kennt. Versuchen Sie als Führungskraft diesen Ansatz, bevor Sie ein Ultimatum setzen (»Finden Sie eine Lösung oder entscheiden Sie, wer geht«). Bei dem Vermittler kann es sich um einen geschulten Moderator oder den offiziellen »Schlichter« des Unternehmens handeln – oder einfach um eine Person, auf die beide Ex-Partner hören.

Nehmen wir zum Beispiel Russell und Dana. Beide waren sie als Produktmanager für jeweils ein anderes Softwareprodukt zuständig.

Beide arbeiteten im gleichen kleinen Büro. Marketingentscheidungen mussten sie gemeinsam treffen. Sie stürzten sich in eine leidenschaftliche Affäre und waren zwei Monate (ohne Wissen des Managements) miteinander verlobt. Dann machte Dana Schluss, weil ihr seine »vielen kleinen Eigenheiten« auf die Nerven gingen. Die beiden konnten sich nicht einigen, wie sie weiter zusammenarbeiten sollten. Die Intervention eines Vorgesetzten half auch nicht weiter.

Anstatt willkürlich einen Schuldigen auszuwählen und einen (oder auch beide) zu versetzen oder zu entlassen, schlug ihr Chef vor, einen geschulten Spezialisten für Arbeitsbeziehungen hinzuzuziehen, bevor er einseitige Maßnahmen ergriff. Der Vermittler sprach ein Wochenende lang mit Dana und Russell, erst gemeinsam und dann jeweils einzeln. Zunächst stellte er fest, dass keiner aus unlauteren Motiven wie Machterwerb oder den Wunsch, sich berufliche Vorteile zu verschaffen, oder nur des Sex wegen die Beziehung eingegangen war. Die beiden passten einfach nicht zusammen. Hätte einer der Beteiligten solche »unlauteren« Ziele verfolgt, hätte dies die Aufgabe des Vermittlers sehr erschwert.

Dana sagte, sie könne mit Russell arbeiten, wenn er nur ihre Differenzen hinter sich lassen könne. Russell erklärte, dass er dies sehr wohl könne, doch hatte die Erfahrung gezeigt, dass dies eigentlich nicht der Fall war. Schließlich arbeiteten sie eine Lösung aus, der ihr Chef noch zustimmen musste. Dana würde sehr früh ins Büro gehen und ihre Arbeit erledigen; Russell würde später kommen und bis in den Abend hinein bleiben. Dadurch würden ihre Interaktionen begrenzt. In den ersten Wochen sollten sie ihre Marketinggespräche im Beisein des Vorgesetzten führen. Sobald eine passende Stelle frei wurde, sollte Dana die Gelegenheit zum Wechsel in eine andere Abteilung bekommen. Wenn sich innerhalb von vier Wochen nichts ergab, sollte Russell die Möglichkeit der Versetzung geboten werden. Falls die Probleme, die den Betriebsablauf störten, nochmals auftraten, würde das Management eingreifen und nach eigenem Gutdünken eine Entscheidung fällen.

Wie sich herausstellte, lernte Russell außerhalb der Firma eine Frau kennen, und seine Interessen verlagerten sich in diese Richtung. Dana arbeitete noch drei Monate lang in dieser Abteilung und wechselte dann in eine bessere Stellung. Beide blieben bei dem betreffenden Unternehmen. Russells Chef weiß bis heute noch nicht, was er getan hätte, wenn dieser Plan nicht funktioniert hätte.

Vermittlungsgespräche oder eine Intervention zu verlangen ist ein einfacher Schritt. Was verliert das Unternehmen schon, wenn sich einer der beiden Partner weigert? Dann ergreift es die zuvor geplante Maßnahme (oder kündigt dem Arbeitnehmer, der sich einer Vermittlung widersetzt). Durch Einsatz eines Vermittlers wird lediglich ein zusätzlicher Schritt zwischen die Unfähigkeit der beteiligten Parteien zur Konfliktlösung und die einseitige Entscheidung des Managements geschaltet.

Vermittlung funktioniert natürlich nicht in allen Fällen. Menschen, die es gewohnt sind, die Macht an sich zu reißen, wird es schwer fallen, sich in einem Vermittlungsgespräch das Heft aus der Hand nehmen zu lassen. Michael, ein erfahrener Mediziner, der auf Vermittlungsgespräche spezialisiert ist, formulierte es so: »Meine Aufgabe besteht darin, die Machtwahrnehmungen auszugleichen und das Spielfeld zu ebnen. Vermittlungsversuche bringen nichts, wenn eine Partei sich in einer bestimmten Situation weigert, das abzugeben, was sie als Macht sieht. Ebenso wenig funktionieren sie, wenn eine der beiden Parteien überzeugt ist, dass ihre Verhandlungsposition überlegen ist, sie einseitige Fakten besitzt oder alles ganz klar ist. Oder wenn das Verhalten des Belästigers so empörend ist, dass sofortige Disziplinarmaßnahmen oder eine Kündigung erforderlich sind. Besonders vorteilhaft sind Vermittlungen, wenn die Parteien sich einfach nicht verstehen oder nicht miteinander kommunizieren können. Vermittlungen funktionieren in 70 bis 80 Prozent aller – gleich wie gearteten – Fälle, wenn die Parteien sich zusammensetzen und wirklich versuchen, eine Lösung zu finden. Das ist der Schlüssel. Wenn die Beteiligten in eine Vermittlung oder ein Schlichtungsverfahren einwilligen, weiß man, dass sie an einer Lösung interessiert sind. Selbst wenn der Prozess nicht den gewünschten Erfolg zeigt – also nicht zu einer Einigung führt – initiiert er zumindest einen positiven Dialog. In mancherlei Hinsicht ist das für alle Parteien ein idealer Ausgangspunkt für die Ausarbeitung einer akzeptablen Lösung.«

Halten Sie die Kommunikationskanäle offen

Mitarbeiter und Mitarbeiterinnen sollten ermutigt werden, bei allen Problemen ihre Meinung offen und voller Selbstvertrauen vorzutragen. Dieser Ansatz sollte nicht auf Liebesbeziehungen zwischen Kollegen und Beschwerden wegen sexueller Belästigung beschränkt sein. Die befragten Personalmanager hielten es für besonders wichtig, neben offiziell verabschiedeten Regelungen und Verfahren auch ein freies, offenes, positives Umfeld am Arbeitsplatz zu gewährleisten. In einer solchen Umgebung werden Probleme und mögliche Lösungsansätze angesprochen, bevor es zu spät ist. Ohne diese Kanäle läuft das Topmanagement Gefahr, von den Problemen der Beschäftigten erst im drohenden Schreiben eines Rechtsanwalts zu erfahren.

Halten Sie sich an die Grundregeln der Fairness

In einem progressiven Unternehmen haben die Grundprinzipien der Gleichheit und Fairness einen hohen Stellenwert. Das bedeutet zum Beispiel, dass nachrangige Mitarbeiterinnen und Mitarbeiter nicht automatisch den »blauen Brief« erhalten, wenn sich ihre Beziehungsprobleme am Arbeitsplatz negativ auswirken. Ein solches Vorgehen kann nicht nur arbeitsgerichtliche Schritte nach sich ziehen, sondern widerspricht auch den Grundsätzen einer fairen Offenlegung und Intervention.

Die Regeln der Fairness gebieten eine neutrale Prüfung von Beschwerden, in der beide Parteien ungeachtet ihres Geschlechts gerecht behandelt werden und das Unternehmen nicht nach einem leichten Ausweg sucht. Sie verlangen nicht, dass Unternehmen versuchen, allen vorgebrachten Beschwerden nachzugehen. Unternehmen können sich auf vernünftige und legitime Fälle beschränken, die nach Ansicht der Mehrheit der Beschäftigten überprüft werden sollen. In einem übergeordneten Sinn besagen die Regeln der Fairness, dass alle Mitarbeiter für ähnliche Arbeitsleistung mit dem gleichen Verantwortungsumfang ungeachtet ihres Geschlechts, ihres Alters, ihrer sexuellen Ausrichtung oder anderer Unterschiede das gleiche Gehalt verdienen sollten. Einstellungs-, Beförderungs- und Aufstiegsentscheidungen werden nach Leistungskriterien getroffen. Andere Faktoren spielen keine Rolle. Fair ist fair.

Reagieren Sie unverzüglich und angemessen auf Probleme

Mit oder ohne Vermittlungsverfahren müssen Organisationen auf die berechtigten Anliegen ihrer Mitarbeiter reagieren. Im Bereich der sexuellen Belästigung sehen die amerikanischen Gesetze beispielsweise vor, dass »das Unternehmen Beschwerden aller Mitarbeiter unverzüglich nachgeht und angemessene, sinnvolle Maßnahmen ergreift«. Eine faire Prüfung der legitimen Beschwerden der Mitarbeiter und Mitarbeiterinnen sollte daher schnell in die Wege geleitet werden.

Mitarbeiter werden ihre Probleme eher mitteilen, wenn sie wissen, dass sie fair, vertraulich und prompt behandelt werden. Natürlich kann ein Unternehmen nicht in allen Fällen dem Wunsch des Beschwerdeführers nachgeben, doch kann es zumindest unverzüglich und angemessen auf die Probleme eingehen, von denen es erfährt.

Ausgleich zwischen der Privatsphäre des Einzelnen und den Interessen des Unternehmens

Recht der Arbeitnehmer auf Privatsphäre

Die Frage der Privatsphäre am Arbeitsplatz lässt sich in zwei grundlegende Kategorien unterteilen: Verhalten in der Freizeit und Verhalten am Arbeitsplatz. Ersteres reicht von Fragen wie Rauchen über Verabredungen bis hin zu politischem Engagement und Freizeitaktivitäten (Nacktbaden, Mitgliedschaft in rechten oder linken politischen Gruppierungen oder auch in Swinger-Clubs). Unter die Kategorie »Verhalten am Arbeitsplatz« fallen Fragen wie Drogentests und Schreibtischdurchsuchungen bis hin zum Einsatz von Videoüberwachung und Spinddurchsuchung.

Arbeitnehmer betonen, dass Arbeitgeber nicht berechtigt sind, sich in ihr Verhalten in der Freizeit einzumischen. Arbeitgeber vertreten die Ansicht, dass sie ein legitimes Interesse daran haben, ihre Geschäftsinteressen zu schützen, beispielsweise Wahrung von Geschäftsgeheimnissen, Einhaltung der Qualitätskontrollvorschriften oder Eindämmung der Ausgaben für das Gesundheitswesen (zum Beispiel durch Rauchverbote). Als Richtschnur sollte gelten, dass Unternehmen sich nur für Aktivitäten interessieren sollten, die sich unmittelbar auf die Leistungsfähigkeit eines Mitarbeiters oder einer Mitarbeiterin am Arbeitsplatz auswirken – und dass jegliches Verbot privater Aktivitäten begrenzt bleiben muss.

Ungeachtet der Rechtslage sollte die wahrscheinliche Reaktion der Mitarbeiter immer über ihre Einführung einer geplanten Regelung entscheiden. Pro-interaktive Unternehmen sollten sich im Grunde nur für die Tätigkeiten der Mitarbeiter während der Arbeitszeit und bei der Erfüllung der Firmenziele interessieren.

Eine vernünftige E-Mail-Politik

Gesetzliche Regelungen zum Thema E-Mail zu beschreiben fällt leicht: Bislang gibt es nicht viele. Allerdings sind einige Rechtsexperten der Ansicht, dass Unternehmen Grenzen ziehen sollten zwischen zulässigen und inakzeptablen Inhalten. Generell sollten diese Regelungen darauf hinweisen, dass Voice Mail, die Computer der Beschäftigten und ihre E-Mails Eigentum des Unternehmens sind (weil sie in den Geschäftsräumen stehen) und daher überwacht werden können. Ferner sollten sie betonen, dass diese Systeme nicht für private Zwecke genutzt werden dürfen und der Arbeitgeber das Recht hat, alle über seine Systeme verschickten Nachrichten abzufangen, zu prüfen und erst dann weiter zu übertragen. Das Unternehmen sollte betonen, dass seine Systeme nicht für rechtswidrige, obszöne, verleumderische und andere unpassende Nachrichten verwendet werden dürfen. In den Worten eines auf Technologiefragen spezialisierten Anwalts: »Unternehmen müssen offizielle Richtlinien zu den ordnungsgemäßen Verwendungszwecken von E-Mail und anderen Medien einführen, um sich selbst zu schützen. Andernfalls handeln sie sich nämlich Schwierigkeiten ein, und die Mitarbeiter und Mitarbeiterinnen kennen die Grundregeln nicht.«

Andererseits müssen Arbeitgeber aber auch erklären, dass jede Bekanntgabe von Informationen, die durch diese Kontrolle erworben wurden, sich ausschließlich auf geschäftsspezifische Gründe beschränken muss. Darüber hinaus müssen Arbeitgeber Schutzmechanismen einführen, die festlegen, wann eine solche Überwachung stattfinden darf und wann nicht. Sie darf sicher nicht generell und ohne spezifischen geschäftlichen Grund wie Verhinderung der Weitergabe von Geschäftsgeheimnissen oder obszöner E-Mail-Nachrichten erfolgen.

Da die gesetzlichen Regelungen in diesem Bereich noch in den Kinderschuhen stecken, wird es geraume Zeit dauern, bis die Gerichte und der Gesetzgeber einen Rahmen für zulässige Maßnahmen abstecken. Daher sollten Liebespaare in ihrer E-Mail-Kommunikation lieber auf Nummer sicher gehen und auf Diskretion achten.

Wirksame Schulung von Führungskräften

Viele Bücher und Artikel beschäftigen sich eingehend mit der Frage, wie Führungskräfte sinnvoll geschult werden können, damit sie richtig auf Vorwürfe der sexuellen Belästigung reagieren können. Der gleiche Ansatz sollte gewählt werden, wenn es darum geht, Managern und Managerinnen zu zeigen, wie sie Probleme, die auf Liebesbeziehungen zwischen Kollegen beruhen, von solchen unterscheiden können, die auf sexuelle Belästigungen zurückzuführen sind. Führungskräften sollte im Umgang mit Liebesbeziehungen am Arbeitsplatz ein positiver Ansatz nahe gelegt werden; sie müssen lernen, vertraulich mit Beschäftigten über Beziehungen zu sprechen, bevor tatsächlich eine Beschwerde wegen sexueller Belästigung vorgebracht wird. Sie sollten ferner wissen, wann sie einen Vermittler zur Lösung beziehungsbegründeter Probleme hinzuziehen sollten. Vertrauen Sie Ihren Beschäftigten: Wenn Sie ein von Offenheit und Vertrauen geprägtes Arbeitsumfeld schaffen, werden sie sich auch korrekt verhalten.

»Beziehungsverträge«

Manche Unternehmen sichern sich durch »Beziehungsverträge« ab, die von den beiden Kollegen, die liiert sind, unterzeichnet werden müssen. Darin bestätigen sie, dass ihre Beziehung: (1) gewünscht, freiwillig und von beiden Seiten gewollt ist, (2) dem Grundsatz der Gleichberechtigung unterliegt, (3) sich nicht negativ auf die Arbeitsbedingungen eines der beiden Partner auswirkt, und (4) die Unternehmensrichtlinien zur sexuellen Belästigung nicht verletzt. Die Rechtsberater eines Unternehmens können solche Verträge in einem Format aufsetzen, bei dem die beiden Adressaten nur noch in der letzten Zeile unterschreiben müssen. Solche Dokumente können bei einem Scheitern der Beziehung gegebenenfalls als Beweisstück gegen einen Vorwurf der sexuellen Belästigung verwendet werden.

Solche Verträge können formlos sein; es genügen sogar handschriftliche Briefe, die von dem jeweils anderen Partner am Ende gegengezeichnet werden. Ziel ist es, zwischen den beiden Parteien eine Übereinkunft zu erzielen, dass sie ihre Affäre freiwillig und ohne arbeitsbezogene Einflüsse eingegangen sind. Unternehmen und Vorgesetzte können von solchen Erklärungen profitieren, vorausgesetzt, der nachrangige Mitarbeiter in einer Vorgesetzten-Untergebenen-Beziehung unterschreibt den Vertrag im vollen Bewusstsein seiner Tragweite und freiwillig. In Sonderfällen kann eine Beurkundung des Vertrags durch einen Notar erforderlich sein, um sicherzustellen, dass die Unterzeichnung ohne ungebührliche Einflussnahme erfolgte.

Die beste Verteidigung

Der mit Abstand beste Schutzmechanismus ist die Art und Weise, wie ein Unternehmen mit seinen Beschäftigten umgeht. Schafft es ein anregendes, offenes Arbeitsumfeld, legt es großen Wert auf Kommunikation und Konfliktlösungen? Oder setzt es lieber auf Regelwerke, Verbote und restriktive Strafmaßnahmen?

Ist das Unternehmen mehr daran interessiert, wie seine Mitarbeiter und Mitarbeiterinnen sich treffen, vertragen und in einem positiven, menschlichen Umfeld zusammenarbeiten? Oder liegt der Schwerpunkt auf Befehlen und starren Vorschriften? Pro-interaktive Unternehmen profitieren sowohl von einer in rechtlicher Hinsicht besser zu verteidigenden Position als auch von einem produktiveren Arbeitsumfeld. Viele Probleme, mit denen andere Firmen zu kämpfen haben, treten bei ihnen einfach nicht auf.

Kapitel 14

Das 21. Jahrhundert

In den letzten 15 Jahren fanden beispiellose demographische und soziologische Veränderungen statt. In den USA sind heute 46 Prozent aller Arbeitnehmer Frauen. Innerhalb weniger Jahre wird diese Zahl auf 50 Prozent und mehr ansteigen. Ähnlich sieht auch die Entwicklung bei Führungspositionen und freien Berufen aus: 48 Prozent dieser Stellen sind in den USA heute mit weiblichen Kräften besetzt. 1983 waren es noch 40 Prozent.

Die in früheren Kapiteln angesprochenen Untersuchungen zeigten auf, dass Frauen in 45 Prozent (bzw. manchen Umfragen zufolge 50 Prozent) aller Doppelverdienerhaushalte mindestens die Hälfte zum Einkommen beisteuern. Experten rechnen mit einem weiteren Anstieg dieses Anteils. In den Vereinigten Staaten sind in zwei Dritteln aller Haushalte beide Partner berufstätig (nach 42 Prozent im Jahr 1975). Auch dieser Prozentsatz dürfte zunehmen, da im heutigen Wirtschaftsumfeld zwei Einkommen allein zur Finanzierung der Lebenshaltungskosten benötigt werden.

Gleichzeitig hat sich der Anteil der Frauen, die im Alter von Ende Zwanzig noch niemals verheiratet waren, bis Mitte der neunziger Jahre in nur drei Jahrzehnten auf ein Drittel verdreifacht. 4,5 Millionen Paare leben heute ohne Trauschein zusammen. Bei den Frauen ist das durchschnittliche Heiratsalter gestiegen, und nach Ansicht der Experten wird sich dieser Trend fortsetzen.

Warum? Die langen Arbeitszeiten, die Berufstätigen heute abverlangt werden, dürften sich wohl kaum bei einem der beiden Geschlechter reduzieren, und die positiven Auswirkungen eines größeren Anteils weiblicher Arbeitnehmer werden sich immer deutlicher manifestieren. Auch die Männer setzen sich für Gleichberechtigung ein, weil dies in ihrem eigenen Interesse liegt – zumal für die große Anzahl der verheirateten Männer, deren Frauen berufstätig sind. Da der Beitrag der Frauen zum Haushaltseinkommen mittlerweile bereits fest eingeplant ist, ist es nur natürlich, dass sie weiterhin alle Hindernisse beiseite schieben werden, die sich ihnen in den Weg stellen, einschließlich der sogenannten »gläsernen Decke«, die den beruflichen Aufstieg weiblicher Führungskräfte begrenzt.

Ein neues Arbeitsumfeld

Diese bahnbrechenden Trends haben das Arbeitsumfeld verändert. Pro-interaktive Unternehmen unterstützen Kindertagesstätten und Hausaufgabenbetreuung, Gleitzeit, Telearbeit, die gemeinsame Beschäftigung von Ehepaaren, Erleichterung von Sozialkontakten und Liebesbeziehungen zwischen Kollegen. Wir haben gesehen, dass der Zustrom weiblicher Arbeitnehmer zur Verschärfung der Regelungen zur Verhinderung sexueller Belästigung und einem gleichzeitigen Rückgang der Verbote intimer Beziehungen und Ehen zwischen Kollegen führte.

Unternehmen, die früher verheirateten Paaren nicht einmal erlaubten, am gleichen Standort zu arbeiten, oder Ehebruch keinesfalls duldeten, haben eine Kehrtwende vollzogen. Heute ermutigen sie Ehepaare zusammenzuarbeiten und drücken ein Auge zu bei Affären, die Mitarbeiterinnen und Mitarbeiter aus freien Stücken miteinander eingehen (vorausgesetzt, es beschwert sich niemand darüber). Viele Firmen unterstützen heute offiziell Sozialkontakte zwischen Kollegen, da solche Bemühungen zu einer höheren Mitarbeiterzufriedenheit führen. Sie erkennen auch, dass Unternehmen, die einen so großen Teil der Zeit ihrer Beschäftigten für die Arbeit beanspruchen, ihren Mitarbeitern und Mitarbeiterinnen erlauben müssen, am Arbeitsplatz Partner zu suchen und zu finden.

Eheverbote für Arbeitnehmer gehören fast der Vergangenheit an. Fraser, der Personalexperte, der versucht, die Politik seines Unternehmens zu ändern, meinte dazu: »Wie die meisten Firmen verbieten wir Liebesbeziehungen am Arbeitsplatz nicht. Selbst wenn wir das wollten, könnten wir das nämlich nicht. Das bedeutet, dass sich Kollegen miteinander verabreden können, sofern sie dabei diskret vorgehen. Wenn sie heiraten wollen, muss jedoch einer der beiden das Unternehmen verlassen. Meiner Ansicht nach ist diese Politik widersinnig, und die meisten Firmen würden mir da mit Sicherheit zustimmen.«

Der Wettbewerbsdruck

Unternehmen versuchen, Paare zu halten, die sich am Arbeitsplatz kennen lernen und heiraten wollen. Sie wissen, dass es völlig widersinnig wäre, die besten verheirateten Paare einzustellen, aber zugleich die besten »intern gewachsenen« Liebespaare zu vertreiben, weil sie heiraten wollen. Wirtschaftsunternehmen, Sozietäten, Universitäten, Polizei- und Feuerwehrdienststellen müssen die besten Mitarbeiter und Mitarbeiterinnen rekrutieren – und diese Stars wollen ihre Ehepartner mitbringen. Zugleich sind diese Organisationen auch gezwungen, ihre Politik in Bezug auf Sozialkontakte und Liebesbeziehungen am Arbeitsplatz zu liberalisieren, weil ihre unverheirateten Beschäftigten dies verlangen.

Führungskräfte im Personalwesen bestätigen diesen Trend. Angesichts der hohen Investitionen der Unternehmen in ihre personellen Ressourcen (einschließlich der Managerinnen, die für Topmanagementpositionen aufgebaut werden) wollen Firmen die Abwanderung ihrer Mitarbeiterinnen und Mitarbeiter verhindern. Ihre Beschäftigten sind für sie ein wertvoller Aktivposten, der keineswegs an Wert verliert, wenn sich zwei Kollegen ineinander verlieben. Es ist unsinnig, hochqualifizierte Kräfte aus den falschen Gründen zu vergraulen.

Rob, der als Principal für eine Personalberatungsfirma tätig ist, beschrieb es so: »Wo die Nachfrage nach Mitarbeitern das Angebot übersteigt, müssen sich die Arbeitgeber mehr ins Zeug legen, um gute Kandidaten für sich zu gewinnen. Dies gilt vor allem für den Hochtechnologiesektor und die Informations- und Kommunikationsbranche. Das ist Voraussetzung, um sich im Wettbewerb behaupten zu können. Diese Unternehmen müssen Kinderbetreuungsmöglichkeiten, flexible Arbeitszeiten, Teilzeitjobs und Telearbeit bieten und Verabredungen zwischen Kollegen zulassen bzw. sogar fördern. Diese Nachfrage nach hoch qualifizierten Mitarbeitern existiert übrigens unabhängig von der allgemeinen konjunkturellen Lage.«

Unter den Begriff »Liebesbeziehungen am Arbeitsplatz« fallen auch solche, an denen Mitarbeiter oder Mitarbeiterinnen und Kunden, Lieferanten, Mandanten und Dienstleister beteiligt sind, da eine Romanze außerhalb des Unternehmens bisweilen leichter zu bewerkstelligen ist als eine interne Beziehung. Firmen mit einem weniger progressiven Ansatz werden bald feststellen, dass ihre Beschäftigten entweder intime Beziehungen verheimlichen oder sich einen anderen Arbeitgeber suchen. Diese Unternehmen müssen ihre Richtlinien im Laufe der Zeit an die Politik der stärker pro-interaktiven Firmen anpassen.

Neue Regeln für Romanzen

Ein Drittel aller Beziehungen beginnt am Arbeitsplatz. Da vielen Unternehmen jedes Mittel zur Gewinnsteigerung recht ist, ändern sie auch ihre Regeln, um dieser Entwicklung Rechnung zu tragen. Wir haben gesehen, dass Firmen für ihre Beschäftigten in zunehmendem Maße Einrichtungen bieten, wo sie Sport treiben (von Fitnesskursen über Volleyball bis hin zu Schwimmen) oder sogar tanzen können. Gleichzeitig führen diese Interaktionen zu Beziehungen, in denen die Partner gleiche Entscheidungsmacht besitzen und die gleiche Verantwortung tragen: Wenn der Partner am

Arbeitsplatz gleichberechtigt ist, wirkt sich das auch auf die Partnerschaft aus. Dabei sollte man sich vor Augen halten, dass 50 Prozent aller Affären, die im Büro ihren Anfang nahmen, zu einer langfristigen Beziehung oder Ehe führen.

Liebesbeziehungen am Arbeitsplatz sind ein Faktum. Daher sind die Organisationen gezwungen, ihre Existenz anzuerkennen und zu legitimieren. Viele Unternehmen ignorieren heute solche Affären einfach, womit sie im Grunde ihren Beschäftigten signalisieren, dass Liebesbeziehungen zwischen Kollegen mangels eines expliziten Verbots in Ordnung sind. Im Laufe der Zeit werden diese stillschweigenden Übereinkünfte allerdings durch förmlichere Richtlinien ersetzt werden, wie es sie heute schon vielerorts für verheiratete Mitarbeiter gibt.

Die rechtliche Seite

Heute trennen viele Organisationen nicht zwischen Affären und Liebesbeziehungen, die von beiden Partnern gewollt werden, und ihrer Furcht vor einer Beschwerde wegen sexueller Belästigung (obwohl sie sich Probleme einhandeln, indem sie die meisten Beziehungsprobleme mit pauschalisierenden Richtlinien zur Verhinderung der sexuellen Belästigung zu lösen versuchen). Es ist aber durchaus möglich, Kollegen oder Kolleginnen um eine Verabredung zu bitten und sich einen Korb zu holen oder auch eine Beziehung zu führen, ohne dass dies den Tatbestand einer sexuellen Belästigung erfüllt. Wichtig ist, dass angemessenes Verhalten als Teil einer Beziehung akzeptiert wird und unzumutbares sexuelles Verhalten nicht toleriert wird. Der Unterschied zwischen diesen beiden Kategorien kann definiert werden.

In Zukunft werden Unternehmen Beschwerden über eine Beziehung als ein Problem betrachten, bei dem die Beteiligten zufällig miteinander liiert sind, nicht als potenzielles Verbrechen, das unter das Verbot der sexuellen Belästigung fällt. Dies sind zwei Paar Stiefel, und je mehr die Organisationen das erkennen, desto mehr werden sie sich für »Partnerrechte« einsetzen.

Sich in einen Kollegen oder eine Kollegin zu verlieben (und den Partner dann auch noch zu heiraten) wird zunehmend entkriminalisiert. Dieser Trend hat sich in den letzten Jahren beschleunigt. Parallel dazu ändern sich auch die Einstellungen zu Liebesbeziehungen im Büro. Folglich werden Unternehmen zunehmend Richtlinien einführen, die solche Beziehungen aus der Dunkelzone herausholen. Im Wesentlichen werden diese Regelungen anerkennen, dass (1) Liebesbeziehungen am Arbeitsplatz etwas ganz Natürliches sind, (2) das Unternehmen nicht an ihnen interessiert ist, vorausgesetzt, die Partner verhalten sich weiterhin professionell und tauschen in der Öffentlichkeit keine übermäßigen Zärtlichkeiten aus, (3) Unternehmen bei Vorgesetzten-Untergebenen-Beziehungen oder Interessenkonflikten eingreifen in dem Bestreben, beide Mitarbeiter zu halten, aber die Konfliktsituation zu überwinden, und (4) Beziehungsprobleme nicht mit Fragen der sexuellen Belästigung gleichgesetzt werden (es sei denn, es handelt sich um eindeutig unzumutbares Benehmen).

Pro-interaktive Unternehmen

Je mehr Vertrauen in die Beschäftigten und Unterstützung von Liebes- und Ehepaaren zur Notwendigkeit im Wettbewerb wird, desto stärker pro-interaktiv werden Unternehmen im Laufe der Zeit agieren. Organisationen, die diesen Ansatz wählen, handeln damit nicht nur angemessen, sondern auch in ihrem ureigenen Interesse. Sie werden auf einem Wachstumskurs bleiben, da sie verstehen, dass private Freundschaften mit Kolleginnen und Kollegen vor allem bei den stark engagierten, profilierten Mitarbeitern, die viele Stunden im Büro verbringen, auch die eigenen Geschäftsziele voranbringen können. Den Erwerbstätigen werden diese Firmen auffallen, und sie werden sich verstärkt pro-interaktive Arbeitgeber suchen.

Abgrenzung zwischen Liebesbeziehungen und sexueller Belästigung

In Zukunft wird es nicht mehr möglich sein, Liebesbeziehungen und sexuelle Belästigung über einen Kamm zu scheren. In den nächsten zehn Jahren werden Unternehmen sich zu einem liberalen Denken bekehren, aus Wettbewerbsgründen unabhängig von der wirtschaftlichen Lage als pro-interaktive Organisationen ihr Engagement für die Weiterentwicklung ihrer Mitarbeiter und Mitarbeiterinnen beweisen. Das Thema »sexuelle Belästigungen« wird die Gerichte dann immer weniger beschäftigen. Obwohl mehr und mehr Menschen ihren Partner am Arbeitsplatz finden werden, kann man von einem Rückgang der tatsächlichen Beschwerden wegen sexueller Belästigungen ausgehen. Mitarbeiterinnen und Mitarbeiter werden wissen, welches Verhalten akzeptabel ist; Unternehmen werden ihre Richtlinien zur Verhinderung sexueller Belästigung strikt anwenden, ohne dass die Fairness auf der Strecke bleibt, und Liebesbeziehungen zwischen Kollegen werden nicht mehr mit den gleichen Vorurteilen zu kämpfen haben, die heute in zahlreichen Organisationen anzutreffen sind.

Geschlechtsbezogene Diskriminierung

Diskriminierung aufgrund der Geschlechtszugehörigkeit wird – zumindest in den USA – das Thema sexuelle Belästigung als Cause célèbre ablösen, so dass die Rechtsanwälte keinen Rückgang ihres Honorareinkommens befürchten müssen. Je weiter Frauen die Hierarchieleiter hinaufklettern, desto häufiger werden sie einen Rechtsanwalt hinzuziehen, wenn sie sich bei Beförderungen zur Vorstandssprecherin, Finanzleiterin, Personalleiterin oder einer anderen angestrebten Position übergangen fühlen. Die »gläserne Decke« wird letztendlich durchbrochen werden, wenn auch möglicherweise erst nach langwierigen gerichtlichen Auseinandersetzungen. Bei diesen Bestrebungen werden die Frauen massiv von ihren Partnern unterstützt, die ebenfalls für das gleiche Unternehmen arbeiten und von mehr Gleichberechtigung profitieren.

Ford Motor Company

Die Ford Motor Company ist eines der unzähligen Unternehmen, die sich im Laufe der Jahre an den Zeitgeist angepasst haben. Nancy, die zum Topmanagement gehört und das Unternehmen schon seit 30 Jahren kennt, hat viele Veränderungen selbst miterlebt:

> Vor dreißig Jahren wären auf einem Foto von Ford-Managern nur Männer in den gleichen dunkelblauen Anzügen, weißen Hemden und konservativen Krawatten ohne Schnurr- oder Vollbart zu sehen gewesen. Sie sahen alle gleich aus. Heute ist die Kleiderordnung weniger streng. Frauen dürfen Hosenanzüge und Männer Khakihosen, Sporthemden und Slipper tragen.
>
> Ähnliche Veränderungen fanden auch in der Reaktion des Unternehmens auf Liebesbeziehungen am Arbeitsplatz statt. Vor 30 Jahren hielten die Leute ihre Romanzen geheim. Wenn eine solche Beziehung entdeckt wurde, musste einer der beiden gehen. Das war das Ende vom Lied. Heute müssen sich Führungskräfte und nachrangige Mitarbeiter überhaupt nicht mehr verstecken, nur darf ein Partner nicht dem anderen unterstellt bleiben. Das Motto lautet: »Wenn sie miteinander schlafen wollen, sollen sie's ruhig tun.«
>
> Ein weiteres Beispiel für die kulturelle Flexibilität des Unternehmens ist die Einstellung gegenüber Schwulen und Lesben. Vor dreißig Jahren konnten sich homosexuelle Männer unmöglich outen. Das wäre beruflicher Selbstmord gewesen. Und lesbische Frauen mussten so tun, als hätten sie einen männlichen Vorzeigepartner. Heute ist das völlig anders. Bei Ford gibt es ein Bulletin Board namens GLOBE – für »Gay, Lesbian, and Other Bi-Sexual Employees« –, in das die schwulen, lesbischen und bisexuellen

Mitarbeiter Mitteilungen, Kommentare und andere Informationen eingeben können. Obwohl die Frage, wie »offen« Schwule und Lesben ihre sexuelle Ausrichtung und Beziehungen zeigen können, immer noch ein etwas wunder Punkt ist, hat sich die Situation zweifellos im Vergleich zu früher deutlich verändert. Vor einigen Jahren hätten sie es sich nicht einmal leisten können, in den Verdacht zu geraten, dass sie anders sind.

All diese Veränderungen fanden innerhalb der letzten fünf Jahre statt. Meiner Ansicht nach hat sich das Klima mit der Einführung des Ford-2000-Programms drastisch verändert. Wir müssen jetzt global denken; Frauen werden für Positionen im mittleren und oberen Management aufgebaut; Minderheiten machen Fortschritte. Ford ist eindeutig ein pro-interaktives Unternehmen geworden.

Weitere Beispiele für pro-interaktive Unternehmen haben wir bereits in anderen Kapiteln gesehen. Angebote wie flexible Arbeitszeiten, Job-Sharing, Telearbeit, anpassungsfähige Sozialleistungen, Kinderbetreuungszuschüsse und Organisation von Betreuungsmöglichkeiten für Kinder und pflegebedürftige Angehörige, Gleichberechtigung von Männern und Frauen und positive Unterstützung von Liebesbeziehungen am Arbeitsplatz werden zum Standard werden. Wie wir in Kapitel 4 gesehen haben, werden sich diese Trends nicht nur auf Großkonzerne beschränken – auch mittelständische Betriebe werden in diese Richtung gehen. Diese Philosophie und das zugehörige Unternehmensklima werden im 21. Jahrhundert die Norm sein.

Im Mittelpunkt steht der Mensch

Die amerikanische Kummerkastentante Ann Landers druckte eine romantische Geschichte über eine Frau ab, die am Ende des Zweiten Weltkriegs in einer Kirchenbank hinter einem Soldaten saß. Da er den Text aller Kirchenlieder kannte, dachte sie bei sich, dass dieser Mann kein ganz schlechter Mensch sein könne. Später erfuhr sie, dass er von Beruf Arzt war. Drei Monate später rutschte sie auf einem vereisten Weg aus und verletzte sich den Arm. Der behandelnde Arzt war der gleiche Mann, der damals in der Kirche gesungen hatte. Er bestand darauf, dass sie im Krankenhaus blieb, und besuchte sie zweimal täglich. Bei ihrer Entlassung fragte er sie, ob sie mit ihm zur Feier des Tages ins Kino gehen wolle. Sie heirateten später in der gleichen Kapelle, in der sie ihn zum erstenmal gesehen hatte.

Die Verfasserin des Briefes malte sich dann aus, wie die gleiche Geschichte sich wohl heute abspielen würde:

> Als ich letzte Woche einen Gottesdienst besuchte, fiel mir auf, dass der Soldat hinter mir den Text zu allen Liedern kannte. Ich dachte bei mir, dass einer, der diese Texte auswendig kennt, höchstwahrscheinlich ein erzkonservativer religiöser Typ ist.
>
> Einen Monat später stieß ich zufällig mit ihm auf der Straße zusammen. Nachdem ich ihn verflucht hatte und schimpfte, er solle doch gefälligst aufpassen, wo er hintrete, erfuhr ich, dass er Arzt war. Als drei Monate vergangen waren, rutschte ich auf einem vereisten Weg aus und verletzte mir einen Arm. Nachdem ich den Eigentümer des Hauses, vor dem ich gestürzt war, auf so viel Schadensersatz wie möglich verklagt hatte, behandelte mich der gleiche Arzt und bestand darauf, dass ich im Krankenhaus blieb. Dann kam er zweimal täglich vorbei, um nachzusehen, wie es mir ging. Das machte mich misstrauisch. Ich beschwerte mich bei seinem Vorgesetzten und verklagte ihn wegen sexueller Belästigung.
>
> Im Januar wurde ich aus dem Krankenhaus entlassen, und der Arzt fragte mich, ob ich zur Feier des Tages mit ihm ins Kino gehen würde. Ich zeigte ihn bei der Polizei an, weil ich mich von ihm verfolgt fühlte, und beantragte eine einstweilige Verfügung, die ihm verbieten sollte, sich mir zu nähern. Als der Arzt mich fragte, ob ich ihn in der gleichen Kapelle heiraten wolle, in der wir uns das erste Mal gesehen hatten, rief ich beim FBI an. Die Beamten durchsuchten seine Wohnung, um sicherzustellen, dass er keine Bilder von mir gesammelt und keine Leichen unter seinen Bodenbrettern versteckt hatte.

Ich heiratete den Kerl trotzdem, denn schließlich hat ein Arzt ein sechsstelliges Jahreseinkommen.

*»Paranoia« aus La Jolla, Kalifornien**

Die Experten wundern sich, dass sich trotz der oft übertriebenen Political Correctness in der heutigen Gesellschaft Menschen immer noch am Arbeitsplatz kennen lernen, verlieben und Liebesbeziehungen miteinander pflegen – viele Millionen Mal im Jahr. Die Liebe blüht und gedeiht auch heute allen Hindernissen und Ängsten zum Trotz. Mit Amors Pfeil im Herzen werden viele Kolleginnen und Kollegen mit einem Quantensprung ins 21. Jahrhundert katapultiert.

* Nachdruck mit freundlicher Genehmigung von Ann Landers und Creators Syndicate.

Anhang

Formulierungsbeispiel für Richtlinien zu Liebesbeziehungen am Arbeitsplatz

Sobald das Topmanagement eines Unternehmens einen Beschluss zur Einführung und Umsetzung von Richtlinien zu Liebesbeziehungen zwischen Kollegen gefasst hat, ist die eigentliche Formulierung im Grunde einfach. Das nachstehende Formulierungsbeispiel muss unter Umständen an die Belegschaft, das Arbeitsumfeld und die Philosophie des jeweiligen Unternehmens angepasst werden. Ferner sollten Sie konkreten, in der Vergangenheit beobachteten Problemen Rechnung tragen. Es empfiehlt sich auch, diese schriftlichen Richtlinien vor ihrer Einführung nochmals von einem Rechtsanwalt durchgehen zu lassen.

Unsere Richtlinien zu Liebesbeziehungen am Arbeitsplatz (Langfassung)

1. *Sexuelle Belästigungen.* Sexuelle Belästigungen werden in diesem Unternehmen (die Worte »Unternehmen«, »wir« und »unser« werden nachstehend austauschbar verwendet; »Sie« bezieht sich auf unsere MitarbeiterInnen) nicht geduldet und sind Gegenstand unserer offiziellen Regelungen zu diesem Thema. Obwohl sexuelle Belästigungen und Liebesbeziehungen im vorliegenden Dokument so behandelt werden, als würden sie sich gegenseitig ausschließen, kann unzumutbares Verhalten bei Verabredungen und Beziehun-

gen den Tatbestand einer sexuellen Belästigung erfüllen. Für diese Ausnahmesituationen gelten unsere allgemeinen Regelungen und Vorschriften zur sexuellen Belästigung.

2. *Liebesbeziehungen am Arbeitsplatz.* Es ist unser Bestreben, ein auf wechselseitiger Unterstützung beruhendes, offenes und interaktives Arbeitsumfeld für unsere Beschäftigten zu schaffen. Alle MitarbeiterInnen können frei, nach eigenem Ermessen und ungeachtet ihres Familienstands, aber nach Maßgabe unserer Richtlinien und Entscheidungen wählen, ob sie sich verabreden möchten oder nicht. Eine Verabredung ist definiert als Sozialkontakt oder Teilnahme an einer gesellschaftlichen Veranstaltung (im Gegensatz zu primär arbeitsbezogenen Treffen), die zwischen zwei MitarbeiterInnen innerhalb oder außerhalb unseres Firmengeländes stattfinden. Diese Richtlinien gelten für alle Voll- und TeilzeitmitarbeiterInnen ungeachtet ihres Dienstalters oder Verantwortungsumfangs. Des Weiteren gelten diese Richtlinien auch für alle MitarbeiterInnen, wenn sie sich heute oder zukünftig mit Kollegen, Kunden, Mandanten, Lieferanten, unabhängigen Vertragspartnern oder anderen Personen, die in einer Geschäftsbeziehung zu diesem Unternehmen stehen, verabreden.

Unsere MitarbeiterInnen werden sich bei ihren Verabredungen an die Grundsätze der Vernunft halten und sich bemühen, die Integrität und Professionalität unseres Arbeitsumfelds zu wahren. Was zwei MitarbeiterInnen in gegenseitigem Einvernehmen außerhalb der Arbeitszeit und des Firmengeländes tun, ist ihre Privatangelegenheit; was am Arbeitsplatz geschieht, gehört zu den Belangen des Unternehmens. Wenn also kein Mitarbeiter oder Dritter Beeinträchtigungen der Arbeitsleistung, Höflichkeit oder Produktivität feststellt, gibt es in der Regel keinen Grund für das Unternehmen einzuschreiten. Wenn es sich bei den betreffenden MitarbeiterInnen jedoch um direkte Vorgesetzte und Untergebene handelt, wenn sie ihre Mittagspause verlängern oder sich während der Arbeitszeit um private Belange kümmern oder am Arbeitsplatz persönliche Auseinandersetzungen führen, wird dieses Verhalten zu einem Belang dieses Unternehmens.

3. *Beziehungen zwischen Vorgesetzten und Untergebenen und Interessenkonflikte.* Sollte eine in beiderseitigem Einvernehmen eingegangene Liebesbeziehung oder sexuelle Affäre zwischen einem Vorgesetzen und einem Untergebenen stattfinden (oder Interessenkonflikte hervorrufen, beispielsweise wenn einer der Partner Zugriff auf vertrauliche Personal-, Gesundheits- oder Finanzdaten hat), sind beide MitarbeiterInnen im Rahmen ihrer Arbeitsaufgaben verpflichtet, ihre Beziehung gemeinsam unverzüglich ihren unmittelbaren Vorgesetzten zu melden. Die Anzeigepflicht einer Beziehung im Falle von Interessenkonflikten beinhaltet unter anderem: *<Fügen Sie die spezifischen Situationen ein, in denen in Ihrer Firma Liebesbeziehungen gemeldet werden müssen>*. Zu Vorgesetzten-Untergebenen-Beziehungen gehören auch Arbeitsvereinbarungen, in denen die Machtverhältnisse ungleich verteilt sind, zum Beispiel Fälle, in denen nachrangige MitarbeiterInnen aus einer Abteilung mit höherrangigen MitarbeiterInnen aus einer anderen Abteilung zusammenarbeiten und sich dies auf die Arbeitsbedingungen der nachrangigen MitarbeiterInnen auswirken könnte.

4. *Vertraulichkeit.* Alle MitarbeiterInnen des Unternehmens (in Führungs- und anderen Positionen) sowie alle von diesem Unternehmen hinzugezogenen externen Parteien werden die gemäß diesen Richtlinien erhaltenen Informationen streng vertraulich behandeln. Es ist ihnen jedoch gestattet, diese Informationen in gutem Glauben im Rahmen der Entscheidungsfindung anderen MitarbeiterInnen des Unternehmens zugänglich zu machen.

5. *Vorgehensweise.* Wenn eine Vorgesetzten-Untergebenen-Beziehung oder ein Interessenkonflikt festgestellt wird, werden wir im Regelfall: (1) Gespräche und Problemlösungsversuche zwischen allen beteiligten Parteien fördern, (2) mit dem/der nachrangigen Mitarbeiter/in sprechen, um zu klären, ob die Beziehung wirklich in beiderseitigem Einvernehmen geschlossen wurde, (3) durch Zuweisung eines oder beider Mitarbeiter zu anderen Abteilungen und/oder Projekten, Neuverteiligung der Mitarbeiterbeurteilungsaufgaben oder andere, vom Unternehmen in alleinigem Ermessen

zu wählende Maßnahmen (einschließlich der Möglichkeit zur Belassung, Versetzung oder Kündigung eines oder beider MitarbeiterInnen) die Führungs- und/oder Beurteilungsaufgaben des/der Vorgesetzten (einschließlich der zum Zeitpunkt der Offenlegung der Beziehung bereits begonnenen Angelegenheiten) ausschließen, (4) den Ausschluss des/der Vorgesetzten aus weiteren Entscheidungen verfügen, die sich auf die Arbeitsbedingungen des/der nachrangigen Mitarbeiters/in auswirken können (und zwar für einen vom Unternehmen zu bestimmenden Zeitraum), und (5) versuchen, ohne hierfür eine Zusicherung zu geben, die Interessen beider Parteien in Bezug auf den Erhalt ihres derzeitigen Verantwortungsumfangs durch Anpassung von Arbeitsplänen, Neustrukturierung von Aufgaben oder andere Anpassungen der Arbeitsinhalte, die jedoch grundsätzlich vom Unternehmen im alleinigen Ermessen entschieden werden können, zu berücksichtigen (und dabei auch einen Ausgleich mit Rechten von KollegInnen und den Interessen des Unternehmens herzustellen). Wir werden uns vernünftige Argumente der beteiligten Parteien zu der Frage anhören, welcher der beiden Partner sich am besten für eine Versetzung oder eine andere vorgeschlagene Maßnahme eignet. Die endgültige Entscheidung liegt jedoch in der alleinigen und vollständigen Verantwortung dieses Unternehmens.

6. *Heirat.* Alle MitarbeiterInnen, die heiraten, werden in diesem Unternehmen nicht anders behandelt als jedes andere Ehepaar, das hier neu eingestellt wird. Ehepaare und Partner, die stets professionell auf die Ziele dieses Unternehmens hinarbeiten, sind bei uns willkommen.

7. *Diskretion.* Alle privaten Beziehungen müssen diskret und unter Berücksichtigung der Wahrung der Professionalität und der allgemeinen Anstandsregeln in unserem Arbeitsumfeld gepflegt werden. Alle MitarbeiterInnen, die eine intime Beziehung miteinander eingegangen sind, werden sich bemühen, den Austausch von Zärtlichkeiten in der Öffentlichkeit auf ein Minimum zu beschränken sowie ihre privaten Angelegenheiten von allen beruflichen Verantwort-

lichkeiten zu trennen. Obwohl unsere MitarbeiterInnen frei entscheiden können, ob sie eine intime Beziehung zu KollegInnen eingehen wollen (mit Ausnahme von Vorgesetzten-Untergebenen-Beziehungen und Situationen, in denen Interessenkonflikte bestehen), bedeutet das nicht, dass die Wahrnehmung dieses Rechts unserem Anspruch auf ein professionelles, stabiles und produktives Arbeitsumfeld entgegenstehen darf.

8. *Beschwerden.* Alle MitarbeiterInnen, die wegen einer Freundschaft oder intimen Beziehung in unserer Belegschaft eine Beschwerde vorbringen möchten, sollen sich in einem informellen Gespräch an den/die Personaleiter/in oder eine andere, vom Unternehmen zu bezeichnende Führungskraft wenden. Dem/der nachrangigen Mitarbeiter/in in einer intimen Beziehung wird empfohlen, sich an die höchstrangige Führungskraft zu wenden, die verfügbar ist, um arbeitsbezogene Angelegenheiten zu besprechen. Beschwerden können sich auf alle denkbaren Aspekte beziehen, darunter unwillkommener Druck, eine Verabredung zu akzeptieren, Beendigung einer Beziehung oder auch nur Probleme in der Zusammenarbeit. Alle Beschwerden werden vertraulich behandelt. KollegInnen oder externe Dritte, die mit uns in einer Geschäftsbeziehung stehen, werden ermutigt, gerechtfertigte Beschwerden auf Grund von Ungleichbehandlung oder Ungerechtigkeiten infolge einer intimen Beziehung zwischen MitarbeiterInnen des Unternehmens vorzubringen.

A. *Untersuchung.* Das Unternehmen wird der Beschwerde durch Einleiten einer Untersuchung nachgehen. Diese wird unter anderem Treffen mit den beteiligten Parteien (einzeln und zusammen) beinhalten und nicht nur der Ermittlung der Fakten, sondern auch der Suche nach einer angemessenen und akzeptablen Lösung dienen.

B. *Unzumutbares Benehmen.* »Unzumutbares« Benehmen im Zusammenhang mit Verabredungen, wie zum Beispiel die Ausübung unerwünschten Drucks durch Vorgesetzte auf Untergebene, eine Verabredung zu akzeptieren, hartnäckige, unwillkommene Annäherungsversuche und fortgesetzte, unerwünschte Versuche, die Beendigung einer Beziehung rückgängig zu machen, werden nicht toleriert. Unzumutbares Benehmen in diesem Sinne kann je nach Schweregrad gegebenenfalls auch nach unseren allgemeinen Richtlinien zur Verhinderung sexueller Belästigungen geahndet werden.

C. *Vermittlung/Schlichtung.* Das Unternehmen empfiehlt den Einsatz von Vermittlungs- und Schlichtungsverfahren zur Lösung von Konflikten, die sich aus dem Verhalten von MitarbeiterInnen in Bezug auf Verabredungen oder aus intimen Beziehungen zwischen MitarbeiterInnen ergeben. Bei dem Vermittler kann es sich um Vorgesetzte, andere ernannte oder akzeptable MitarbeiterInnen des Unternehmens oder professionelle externe, zu diesem Zwecke engagierte Experten handeln. Das Unternehmen kann im Rahmen eines solches Verfahrens professionelle Beratung für eine oder beide Parteien vorschlagen bzw. zur Bedingung machen.

9. *Bestehende Regelungen.* Diese Richtlinien stellen keinen Beschäftigungsvertrag dar und ändern oder modifizieren andere Regelungen in Bezug auf Beschäftigungsverhältnisse, die das Unternehmen verabschiedet hat, nicht. Die beteiligten Parteien bestätigen durch Unterzeichnung dieses Dokuments, diese Richtlinien zu Liebesbeziehungen am Arbeitsplatz sowie alle anderen beschäftigungsrelevanten Regelungen erhalten, gelesen und verstanden zu haben. *<Datum und Unterschriften von Unternehmensvertretern und Mitarbeitern>*

Anmerkung: Das Unternehmen sollte eine »Politik der offenen Tür« anstreben. Unter anderem empfiehlt es sich, diese Richtlinien, die Vor- und Nachteile von Liebesbeziehungen am Arbeitsplatz sowie die verfügbaren Büros für vertrauliche Gespräche in Informationsveranstaltungen und Diskussionsrunden zu besprechen. Offene Kommunikationskanäle ermöglichen die Lösung von Problemen, bevor zwischen den Partnern oder auch gegenüber der

Geschäftsleitung unüberwindliche Differenzen entstehen. Zu diesen Maßnahmen zählen beispielsweise Gespräche mit Kollegen oder Kolleginnen, die Bedenken wegen einer intimen Beziehung in ihrem Umfeld haben, sowie Befragung der beteiligten Parteien. Wichtig ist, solche Liebesbeziehungen zu steuern, nicht zu verbieten.

Das in diesen Richtlinien beschriebene Verfahren kann gegebenenfalls als Beweis für den freiwilligen Charakter einer intimen Beziehung zwischen Kollegen dienen und damit die Gefahr einer Klage wegen sexueller Belästigung im Falle einer Affäre zwischen Vorgesetzten und Untergebenen mindern. Die Tatsache, dass beide Mitarbeiter eine Anzeigepflicht in Bezug auf ihre Liebesbeziehung haben (die sie erfüllen können oder nicht), bietet zusätzlichen Schutz. Das Unternehmen sollte sich vergewissern, dass die Richtlinien zu Liebesbeziehungen am Arbeitsplatz mit allen übrigen Regelungen übereinstimmen und objektiv auf alle Mitarbeiter und Mitarbeiterinnen angewendet werden.

Die nachstehende Kurzfassung der Richtlinien zu Liebesbeziehungen am Arbeitsplatz muss gegebenenfalls an die Belegschaft, das Arbeitsumfeld und die Philosophie des betreffenden Unternehmens angepasst werden und sollte etwaigen konkreten, in der Vergangenheit beobachteten Problemen Rechnung tragen. Auch hier empfiehlt es sich, das Dokument vor seiner Verabschiedung nochmals von einem Rechtsanwalt überprüfen zu lassen.

Unsere Richtlinien zu Liebesbeziehungen am Arbeitsplatz (Kurzfassung)

Die Politik von <*Name des Unternehmens*> zielt darauf ab, ein professionelles, effizientes und produktives Arbeitsumfeld zu erhalten, das dem Recht seiner Beschäftigten auf Privatsphäre in Bezug auf ihr unternehmensunabhängiges Verhalten außerhalb der Arbeitszeit Rechnung trägt. Wir erkennen an, dass unsere MitarbeiterInnen heute und zukünftig private Beziehungen zu KollegInnen, Kunden, Lieferanten und anderen Geschäftspartnern von <*Name des Unternehmens*> pflegen und eingehen. Wie wir jedoch in unserem Verfahrenshandbuch betont haben, werden wir sexuelle Belästigungen, Diskriminierung und anderes rechtswidriges Verhalten nicht dulden.

Wir werden uns nicht in die privaten Beziehungen unserer Mitarbeiter einmischen, gleichgültig, mit wem sie sich verabreden oder eine Beziehung führen, vorausgesetzt, die beiden beteiligten Parteien behalten ein professionelles Auftreten und einen effizienten Leistungsstand bei und üben Zurückhaltung in Bezug auf den öffentlichen Austausch von Zärtlichkeiten. Allerdings raten wir von intimen Beziehungen zwischen Vorgesetzten und Untergebenen sowie in Situationen, in denen sich ein Interessenkonflikt ergeben könnte, ab.

Die von uns nicht befürworteten Situationen, in denen sich ein Interessenkonflikt ergeben könnte sind: <*Führen Sie die spezifischen Situationen auf, in denen in Ihrem Unternehmen ein Interessenkonflikt entstehen könnte*>. Wir sind in solchen Konfliktsituationen aufgrund der möglichen Störungen des Arbeitsablaufs, der Gefahr einer Klage wegen sexueller Belästigung und der unter Umständen von Kollegen vermuteten Bevorzugung nicht mit intimen Beziehungen einverstanden. Wir werden uns bemühen, in solchen Fällen angemessene Alternativen zu finden, die den Zielsetzungen des Unternehmens entsprechen und darauf abzielen, die beteiligten MitarbeiterInnen mit ihrem bestehenden Verantwortungsumfang zu halten. Allerdings wird das Berichtsverhältnis oder doch Störungen in dieser Arbeitsbeziehung beendet, indem MitarbeiterInnen und/oder ihre Führungsverantwortung bezüglich des Partners einer neutralen Partei zugewiesen werden. Die endgültige Entscheidung, die auch eine Kündigung einer Partei oder beider MitarbeiterInnen beinhalten kann, ist jedoch allein und vollständig diesem Unternehmen vorbehalten.

Alle MitarbeiterInnen, die eine Beschwerde aufgrund einer intimen Beziehung, unwillkommenen Annäherungsversuchen oder einer Trennung von einem Partner vorbringen möchten, werden angehalten, diese Schwierigkeiten mit der anderen beteiligten Partei außerhalb der Arbeitszeit zu überwinden. Sollte dies nicht möglich sein, sollen die betreffenden MitarbeiterInnen sich unverzüglich an <*Name der anzusprechenden Führungskraft oder Kontaktstelle*> wenden mit der Bitte um Unterstützung auf vertraulicher Basis. Je nach den besonderen Umständen empfehlen wir zur Lösung dieser Probleme Gespräche (sowohl zwischen den beiden beteiligten Parteien selbst als auch zwischen den Parteien und dem Unternehmen), Vermittlungsverfahren und/oder professionelle Beratung durch externe Experten.

Je nach Schweregrad und Umfang des Verhaltens ist es auch möglich, sich auf die Regelungen des Unternehmens zu berufen, die sexuelle Belästigungen verbieten, einschließlich aller Vorschriften zu einem fairen Ermittlungsverfahren, einer raschen Entscheidung und einer gerechten Bestrafung, falls die Umstände dies gerechtfertigt erscheinen lassen. Ziel dieser Richtlinien zu Liebesbeziehungen am Arbeitsplatz ist es, unangemessene Eingriffe in die Privatsphäre, die unseren MitarbeiterInnen im Hinblick auf ihre privaten Beziehungen zusteht, zu verhindern, vorausgesetzt, diese Beziehungen beeinträchtigen nicht das uneingeschränkte Recht des Unternehmens, jederzeit ein professionelles, positives und leistungsfähiges Arbeitsumfeld aufrechtzuerhalten.

Diese Richtlinien stellen keinen Beschäftigungsvertrag dar. Die beteiligten Parteien bestätigen durch Unterzeichnung dieses Dokuments, die Richtlinien zu Liebesbeziehungen am Arbeitsplatz sowie alle anderen beschäftigungsrelevanten Regelungen erhalten, gelesen und verstanden zu haben. <*Datum und Unterschriften von Unternehmensvertretern und Mitarbeitern*>

Danksagung

Obwohl ich allein für alle in diesem Buch vertretenen Meinungen verantwortlich bin, danke ich Lloyd Pearcy dafür, daß er sich die Zeit nahm, Teile des Manuskripts durchzusehen und zu kommentieren. Als mein langjähriger Anwalt und Freund, den ich vor vielen Jahren beim Jurastudium kennenlernte, prüfte Lloyd die in diesem Buch angesprochenen rechtlichen Aspekte. Ich danke Chuck Pierce, Lisa Troyer und Michael Karpeles für ihre Anmerkungen zu bestimmten Teilen dieses Buches.

Außerdem möchte ich auch von ganzem Herzen all meinen alten und neuen Freunden danken, die so gerne ihre Zeit opferten, um mir ihre Geschichten zu einem so heiklen Thema zu erzählen. Diese wunderbaren Geschichten waren eine wichtige Grundlage für dieses Buch. Ihr seid zu viele, um euch hier namentlich zu nennen – aber ihr wißt schon, wer gemeint ist.

Auch meine Literaturagentin Jeanne Fredericks möchte ich an dieser Stelle erwähnen. Wie immer hat sie sich sehr für dieses Projekt eingesetzt und mich mit ihrer üblichen Professionalität, ihren aufmunternden Worten und ihrem Optimismus unterstützt. Vielen Dank, Jeanne und Wes. Ich möchte auch den vielen Mitarbeitern von AMACOM für ihre großzügige Hilfe und den uneingeschränkten Glauben an dieses Projekt danken. Besonders zu erwähnen sind hier Ellen Kadin, Irene Majuk, Stephen Arkin und Hank Kennedy.

Vor allem aber möchte ich allen meinen Freunden in den USA und in anderen Ländern für die Geschichten, Freundschaft und

Unterstützung danken, die sie mir im Laufe der Jahre zuteil werden ließen. Bei einer Reise nach Panama lernte ich unlängst einen neuen Freund kennen. Da sowohl Raul als auch ich Autoren sind, tauschten wir unsere Bücher aus. In das Buch, das er mir überreichte, hatte er als Widmung geschrieben: »Dem neuesten meiner alten Freunde.« Lassen Sie mich bei ihm Anleihe nehmen und das Gleiche all meinen neuen Freunden sagen, die ich im Zuammenhang mit meinen Recherchen und der Arbeit an diesem Buch kennen gelernt habe – genau darum geht es im Grunde im Leben und in der Liebe.

Ausgewählte Bibliographie

Adelson, Joseph. »Splitting Up«. *Commentary*, September 1996, S. 63-66.

Adler, Jerry. »Adultery: A New Furor.« *Newsweek*, 30. September 1996.

Alderman, Lesley. »Surviving an Office Romance Without Jeopardizing Your Job«. *Money*, Februar 1995, S. 37-40.

»Are Office Romances OK?« *Training & Development*, Mai 1994, S. 38.

Associated Press. »Chain Must Pay Male Sex-Harassment Victim«. *New York Times*, 24. November 1995, S. A-28.

– »Army Settles Harassment Suit for $ 60,000«. *New York Times*, 26. November 1996, S. A-16.

Bamford, Janet. »Changing Business as Usual«. *Working Woman*, November 1993, S. 63.

Barash, Douglas S. »God and Toothpaste«. *New York Times*, 22. Dezember 1996, S. 6-27.

Barlow, Wayne E. »Do Employees' Electronic Messages Spell Trouble for You?« *Personnel Journal*, Oktober 1995, S. 135-138.

Bettermann, Stella und Roger Thiede. »Liebesfalle Büro«, *FOCUS-Magazin* 7/1997, S. 136-143.

Bickner, Mei L., Christine Ver Ploeg und Charles Feigenbaum. »Arbitration«. *Dispute Resolution Journal*, Januar 1997, S. 9-12.

»Bill Paxon & Susan Molinari«. *People Weekly*, 13. Februar 1995, S. 81.

Bloch, Gerald D. »Avoiding Liability for Sexual Harassment«. *HR Magazine*, April 1995, S. 91-96.

Bordwin, Milton. »Containing Cupid's Arrow«. *Small Business Reports*, Juli 1994, S. 53-57.

Brady, Lois Smith. »Vows: Ann Pluemer and Christopher Barber«. *New York Times*, 25. Dezember 1994, S. 1-49.

Brady, Robert L. »Workplace Searches: Avoid Legal Problems«. *HR Focus*, April 1995, S. 18.

Braiker, Harriet B. »The Etiquette of Love«. *Working Woman*, November 1988, S. 148-151.

Brocklehurst, Ann. »When Two Is Company«. *McLean's*, 6. November 1995, S. 40-41.

Brown, Helen Gurley. *Sex and the Office*. New York: Avon Books, 1983.

Brown, Theresa J., und Elizabeth Rice Allgeier. »Managers' Perceptions of Workplace Romances: an Interview Study«. *Journal of Business and Psychology*, Winter 1995, S. 169-176.

–, und Elizabeth Rice Allgeier. »The Impact of Participant Characteristics, Perceived Motives, and Job Behaviors on Co-Workers' Evaluations of Workplace Romances«. *Journal of Applied Social Psychology*, April 1995, S. 577-595.

Bryant, Adam. »Companies Watch Scandal for Clues to Own Policies«. *New York Times*, 16. Februar 1998, S. A-11.

Bureau of National Affairs, Inc. *Corporate Affairs: Nepotism, Office Romance, and Sexual Harassment*. Washington, D. C., 1988.

Caldwell, Mark. »Fishing off the Company Pier«. *Men's Fitness*, Januar 1996, S. 45-47.

Case, John. »Corporate Culture«. *Inc. Magazine*, November 1996.

Chase, Brett. »Risk Management: Dating Subordinates Is Widely Prohibited«. *American Banker*, 17. Juni 1997, S. 5.

Clinebell, Sharon, Lynn Hoffman und John Kilpatrick. »Rights and Liability«. *HR Focus*, März 1995, S. 19.

Cohen, Roger. »Over There, Different Rules on Sex«. *New York Times*, 7. Juni 1997, S. 1-9.

Cole, Nicola. »Firms Shrug at Office Romance«. Gemini News Service, London, 30. Mai 1995; Abdruck in *World Press Review*, September 1995, S. 34.

Collins, Gail. »The Bold and the Unemployed«. *Working Woman*, Februar 1993, S. 92.

Coren, Michael. »Office Romance«. *National Review*, 21. Februar 1994, S. 63.

Coyeman, Margorie. »Isn't It Romantic?« *Restaurant Business*, 15. Oktober 1997, S. 51-52.

Cropper, Carol Marie. »That Unwritten Code Against Fraternization«. *New York Times*, 26. Oktober 1997, S. 3-14.

Curtis, Liz. *Making Advances: What You Can Do About Sexual Harassment at Work*. London: BBC Books, 1993.

Deadrick, Diana L., Scott W. Kezman und R. Bruce McAfee. »Harassment by Nonemployees: How Should Employers Responds?« *HR Magazine*, Dezember 1996, S. 108-112.

Dirk, Johnson. »A Sexual Harassment Case to Test Academic Freedom«. *New York Times*, 11. Mai 1994, S. D-23.

Disenhouse, Susan. »Workers in Love, With the Boss's Blessing«. *New York Times*, 24. April 1996, S. C-1.

»The Divorce Dilemma«. *U. S. News & World Report*, 30. September 1996, S. 58-60.

Dold, Catherine. »Office Romance in the Age of Sexual Harassment«. *Glamour*, März 1996, S. 234-237.

Dowd, Maureen. »Liberties: Cosmic Girl«. *New York Times*, 28. April 1996, S. 4-13.

Egler, Theresa Donahue. »Five Myths About Sexual Harassment«. *HR Magazine*, Januar 1995, S. 27-30.

Eyler, David R. »Far More than Friendship«. *Psychology Today*, Mai/Juni, S. 59-60.

Feder, Barnaby J. »Agee Leaving Morrison Knudsen«. *New York Times*, 2. Februar 1995, S. D-1.

Federico, Richard F., und James M. Bowley. »The Great E-Mail Debate«. *HR Magazine*, Januar 1996, S. 67-72.

Ferraro, Cathleen. »Love at Work«. *Sacramento Bee*, 14. Februar 1995.

Fisher, Anne B. »Getting Comfortable with Couples in the Workplace«. *Fortune*, 3. Oktober 1994, S. 139-143.

– »Is the Office the Right Place for Romance?« *Cosmopolitan*, Mai 1995, S. 253-255.

Ford, Robert C., und Frank S. McLaughlin. »Should Cupid Come to the Workplace?« *Personnel Administrator*, Oktober 1987, S. 100-109.

Furchgott, Ray. »Earning It: Workers Who Signed Away a Day in Court«. *New York Times*, 28. Juli 1995, S. 3-9.

Gelder, Lawrence van. »Love Potion No. 9 in the Water Cooler«. *New York Times*, 2. Februar 1997, S. 3-11.

Gill, Brian W. »The Gray Areas of Sexual Harassment«. *American Printer*, November 1995, S. 66.

Goldner, Diane. »Third-Party Harassment: When a Client or Customer Oversteps the Line«. *Glamour*, Oktober 1995, S. 132.

Goodrich & Sherwood Co. »Valentines at Work – Courting Trouble«. *Supervision*, Februar 1996, S. 13.

Goodman, Ellen. »Lewdness Alone Isn't Harassment«. *Mail Tribune*, 26. Februar 1997, S. 8A.

Greenfield, Meg. »The Last Word: Sexual Harasser?« *Newsweek*, 7. Oktober 1996, S. 90.

Gross, Jane. »Now Look Who's Taunting: Now Look Who's Suing«. *New York Times*, 26. Februar 1995, S. 4-1.

Guarino, Vicki. »Mercy Flights Prevails in Sex Harassment Trial«. *Mail Tribune*, 15. Mai 1996, S. 3A.

Haas, Carol. »No Fraternization Policies Help Keep Romance Out of the Office«. *Atlanta Business Chronicle*, 19. Mai 1995, S. 6A.

Hardman, Wendy, und Jacqueline Heidelberg. »When Sexual Harassment Is a Foreign Affair«. *Personnel Journal*, April 1996, S. 91-97.

Harris, Lynn. »Sexual Ethics«. *Glamour*, Dezember 1996, S. 156.
Haskell, Milly. »Managing Your Sexuality«. *Working Woman*, August 1994, S. 29-33.
Hendersen, Stephen. »Sexual Harassment: America Re-Examines the Issues«. *Chicago Tribune*, 23. Mai 1996.
Hequet, Marc. »Office Romance«. *Training*, Februar 1996, S. 44-50.
Hoenig, James K. »Mediation in Sexual Harassment: Balancing the Sensitivities«. *Dispute Resolution Journal*, Dezember 1993, S. 51-53.
Holcomb, Betty. »How Families Are Changing«. *Working Mother*, Juli 1994, S. 29-36.
Hollway, Wendy, und Tony Jefferson. »PC or Not PC: Sexual Harassment and the Question of Ambivalence«. *Human Relations* 49, Nr. 3 (1996), S. 373-393.
Howard, William M. »Arbitrating Claims of Employment Discrimination«. *Dispute Resolution Journal*, Oktober-Dezember 1995, S. 40-50.
Huebner, Janice Anderson. »Business Management: How to Avoid Sexual Harassment Traps.« *HR Focus*, März 1995, S. 15-16.
Hymowitz, Carol, und Ellen Joan Pollock. »Corporate Affairs«. *Wall Street Journal,* 4. Februar 1998, S. 1.
Jay, Susan. »SOU Redefines Policy on Sexual Misconduct«. *Mail Tribune*, 16. Mai 1977, S. 4A.
Jeffrey, Laura S. »The Office Romances: Foolish or Fabulous?« *Federal Times*, 12. Februar 1996, S. 1.
Jenner, Lisa. »Office Dating Policies: Is There a Workable Way?« *HR Focus*, November 1993, S. 5-6.
Johnson, Kirk. »On-Line Romance: Office Workers Feel Cupid's Byte«. *New York Times*, 17. Mai 1996, S. 1-21.
Karpeles, Michael D. »Set Guidelines for Workplace Romance«. *Human Resource Professional*, Januar/Februar 1998, S. 26-28.
Keenan, Denis. »A Good Working Relationship?« *Accountancy*, November 1995, S. 90.
Kent, Margaret, und Robert Feinschreiber. *Love at Work*. New York: Warner Books, 1988.
Kilborn, Peter T. »Backlog of Cases Is Overwhelming Jobs-Bias Agency«. *New York Times*, 26. November 1994, S. 1-1.
Klein, Jeffrey S., und Nicholas J. Pappas. »Sexual Harassment: Analyzing Severity, Persuasiveness«. *New York Law Journal*, 7. April 1997.
Laabs, Jennifer J. »Sexual Harassment«. *Personnel Journal*, Februar 1995, S. 36-43.
– »What to Do When Sexual Harassment Comes Calling«. *Personnel Journal*, Juli 1995, S. 42-53.
Landers, Ann. »›How-We-Met‹ Tale Turns Contentious in the '90s«. *Chicago Tribune*, 24. Mai 1997.

Leibovich, Mark. »Sleepless in Silicon Valley«. *San Jose Mercury News*, 21. Juni 1996.

Lewin, Tamar. »New Guidelines on Sexual Harassment Tell Schools When a Kiss Is Just a Peck«. *New York Times*, 15. März 1997, S. 1-8.

Loftus, Mary. »Frisky Business«. *Psychology Today*, März/April 1995, S. 34-41.

Loftus, Mary J. »Romance in the Workplace«. *USA Today*, November 1995, S. 28-30.

Losey, Michael R. »Manage the ›Personal‹ in Interpersonal Relations«. *Managing Office Technology*, November 1993, S. 25-29.

»Love in the Office«. *Newsweek*, 15. Februar 1988, S. 52.

»Love at Work: Readers' Advice on Office Romances«. *Glamour Magazine*, November 1994, S. 95.

Lowndes, Nell. »Dangerous Office Liaisons«. *Legal Assistant Today*, September/Oktober 1993, S. 64-73.

MacFarquhar, Neil. »Denying Sex Harassment, Haytaian Sues His Accuser«. *New York Times*, 31. Januar 1996., S. B-5.

Mainiero, Lisa A. *Office Romance: Love, Power, and Sex at the Workplace*. New York: Rawson Associates (MacMillan Publishing Company), 1989. (deutsch: *Liebe im Büro: Flirts, Intrigen und Karrieren am Arbeitsplatz*. München: Droemer Knaur, 1993.)

Marelich, William D. »Can We Be Friends?« *HR Focus*, August 1996, S. 17.

Maremont, Mark. »Astra USA Settles Harassment Suit; To Pay $ 9.9 Million«. *Wall Street Journal*, 6. Februar 1998, S. B(6:6).

Massengill, Douglas, und Donald J. Peterson. »Legal Challenges to No-Fraternization Rules«. *Labor Law Journal*, Juli 1995, S. 429-435.

McDermott, E. Patrick. »Survey: Using ADR to Settle Employment Disputes«. *Dispute Resolution Journal*, Januar 1995, S. 8-13.

McGuire, Powers. »*Harris v. Forklift Systems, Inc.* and Hostile Work Environment Harassment«. *Labor Law Journal*, Mai 1995, S. 314-320.

McNerney, Donald J. »New Legal Worry: Third-Party Sexual Harassment«. *HR Focus*, Juli 1996, S. 3-6.

Michael, Robert T., John H. Gagnon, Edward O. Laumann und Gina Kolata. »Sex in America«. *Glamour*, November 1994.

»Mom, the Provider«. *New York Times*, 14. Mai 1995, S. 4-14.

Moskowitz, Milton. »Twelfth Annual Survey: 100 Best Companies for Working Mothers«. *Working Mother*, Oktober 1997, S. 18-96.

Murray, Kathleen. »At Work: A Backlash on Harassment Cases«. *New York Times*, 18. September 1994, S. 3-23.

Nelton, Sharon. »Sexual Harassment: Reducing the Risks«. *Nation's Business*, März 1995, S. 24-26.

»The New Providers«. *Newsweek*, 22. Mai 1995, S. 36-38.

Nobile, Robert. »Sexual Harassment: Do You Know How to Respond?« *HR Focus*, Januar 1996, S. 13-14.

Nuffer, David. »Adversarial or Conciliatory? What Litigators Should Know About Mediation«. *Dispute Resolution Journal*, Januar-März 1996, S. 24-27.

»Office Romance Requires Restraint, Discretion«. *Cincinnati Business Courier*, 18. Dezember 1995.

Olson, Walter. »The Long Arm of Harassment Law«. *New York Times*, 7. Juli 1996, S. 4-9.

Onishi, Norimitsu. »Georgie Porgies and Other Outlaws«. *New York Times*, 6. Oktober 1996, S. 4-2.

Peak, Marthy H. »Cupid in a Three-Piece Suit«. *Management Review*, April 1995, S. 5.

Pierce, Charles A. »Factors Associated With Participating in a Romantic Relationship in a Work Environment«. *Journal of Applied Social Psychology* (in Druck).

–, und Herman Aguinis. »Bridging the Gap Between Romantic Relationships and Sexual Harassment in Organizations«. *Journal of Organizational Behavior*, 18 (1997), S. 197-200.

–, Herman Aguinis und Susan R. Adams. »Effects of a Dissolved Workplace Romance and Rater Characteristics on Judgments and Responses to Sexual Harassment Accusation.« Zur Veröffentlichung eingereichtes Manuskript, März 1998.

–, und Herman Aguinis. »Workplace Romances: Implications for Your Career«. *Career Magazine*, 3. Januar 1997.

–, Donn Byrne und Herman Aguinis. »Attraction in Organizations: A Model of Workplace Romance«. *Journal of Organizational Behavior*, 17 (1996), S. 5-32.

Pimentel, Benjamin. »Former Oracle Worker Charged With Perjury«. *San Francisco Chronicle*, 20. April 1996, S. D(1:5).

Prorok, Robert F. »Employer Liability Extends to Customers, Clients, and Vendors«. *HR Magazine*, November 1993, S. 4.

Reuben, Richard C. »The Lawyer Turns Peacemaker«. *ABA Journal*, August 1996, S. 54-62.

Robinet, Jane-Ellen. »Companies Turn Attention to the Bloom of Office Love«. *Pittsburgh Business Times Journal*, 16. September 1996, S. 11.

»Romance in the Office: One Court's View«. *Supervisory Management*, Juli 1994, S. 4.

»Romance in the Workplace: Corporate Rules for the Game of Love«. *Business Week*, 18. Juni 1984, S. 70-71.

Schmitt, Eric. »Military Maneuvers:War Is Hell. So Is Regulating Sex«. *New York Times*, 17. November 1996, S. 4-1.

Sciolino, Elaine. »Air Force Lieutenant Given Discharge for Fraternization«. *New York Times*, 12. Juli 1997, S. 1-6.

Segal, Jonathan A. »The Unprotected Minority?« *HR Magazine*, Februar 1995, S. 27-33.

– »The World May Welcome Lovers ...« *HR Magazine*, Juni 1996, S. 170-179.
– »Sexual Harassment: Where Are We Now?« *HR Magazine*, Oktober 1996, S. 69-73.
»Sex Harassment Case Draws Swift Action«. *New York Times*, 10. Januar 1995, S. A-1.
Shafer, Ronald G. »Romance Blooms«. *Wall Street Journal*, 28. März 1997, S. 1.
Shaner, Dean J. »Romance in the Workplace: Should Employers Act as Chaperons?« *Employee Relations Labor Journal*, Sommer 1994, S. 47-71.
Siwolop, Sana. »Earnings It; When Americans See Bias and the Boss Is Foreign«. *New York Times*, 5. Mai 1996, S. 3-11.
Spiegel, Jill. *Flirting for Success*. New York: Warner, 1995.
Stickler, K. Bruce. »Viewpoints: For Job-Bias Suits, Ballooning Costs«. *New York Times*, 17. Juli 1994, S. 3-11.
Sunoo, Brenda Paik. »Business Etiquette Makes or Breaks Employee Relations«. *Personnel Journal*, Juni 1996, S. 173-174.
»Survey Results: Personal Relationships in the Workplace«. *Erdlen Report*, Februar 1996.
»Survey Results: Personal Relationships in the Workplace«. *Romac Report*, Februar 1997; Februar 1996.
Symonds, William C., Steve Hamm und Gail DeGeorge. »Sex on the Job«. *Business Week*, 16. Februar 1998, S. 30-31.
Tamminen, Julie M. *Sexual Harassment in the Workplace: Managing Corporate Policy*. New York: Wiley, 1994.
Tannen, Deborah. *Talking from 9 to 5*. New York: Morrow. (deutsch: *Job-Talk: wie Frauen und Männer am Arbeitsplatz miteinander reden*. Hamburg: Kabel, 1995).
Thacker, Rebecca A. »A Descriptive Study of Situational and Individual Influences Upon Individual's Responses to Sexual Harassment«. *Human Relations* 49, Nr. 8 (1996).
Thompson, Rebecca. »Office Romances: Are They a Bad Idea?« *Legal Assistant Today*, September/Oktober 1993, S. 80.
»Ticklish Questions«. *Across The Board*, April 1996, S. 46-52.
Townsend, Anthony M., und Harsh K. Luther. »How Do the Men Feel?« *HR Magazine*, Mai 1995, S. 92-96.
Trexler, Stephen H. »Extra Insurance«. *HR Magazine*, September 1996, S. 128-132.
»Wanna Date? The Office May Not Be the Place«. *HR Focus*, April 1995, S. 14.
Wareham, John. »The Rules of the Game«. *Across the Board*, Oktober 1997, S. 49.
»For Water Cooler Paramours, The Ties That (Legally) Bind.« *New York Times*, 22. Februar 1998.

»When It's Harassment, and When It's Not«. *Washingtonian*, August 1993, S. 152.

Williams, Andrea. »Model Procedures for Sexual Harassment Claims«. *Arbitration Journal*, September 1993, S. 66-75.

Williams, Lena. »A New Level of Tolerance for Adultery«. *New York Times*, 4. Januar 1996, S. C-8.

– »What's in a Wink?« *New York Times*, 24. November 1996, S. 13-1.

Winograd, Barry. »Men as Mediators: In Cases of Sexual Harassment«. *Dispute Resolution Journal*, April 1995, S. 40-43.

Woolfolk, John. »Oracle Boss Named in Termination Lawsuit«. *San Francisco Chronicle*, 21. Oktober 1993, S. A(21:1).

Register